广西壮族自治区教改课题“基于应用型人才培养的语言素养类课程教学改革研究与实践”（2017JGB416）
广西壮族自治区教改课题“基于“宏观策略框架”教学模式的应用型高校留学生汉语教学改革研究与实践”（2019JGA238）
广西壮族自治区教改课题“基于海洋文化传承的通识公共选修课“中国海洋文学”建设的研究与实践”（2020JGZ134）

北部湾大学“十三五”应用型规划教材资助出版

语言学理论实用教程

吴燕侠　等　编著

西南交通大学出版社
·成　都·

图书在版编目（C I P）数据

语言学理论实用教程 / 吴燕侠等编著. —成都：西南交通大学出版社，2020.9
ISBN 978-7-5643-7619-2

Ⅰ. ①语… Ⅱ. ①吴… Ⅲ. ①语言学 – 高等学校 – 教材 Ⅳ. ①H0

中国版本图书馆 CIP 数据核字（2020）第 166830 号

Yuyanxue Lilun Shiyong Jiaocheng
语言学理论实用教程

吴燕侠 等 编著

责任编辑 吴 迪
助理编辑 李 欣
封面设计 原谋书装

出版发行 西南交通大学出版社
（四川省成都市金牛区二环路北一段 111 号
西南交通大学创新大厦 21 楼）
邮政编码 610031
发行部电话 028-87600564 028-87600533
网址 http://www.xnjdcbs.com
印刷 成都中永印务有限责任公司

成品尺寸 185 mm × 260 mm
印张 13
字数 276 千
版次 2020 年 9 月第 1 版
印次 2020 年 9 月第 1 次
定价 39.00 元
书号 ISBN 978-7-5643-7619-2

课件咨询电话：028-81435775

前言

PREFACE

北部湾大学根据教育部《普通高等学校本科专业类教学质量国家标准》以及实施“六卓越一拔尖”计划2.0人才培养的要求，立足应用型本科教育教学，组织实施应用型本科校本教材编写计划。应用型本科教材将培养具有国际视野、国际素养和国际竞争力的高素质应用型人才的培养，定位体现在各专业的人才培养方案和课程体系之中。

作为应用型本科校本教材之一，本书的编写突出科学性、应用性、实验性特点。在理论知识的内容上，扩充了实验、实践操作，使文科理论课程具有应用价值。同时，借鉴已出版的《语言学概论》等书籍编写体例，增加语言类型例证对已有语言学理论进行解释说明。本书充分考虑到学生学习背景差异，突破专业限制，采取深入浅出的阐述方式，适合不同专业方向的中文和外语专业学生作为专业必修课程教材。

本书编写团队成员包括吴燕侠、黄昭艳、李斐、唐国平、南宏宇、左凌姣、邬忠、黄兵、王碧海老师等，由北部湾大学审核立项并予以资助。吴燕侠和李菲老师在前期编写过程中做了主要工作。编写团队集中了学校在该课程上的优势力量，但限于能力，书中内容恐有疏漏，恳请广大读者予以指正，我们将在今后进行改进。

编　者

2020年3月

目录

CONTENTS

第一章　语言与语言学

第一节　语　言

是什么与我们形影不离，生死相依呢？有人说是空气，有人说是时间，还有人说是语言。客家人说，宁卖祖宗田，不忘祖宗言。为什么语言如此重要呢？在我们的日常生活中，语言能做什么？

从个体的角度看，人的听、说、读、写等行为离不开语言，人们总是用语言传递信息、交流思想，以语音符号和文字符号加以区分。吕叔湘说："语言不存在于真空，语言是供人们使用的。"人的感知、记忆、思维、想象、情感等心理特征都离不开语言，直接或间接地受到语言的影响。从群体的角度看，语言是社群心理和社会文化的反映，又因为有语言的存在使人类的知识和文明得以传承几千年。拉里·萨莫瓦尔（Larry A. Samovar）和理查德·波特（Richard E. porter）认为，文化是一个大的人群在许多代当中通过个人和集体努力获得的物质的东西，以及知识、经验、信念、态度、价值等。这些文化的东西可以是有形的，如建筑、雕塑、绘画、音乐、饮食、服饰等；也可以是无形的，如语言、信仰、风俗、价值观等。它们都由特定的符号组成，代表特定的意义，总是让人们通过传承的方式后天学会。与其他的文化形式相比，语言的使用者的惯性大，相对不易变动，且不同的群体形成不同的语言表达。例如：用于质问别人，表达自己不满或愤怒的情绪时，汉语可以说，"你干嘛？""你有病啊？"；英语则是"what's your problem?""why are you acting that way ?"。因此，语言使用带有使用者社群风格色彩。

无论是信息的传递还是文化的传承，都离不开语言，那么什么是符号？为什么语言必须是符号？

一、符　号

美国语言学家罗曼·雅各布森（Roman Jakobson）说："每一个信息都是符号构成的。"提到"符号"，人们会想到交通信号灯、数字、密码、手势、音符等。在我们的日常生活中，符号无处不在。从人们接受这些符号的方式，又可把符号分为视觉符号，如古代烽火台上的狼烟；听觉符号，如冲锋时吹响的号角；触觉符号，如盲文的凹凸造型；嗅觉符号，如硫化氢挥发出的臭味等等。为什么这些东西能被称为符号呢？最主要的原因是，这些符号的载体是物质的，通过借助物质载体，如图案、姿势、物体，向人们传递一定的信息。因此，符号必须具备三个基本因素，即表现的形式、传递的内容和指称的对象，例如烽火台上的狼烟这种信息传递形式传递有关敌情的内容。符号是一种物质的、可感知的对象，是在认识和交际过程中充当另一事物的代表，它的作用是用来储存和传达其所代表的对象的信息。简单地说，就是能够指代其他事物的事物。

符号形成的方式丰富多样，像文字、语言、电码、数学符号、化学符号、交通标志等都可称为符号，有的符号直接指称客观对象，如徐悲鸿笔下的马与现实存在的马；有的符号借助象征指称事物，如紫荆花是香港城市的象征。从符号的表现形式，可以看出符号与人类生产活动、历史、文明紧密相关，并随着人类社会和文化的发展不断演变发展。根据符号的不同表征方式，美国哲学家皮尔斯把符号分为图像符、指索符和象征符。图像符是用符号的形体表征指称对象，例如绘画、雕塑、模型制作、绘制图形等。指索符指通过符号来标记、索引或指示指称对象，例如路标、站牌、商标等，又如人们把闪电作为打雷的指索符。象征符的符号与指称对象之间没有相似、因果、邻近性的关系，符号与指称对象之间的联系是建立在社会约定的基础上的，例如语言、图腾、颜色等符号都是在一定社会群体中得到认可和使用。符号通过承载意义来指称对象，实现传递信息的目的。因此，符号本质就是一种象征物。例如：火炬加星星图案代表着共产主义少年先锋队，用“¥”表示金额。无论是具体的图像，抽象的图形，还是数字，首先，人们通过这些被称为“符号”的图像、图形或数字来指称人类认知的某个对象。

符号的存在价值在于符号代表一定的意义，这里的“意义”并不是个人的行为，而是人们共同建立起来的，对于某个对象的共同认知。危险性符号，如表示有毒，表示易燃，在日常生活中具有一定的共识性。

在英语中，表示“符号”意义的单词，有 signal、symbol、sign。signal 一般是指信号、暗号，如数字信号、模拟信号、危险信号、求救信号；symbol 一般是指有象征意义的标志、符号；sign 的意思最为广泛，可以指符号、装置、情绪、性格的直观显示，还可以表示具体的用于辨识或指示的标志。瑞士语言学家索绪尔（Ferdinand de Saussure）认为，“The word symbol is sometimes used to designate the linguistic sign，or more exactly that part of the linguistic sign which we are calling the signal”。词的标记（symbol）常被定义为语言符号（the linguistic sign），或者更确切地说被我们称为信号（singal）的那一部分语言符号。实际上，symbol 是一个多义词，西方符号学家也用 symbol 表示一般符号，如 visual symbol（视觉符号）、acoustical symbol（听觉符号）等。

二、语言的定义

要学习和研究语言，就会产生一个简单的问题："语言是什么？"海德格尔说，语言是最贴近人的本质的。法国语言学家施德赫尔曾说，语言是思想的有声表达，它通过思维表现出思维的过程。德国语言学家舒哈特认为，语言的本质就在于交际。英国语言学家帕默尔指出，语言是一连串的暗示，听话人得从这些暗示中构拟出说话人所要表示的意图。语言就是有意义的声音。

威廉·冯·洪堡（Wilhelm von Humboldt）认为，一个人的心理特征（metal individuality）与他的语言密切相关，语言在生物特征，社会文化和认知心理等三个方面使人与动物区分开来，而且语言用于人类交流（human communication）。他曾提出"作为说话者，人才是人"的观点。虽然这个说法过于绝对，但说出了一个事实，即唯有语言才使人与植物和动物相区别。语言是构成思想的工具。理智活动通过语音物质化，使之能为人们所感知。语言用于区分人类与动物，它反映了三个特征：生物性，社会文化性和认知性，并用于人类交流。

索绪尔认为，语言是"a social product of our language faculty"（社会产物），也是"a body of necessary conventions"（一系列必要的规约）。即语言是人的言语机能的社会产物，同时也是为使人的言语机能有效运行的一整套必不可少的规约。我国语言学家伍铁平指出，语言是人类区别于其他动物的重要特征之一。

为进一步认识语言。首先，观察日常生活中，人们如何使用"语言"这个词。例如：

① 我知道她会讲这几种语言——这些书一看就是由一位聪明睿智，知识渊博的读书人所收集。（伊迪丝·华顿《元旦》）

② 以"他们的语言"来理解我，使我难以容忍。"我的语言"同"他们的语言"是截然不同的。（三岛由纪夫《金阁寺》）

③ 多么古怪的语言!他们一直在说话，可是，沙复明使用的其实是"外语"。（毕飞宇《推拿》）

④ 我只能用最刻板的语言（日记可以重写）来描述洛的特征。（弗拉基米尔·纳博科夫《洛丽塔》）

语言符号有时表现为有意义的声音，是一种听觉符号形式，在①中"我知道她会讲这几种语言"的语言指语音符号；例②中"语言"指言语风格；有时像例③指视觉符号形式，如文字、手势语；如例④中"我只能用最刻板的语言"的语言是文字符号。从语言角度看，任何人类的语言都是先有口语，然后才有书面语，并且世界上仍然存在着有口语而无书面语的语言。语言既能被个人使用，可以说"我的语言"，又可以被不同的社会群体所掌握，又指"他们的语言"。通过"古怪的语言"了解人际意义和社会文化等信息。因此，我们可以说，语言是一种人类特有的可共享的有意义的符号，产生于人类个体与他人的信息交流过程中。

三、语言的符号特征

语言符号是一种特殊的符号形式，与其他符号一样，语言符号包含了的三个基本要素：形式、内容和指称对象。索绪尔和皮尔斯都把语言纳入广义的符号内。《圣经》认为世界万物都是由亚当命名的，其中有这样的记录："And out of the ground the Lord God formed every beast of the field, and every fowl of the air; and brought them unto Adam to see what he would call them; and whatsoever Adam called every living creature, that was name thereof"（耶和华神从地里造出田野的走兽，空中的飞鸟，领它们到亚当那里，要看他怎样称呼它们。亚当对它们的称呼，就是它们的名字）（Genesis, 2:19，KJV）。说明人们使用符号给事物命名是任意的，索绪尔把这个特征称为任意性（Arbitrary）。除了任意性外，语言还具有符号的其他特征，如线条性、系统性和二层性。

1. 任意性

索绪尔注意到语音模式是一种抽象的符号，某种语音模式并非一定与指称对象联系。他认为：语音模式（sound pattern）是抽象的、词的自然形态（the natural representation of the word form），与言语中任何实现无关（indepently of any actualization in speech）他用图解的方式说明符号的任意性特征，如图 1-1 所示：

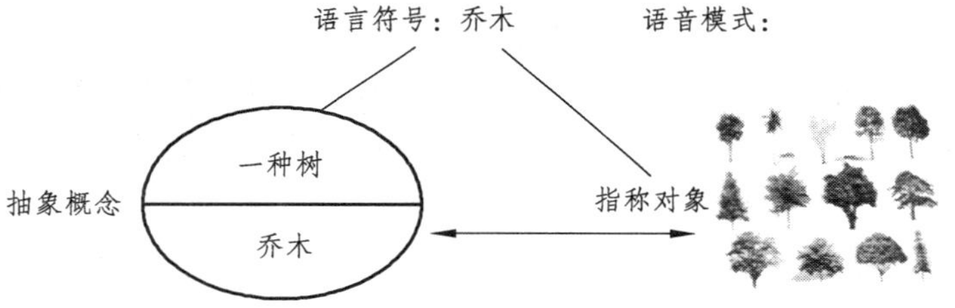

图 1-1　语音模式示意图

在上图中我们用直线把语音模式与指称对象相连接，体现语言符号的任意性特征。如上图"乔木"的概念与"arbor"的声音无关。我们把"乔木"这个概念或事物本身称为"能指"（the signified，是符号的内容部分），语言符号称为"所指"（the signifier，是符号的形式部分），所指还可以通过声音、图形表达。符号是任意的，是因为能指与所指之间的联系是任意的，即能指与所指之间没有必然的、因果的和可论证的关系。同时，能指和所指是人们约定俗成的。例如，"茶"作为一种客观事物，英语是[ti:]，法语是[thé]。在英语中[t]没有送气与不送气的区别，而在法语中，[h]不发音，[t]在与元音拼读时不送气，说明是能指和所指是任意的，但处于某种语言系统制约之中，俗称"约定俗成"。语言符号的任意性为表达方式多样化和创造新的语言符号提供了可能。因此，语言符号的任意性反映出语言符号的复杂性。由于言语交际需要，人们可以对语言符号进行增删和创造。例如中华人民共和国成立后，先后为壮族、布依族、彝族、苗族、哈尼族、傈僳族、纳西族、侗族、佤族、黎族等 10 个少数民族创造文字，而苗族就有老苗文、黔东苗文、湘西苗文、川黔苗文、滇东北苗文等多种文字符号。

概念和声音（即能指和所指）之间的联系是受语言系统制约的，反映符号使用者的文化、社会、心理等特征。因此，符号又从来不是完全任意的，有时符号与意义有着直接的自然的联系，例如拟声词，这种联系通常使用象征手法表现出来。另外，与其他符号相比，语言符号能提供一些关于其使用者的风俗习惯、心理特征的真实信息。例如，表达颜色的词语，人类对颜色符号的使用不仅仅是光的物理性质所决定，还受到心理感受、风俗习惯的影响。例如，在中国古代，明黄是帝皇御用之色，而在中秋时节，帝王又需着月白色朝袍祭祀月神。中国人对红色的符号指称情有独钟，关于红色的表达也很丰富，还有“朱红”“珊瑚”“胭脂”“绛紫”“红装素裹”“姹紫嫣红”等。

柏拉图在《克拉底鲁篇》中通过假设苏格拉底、克拉底鲁、赫莫根涅斯的对话探讨了理据性。克拉底鲁认为词语或命名与自然有联系，而赫莫根涅斯认为词语、名称只是约定或者使用者的习惯，与自然没有联系。前者被称为“克拉底鲁论”，后者被称为“赫莫根涅斯论”。例如，赵元任先生曾在《语言问题》中记录，一名北京老太太对语言符号任意性的体会：一位中国老太太对外国人关于“水”的叫法大惑不解：“这明明是水，英国人偏偏儿要叫它‘窝头’（water），法国人偏偏儿要叫它‘滴漏’（l’eau），只有咱们中国人好好儿地管它叫‘水’！……这东西明明儿是‘水’嘿！”这个事例说明语言符号与它代表的概念或事物之间没有固定的必然的联系。从符号形式与指称对象之间的关系看，相同的概念对象，在不同的语言中有用不同的声音表示，体现了语言符号的任意性。有时，符号与所指之间又视乎存在着关联。例如狗吠的声音，汉语用 wāng wāng，英语用 bow、wow，法语用 gnaf-gnaf，日语用 wan-wan。虽然这些拟声词与指称现象存在着理据性，但是，拟声词在各语言中使用了不同的语言符号表示，符号与声音的联系是任意的。

理据性又称为“自然联系”，索绪尔认为“语言存在着绝对任意性和相对任意性”，皮尔斯认为理据性不仅仅体现在拟声词（又称为像似符）上，还包括基于邻接、接近等关系形成的指示符。例如“天平”象征着法律公平不可能是任意的，但是仅仅依靠“天平”的自然特征就与“公平正义”画上等号又是不可取的。语言符号的象征不仅有任意性，还包含有文化、规约属性。丹麦语言学家叶斯柏森（Otto Jesperson）认为，有些元音，如[i]，不仅寓其义在拟造词中，而且也与自然语言中的某些意念有明显的联系，[i]音就有小、弱、次、快等质量，例如“bit”“little”“tiny”。汉字通过形旁和声旁展现出符号的理据性。例如：“农”本义是厚、浓厚，水厚为“浓”，酒厚为“醲”，植物稠厚为“秾”，衣服厚重为“襛”（“農”是“农”的繁体字）。

2. 线条性

线条性特征表现在语言符号的传递方式上，即语言符号的输出和接收都是按一定结构次序出现。符号的线条性特征受时间影响，不受空间影响。所指具有线性特征，因为“听觉指示符只能指示时间维度”，它代表一个跨度，跨度可以在一个时间维度上衡量。而这个线性特征正是线条性。线条性可以体现在词汇、语音、语义、语法等各个语言要素上如："庄"的语音形式就是由 Zh-u-a-ng 四个音素依次出现而形成的。在交际过程中，语言符号只能一个跟着一个按时间顺序出现，形成延续的线性序列，绝不可能在同一时间说出两个符号。

人类语言交际的过程，实际上就是信息的传递与接受问题，可分为编码、发送、传递、接收、解码五个阶段。编码就是发话人利用词语组织语句，发送就是把思维成果变成话语通过发音器官表达出来，传递就是通过空气振动成声波，把话语传达给受话人，接收是受话人利用听觉器官感知对方所说的话，解码则是经过大脑把声波还原成语言，理解对方话语的含义，从而完成信息传递接受。如果受话人收到语言信息有所反馈，那么上述五个阶段则又重复一遍，只是发话人与受话人调换了。

线条性是符号使用时的存在状态。线条性是受规则支配的。线条性限制了符号组合时的空间配置，这种限制性因素就是规则。汉语中，舌尖前音 j 不能直接与开口呼韵母相拼，需要加入介音 i，例如"jiàn"。也有非线性的情况存在。例如非音质音位，所有的非音质音位都是加在音质音位之上。

3. 系统性

在《韦伯斯特大词典》中，"系统"指由许多通常是种类不同的部分，依照一个共同的计划或者适用于一个共同目的所形成的一个复杂的统一体。罗伯特·麦克霍尔和拉尔夫·迈尔斯认为，系统具有整体性，是复杂的人造的层次结构。语言是一种行为、话语、语言形式（词、句子）的集合，或者说是语言形式或事件的系统。法国语言学家梅耶（Antoine Meillet）认为，（一种语言可以形成一个系统，这个系统可以将所有因素糅合在一起）。

索绪尔把语言符号与语言系统比喻为棋子与棋盘，他认为语言运用就像下棋，棋子的移动即实现价值又受棋盘规则的限制。因此，索绪尔得出"语言是一个纯粹的价值系统"的观点。换言之，语言符号既要在语言系统中体现其价值，又要受到语言系统的制约。语言符号之间的组合关系与聚合关系体现了符号在系统中的价值，又反映出符号在系统中受到的限制。在语言系统中，语言符号的组合关系与聚合关系，是经过历时和共时来描述出来。

什么是历时（diachronic）与共时（synchronic）？索绪尔在《普通语言学教程》中区分了语言的共时性与历时性，认为共时指一个固定的时间，语言的变化始于共时层面，历时是语言的历史演化过程。索绪尔还指出，"有关语言学的静态面的一切都是共时的，有关演化的一切都是历时的。同样，共时态和历时态分别指语言的状态和演化的阶段""在任何时候，言语活动既包含一个已定的系统，又包含一种演变"。共时语言学又称为静态语言学，历时语言学则被称为动态语言学。

4. 二层性

语言作为一种符号，包含着两个基本要素，即符号形式与意义。索绪尔说“A linguistic sign is not a link between a thing and a name，but between a concept and a sound pattern”一个语言符号并非是某物和其名称之间的联结，而是符号意义与形式之间的联结。每一个语言符号是二元的，语言符号的二元性，指它包含了“概念，符号意义”（concept）和“语音模式，符号形式”（sound pattern）。区别意义的音系层，表达意义的语素层。“负手”作为一种手势语，在《淮南子·说林训》中“过府而负手者，希不有盗心”，鲁迅《花边文学·一思而行》：“就是革命专家，有时也要负手散步”，而更早的关于“负手”记载的是《礼记·檀弓上》“孔子负手而歌”。同样是负手动作，却传递不同的表达。但是“负手”作为手势语符号没有二层性。其原因在于：符号形式与意义是一一对应关；其次，符号意义单位不能再切分更小的无意义成分。

语言区别其他符号的特殊性表现在：其一，社会共约，即符号与指称对象之间的联系是建立在社会约定基础上的；其二，人脑关联，即通过人脑将感知的语言符号与所指对象联系起来；其三，有声特征，即语言是人类特有的有声符号。

（1）社会共约。

《荀子·正名篇》提出语言“约定俗成”的观点：“名无固宜，约之以命；约定俗成谓之宜，异于约则谓不宜。”语言符号最基本的使命是为客观存在的事物命名，命名就是赋予某物以一个名称。海德格尔曾一言以蔽之：词语破碎处，无物存在。例如：英语法语同行的“style”一词，在英语中字母“y”发[ai]，指样式；在法语中字母“y”发[i]，指风格。同样的符号，在不同的语言社群里，符号的读音和意义是不一样的。又如：鸡翅膀，在粤方言多读“鸡翼”，官话方言大多区域则是“鸡翅”，同一指称对象，不同方言区人们使用的语言符号有所差别。这些同符异义或同指异符的现象反映了语言符号的使用是人们约定俗成的结果。从符号和它的使用者之间关系看，符号的运用不是自由的而是受制约的，一种符号不能随便被另一种符号所替代，这体现出语言符号的规约性。

（2）人脑关联。

语言符号以传递信息为目的。可以说，语言是一种符号，然而反之不然。语言是一种具有象征意义的符号。人们可以用语言符号来了解社会现实，列维·施特劳斯认为语言既“有益于思考”又“有益于食用”。人脑通过语言符号将所指对象联系起来，能够激发和唤起人的某种经验要素。例如，当看到“酸”这个符号，会想到柠檬、梅子、醋等；当看到“战争”这个符号，会想到流血、死亡、荒凉等场景。如果一想到这个符号就会让我们引起对某个事物/事件的联想，那么我们可以说这个符号就是一个语言符号。语言与符号的不同，语言不但具有符号特征，而且还表示说话者的思想、情感，同时也影响听话者的行为。例如“hot”在日常语言使用中：

It’s hot here.

She’s so hot.

the honor roll was hot.

But when they fired up American palates, the palates stayed hot .

第一个“hot”是对一种热现象的指称；第二个“hot”用于象征身材火辣、性感，因此，如果随便对别人说“I am hot”，必然会产生误会；第三个“hot”表示热门，是本义的引申；第四个“hot”指味觉中品尝到的“辣”的味道。从“hot”这个符号，我们看到语言作为一种符号，既有指称客观事物、现象，也有以联想为基础的象征意义，还有对人的行为、心理的叙说。

又如清袁枚《苔》：

白日不到处，青春恰自来。

苔花如米小，也学牡丹开。

这首诗描述了“苔”这种植物，表明一种特别美的形象，而最打动听话者的是这首诗写出了中华文化中那股“天行健，君子以自强不息”的民族精神，这些充分体现了语言符号和语言符号之间组合反映的心理内容。

（3）有声符号。

语言在本质上是人类发出的有意义的声音，是人类特有的有声符号。说到语言的本质时，索绪尔称为“nature of the linguistic sign”“语言符号的本质”，是从符号的角度看语言本质，因为语言是一种符号（或者说记号，sign），这种符号连接着一种语音模式和抽象概念，索绪尔把后两者称为双面的心理实体。因为语音模式和抽象概念都是在人脑中形成的，借助人体发音器官的发音行为表现出来。

四、语言与言语

语言是一种抽象的符号，用语言形式表现抽象概念，映射指称对象。语言是否就是日常所说的话语呢？或者说语言是言语吗？人类历史上并没有记载有人类是何时开始会说话的。说话似乎是一种被人们默认的与生俱来的能力。语言是“a body of necessary conventions adopted by society enable members of society to use their language faculty”（大量必要的社会规约使社会成员得以使用他们的语言机制）。在索绪尔看来，语言是一种社会事实，是一种表达观念的符号系统，也是语言集团集体精神产物，而言语是个人的意志，每一个人的这种说话行为的产品就是言语。

语言（langue）与言语（parole）的区别，首先最直接的表现为言语具有个性特征。在中外文学史上，有过《红楼梦》后四十回作者是谁的疑案，也有对《静静的顿河》作者是否是肖霍洛夫的猜测。

其次，言语的使用有具体的情境，语言的使用反映了存储在每一位语言使用者大脑中相对稳定的抽象的语言系统的规则。语言的规则是有限的，需要用可视性的符号来表示。而言语随着人们交际场所、对象、目的等变化而变化，人们无法计算出一生能说多少句话，也无法算出会听到多少种回答。但是，每一种语言的规则是有限的。语言就是从无限的言语中分析出来的有限词语和这些词语如何组合的规则。因此，又可以说，言语是语言的实现。言语是对语言的运用，活跃在人们的口头上和笔头上。言语要很好地发挥交际职能的作用，就必然同交际对象、交际语境、交际要传达的各种信息和情感等发生联系，这种联系是开放的、具体的、灵活多变的，因而必然会导致同语言这个有限的抽象符号系统的矛盾。这种矛盾又必然导致各种“出格”现象的发生。人们根据交际的具体需要所造出的语言中原来没有的一些新词和新的表达方式，便是这种出格现象的一种表现。

最后，从时间维度观察，语言反映了符号的连续性与变化性，产生了对语言区分出共时性的研究和历时性的研究。例如“gay”，华兹华斯在《咏水仙》中写道：

A poet could not but be gay,
In such a jocund company:
I gazed — and gazed — but little thought
What wealth the show to me had brought

其中，“gay”所指为伙伴，在这首诗里是言语运用的表现。直到20世纪50年代，《牛津英语词典》定义为“一个美国的委婉语”，“gay”与“bachelor”同义，而“gay”作为同性恋的解释源于监狱俚语。一定的语言状态始终是历史因素的产物，拒绝一切任意的代替。对于“gay”的语义变化是语言的历时性研究，而对某一时间里“gay”的使用情况就属于共时性研究。语言符号在时间上的变化有不同的形式，能指和所指的关系发生转移。索绪尔认为，“a language is situated socially and chronologically by reference to a certain community and a certain period of time”。即语言处在大众之中，同时又处在时间之中。一方面，由于语言符号和规则的约定俗成，使用语言的个体不能对语言有任何的改变。另一方面，由于符号任意性使能指与所指之间有建立任何关系的自由。又如，符号能指“Humor”，英语中所指为脾气、情绪、动物体液、植物液体、古怪的念头等，而在汉语翻译中所指表示有趣或可笑而意味深长。语言受社会力量的规约，任何语言使用者都不能随意改变，同时离开了时间语言现实性就不完备。

五、言语行为

说话是一种复合现象，至少可以分出三个方面：第一个方面是张口说话的动作，称为言语动作或言语行为；第二个方面是说话所使用的一套符号，由语音、词汇、语义、语法等子系统构成，称为语言；第三个方面是说出来的话，称为言语或言语作品。

说话=A 行为（说）+ B 工具（符号）+ C 结果（话）

索绪尔认为，言语活动由语言和言语两个因素构成，语言就是言语活动减去言语。

言语行为指语言交际中的话语或语句（utterance）。奥斯汀把话语称为交际的功能单位，在 20 世纪 60 年代时提出了言语行为理论（speech acts），认为话语具有命题意义（又称为言内之意）、言外之意和言后之意。例如：“请把门打开。”这句话的字面意义就是言内之意，请别人打开门这个意图是“言外之意”，而听者根据说话者的要求打开了门就是言后之意。又如“I am hungry”中“hungry”的意义如表示生理感觉就是言内之意，希望有食物的意图就是言外之意，听话者听到后给了食物给说话者就是言后之意。

哈里斯从言语行为角度进一步对语言功能进行划分，分为 7 种功能：

（1）工具功能，用于支配环境，目的在于引起事件的发生。例如：不用开窗。

（2）调节功能，用于表达不放弃或为维持对事件的控制。例如：批准、控制、制定等词语的表达。

（3）表征功能，指用语言发表声明、传递事实和知识、解释或报告。例如：今天预报会下雨。

（4）相互作用功能，用于社交的维持。

（5）表达个人的功能，用于个人感情、个性、内心反应等表达。

（6）启发功能，常用问题的形式，借以引起回答。

（7）想象功能，用于创造想象、娱乐、思想等表达。例如：说笑话、绕口令、双关语等。

第二节　语言的功能

功能就是作用、职能，语言功能就是用语言能做什么。语言功能最初由语言学家马泰休斯和人类学家马林诺夫斯基等人提出。1934 年布勒将语言功能分为三类：具有表达说话者感情的表达功能、对听话者产生影响的意动功能、表现真实世界的指称功能。1960 年雅柯布逊在此基础上把语言功能概括为指称功能、诗歌功能、表情功能、呼吁功能、寒暄功能和元语言功能六种。语言学家韩礼德受马林诺夫斯基社会功能观（一个社会的所有文化其实只是一组工具，其存在目的在满足人类自身的种种生理和心理需求）影响，将语言功能分为概念功能、人际功能和语篇功能。语言学家们所讨论的语言功能都是抽象意义上的功能，是在对现实生活中语言使用情况的观察和总结的基础上概括出来的。

语言首要功能是用于人类交流。什么是交流？交流是一种信息传递的过程，起码包括信息源、信息发出者、信息接收者三个因素。换言之，先将信息编码到符号系统中，再考虑选择适宜的沟通方式，然后通过媒介传递符号，借助人体自身的接收器（大脑）对符号的感知处理，最后解码符号以获得信息。即信息传输经历的五个阶段：编码、发送、传递、接收、解码。从语言信息传递的角度观察，语言是一种工具，即交际工具和思维工具。因此，语言功能主要反映在社会功能和思维功能两个方面。

一、语言的社会功能

吕叔湘："语言不存在于真空，语言是供人们使用的。"语言是人类最重要的交际工具。在这些众多的沟通手段中，语言是最为重要的。因为其他的交际手段，要么携带的信息有限，要么适用的交际领域有限，要么使用起来要凭借其他的条件。而语言可以负载的信息量几乎是无限的，几乎适用于一切生活领域，而且只要具有正常的发音生理条件和必备的神经心理条件，就可以自由地运用它。

1. *语言是一种社会现象*

语言与人类社会有着十分紧密的联系。第一，语言随社会的产生而产生，随社会的发展而发展，随社会的分化统一而分化统一。但丁《论俗语》就认为，不同的方言来自一种共同的语言，不同的语言又来自一种共同的祖语。第二，语言是人类社会约定俗成的符号系统。从语言的音义关系可以看出语言不是自然现象，而是由一定的社会集团约定俗成的，语言不是一种自然现象，因时地不同，既有千丝万缕的联系，又是千差万别的。第三，社会的发展变化直接影响着语言的发展变化。社会的任何风吹草动，都可以在语言中反映出来，例如，"×门"，门指建筑物或车、船的出入口，而"水门事件"后，出现了很多如"换衣门""闺蜜门""拉链门"等，"门"又可以指影响不好的事件；又如从语源学上讲，"汉学"一词英译为"Sinology"，来自梵语佛教典籍中的"Ch'in"一词，语源可能是"秦"，它是古代印度用来指代中国秦朝的专门术语。由此可见，语言不是自然现象，而是一种特殊的社会现象。

2. *人类的语言交际与动物的交际的区别*

伍铁平："人类与非人类而言，语言是人类区别于其他动物的重要特征之一。"世界上的生物都有自身的信息传递的方式，例如画眉的叫声、蜜蜂的舞姿、植物开花的颜色等等。相比较动物的信息传递方式，通过语言符号传递的信息是可切分、可组合的。小到一个词大到句子或语篇皆是如此，如"pet"可切分为[p]与[et]，[b]也可与[et]组合表达另一个概念；又如：I + gave +John + a + book，通过语法关系，替换词语，组合成新的语言序列，He + passed + Mary + a + pencil。这种语言符号的信息传递方式，反映出语言符号在系统里的组合关系和聚合关系。组合关系指语言符号按照线性序列依次出现的关系。换言之，语言符号组合时次序不同，符号间的关系也不一样，传递的意义也不一样，例如《再别康桥》："轻轻地，我走了，正如我轻轻地来"，这句诗前半句常规语序是"我轻轻地走了"，使用非常规语序，更能表达诗人依依惜别之情。聚合关系是语言结构中某一位置上能够相互替换的语言符号之间的关系。例如：现代汉语声母 b 与 t、k，由于发音方法相同聚合，称为爆破音；b 与 p、m，由于发音部位相同聚合，称为双唇音。

除了语言符号之间具有组合关系和聚合关系，人类语言交际所使用的语言符号具有社会属性特征。语言符号的概念和语音模式之间是相互联系，紧密结合的，语言是可以通过学习来掌握的。例如，1920 年，在印度加尔各答附近的山村里，人们打死大狼后，在狼窝发现了两个由狼抚育的女孩，大的七八岁，小的两岁。人们分别把她们叫作卡玛拉和阿玛拉，阿玛拉于 1921 年去世，卡玛拉 1929 年去世。卡玛拉去世时，只掌握了 45 个词，智力相当于三四岁的小孩。为什么在动物群体中长大的人类是无法具有像正常人那样的语言功能？人类的语言基础不仅需要有先天生理基础，如大脑、发音器官等；还要受外界的社会条件和语言能力开发的时间限制。先天生理基础与语言能力开发与大脑功能息息相关。

二、语言的思维功能

思想是一种美妙且艺术的东西，语言是思想的基础。扬雄《法言》说："言，心声也"，"心生而言立，言立而文明"，说的是作家在创作时神思飞扬，下笔就潇洒自如，反映出语言与思维的形式、思维的过程密切相关。人们总在为特定的思想寻找最适宜的语言表达形式。思维的共同性是指思维形式和思维规律是全人类共同的，并不因民族的不同而异。思维是人脑的一种机能，凡是正常的人，不管他属于哪个民族，他的大脑都有这种机能，都能形成概念、判断和推理，都有运用这些思维形式按照思维规律认识世界的能力。思维的规律也是全人类共同遵守的。

思维的本质是人类自身对一个信息加工的过程，因此，产生思维功能需要一定的生理基础。然而，人类对这一生理基础的认识却经历了漫长的认知历程。亚里士多德就认为"For the brain，is of all parts of the body the coolest"（人的大脑是人体温度最低的部位）。到 19 世纪，颅相学提出脑功能定位学说，声称心灵官能与头骨区域相对应，心灵的官能可分为 37 种，头骨相应的亦可划分为大小不同的 37 个区域。虽然颅相学现在并证为是伪科学，但在当时对脑功能提出较新颖的观点，人类对大脑的功能有了大致的认识，左半球控制语言功能以及相关的计数、分类、推理等功能，右半球控制艺术感知、形态识别、内在想象力等功能。Norman Geschwind（诺曼·杰斯克温得）经过反复实验，认定左大脑的一块区域对语言非常重要，并起名为 PT（颞平面），左大脑和右大脑之间一定有一大串线路把它们连在一起。语言与思维的形式、思维的过程密切相关，Sylvia Chen 以失语症病人为研究对象，证明用右手的人，语言多半在左大脑，但用左手的人，语言可能在左大脑或右大脑。人的大脑中特有的语言功能区，分别是说话中枢、书写中枢、视觉性语言中枢、听觉性语言中枢。

语言并不能等同于思维。首先，两者本质不同。思维是人脑借助语言对事物的概况和间接的反映过程，思维是认知过程的高级阶段。语言是参与这个活动的工具，因此参加这个活动的工具和这个活动自身并不是一回事。其次，在职能方面，思维是人脑的一种机能，其职能是认识世界，反映世界；而语言则是交际工具，其基本职能是沟通思想，传递信息。最后，两者性质不同。思维是全人类共同的，语言也是全人类共同的，但是语言具有明显的民族性特点，不同的民族语言大都不同。

然而，思维又离不开语言，逻辑思维必须以语言为工具。语言单位的意义是由逻辑思维所赋予的，语言所具有的层级关系、聚合关系、组合关系与逻辑思维的活动模式相契合。人的大脑是有分工的，左半球掌管逻辑思维，右半球掌管技术思维。左半球如受损伤，会造成语言障碍；右半球如受损伤，手脚就不听使唤了。两半球均具备形象思维的能力，因为均可以感知事物。大脑两半球分工的专业化以孩子熟练使用语言为标志，与学话的过程一致。学话的过程体现了认识过程，也就是说，语言与思维始终保持着密切的关系。儿童语言获得过程大体相同，大致分为四个阶段，即：咿呀学语阶段（几个月）—独词句阶段（一岁半左右）—双词句阶段（两岁左右）—电报句阶段（三岁左右）。其中，独词句的出现和从独词句到双词句，这是儿童学话中的关键两步。杰斯克温得通过动物实验和人体检测，证明动物大脑均没有明确的分工，只有感性直观思维，它们只会对外界事物做出各种本能的反应，缺乏像人那样的专门掌管语言的大脑机构，当然也没有复杂的发音器官。

思维和语言二者互相依存。思维是语言通向现实的桥梁，而语言则是人类进行思维的工具。思维能力和思维方式是两个不同的概念。思维能力指能不能认识现实，而思维方式是指如何实现这种能力。美国语言学家萨丕尔认为，词语分类的详略程度反映了人们对周围世界的兴趣和感知程度。这就是著名的萨丕尔-沃尔夫假设。由此，产生了语言决定论与语言相对论的观点。语言决定论认为，语言不仅表达和反映了思想，而且还塑造了人们的思想和世界观。语言相对论表示语言影响人们对世界的感知、态度和行为，而不是决定人们的感知、态度和行为。

第三节　语言学

一、语言学的内涵

1. 语言学的定义

语言学家雅可布逊说：“语言学是自然科学和社会科学之间的桥梁。”

心理学家皮雅杰认为，语言学无论就其理论、结构，还是就其任务而言，都是人文科学中最先进，而且对其他科学都有重大作用的带头学科。

哲学家卡西勒对语言学给予高度评价，在整部科学史中没有一章比语言学的出现更令人神往。这门科学的重要性完全可以跟 17 世纪伽利略改变了我们关于物质世界整个观念的新科学相媲美。

数学家马尔库斯指出，数学和语言学近年来已经被看作许多学科的“模式”，语言学是科学系统中的领先学科。

语言学是以语言为研究对象的一门独立的科学。索绪尔认为，语言学（linguistics）是一门科学，用于语言的科学研究（the scientific study of language），有其研究理论、研究方法和学科分支。

同时，索绪尔指出，语言学的基本任务是研究语言规律，使人们懂得关于语言的理性知识。语言学的目标主要有三个方面：

（a）描述所有已知语言并记录其历史。这涉及追溯语言的历史，（tracing the history of languages）探索语言之间的谱系关系（the parent languages of each family）；

（b）确定语言的普遍规则（general laws），用于解释语言现象（linguistic phenomena）；

（c）界定和定义语言学（to delimit and define linguistics itself）。

由此可见，语言学是以语言为研究对象，研究探索语言的本质、结构和发展规律的一门学科。

2. 传统语文学

语言学既是一门古老的学科，又是一门年轻的学科。语言是人类社会生活必不可少的交际工具，所以人们很早就注意到语言，研究语言。但是，直到 18 世纪下半叶，随着历史比较语言学的形成，语言学的各个研究领域兴起，语言研究才发展成为一门独立的学科。因此，语言学形成之前，人们对于语言的认识和研究统称为传统语文学。

传统语文学是为古代留下来的政治、哲学、宗教、历史、文学等方面的经典做注解，而不是探索语言的规律。例如，我国传统语文学包括文字学、音韵学和训诂学三个方面，称为“小学”。印度的传统语文学主要是阅读和传播《吠陀》，公元前 4 世纪波尼尼编撰了梵语语法，是对经典文献中的语言形态、词类、语音进行注释。可见，传统语文学以书面语为主要研究材料，目的是给政治、哲学、宗教、历史、文学方面的经典著作做注解。它不是独立的学科，处于附属地位。

现代的语言学包括三个方面，即研究语言本身（基础研究）、研究语言的各种应用（应用研究）、研究语言与其他学科邻界现象的相互关系（交叉研究），探索的范围包括语言的结构、语言的运用、语言的社会功能和历史发展，以及其他与语言有关的问题。

3. 理解语言研究

用图形描述语言学的研究对象与研究目标，如图 1-2 所示：

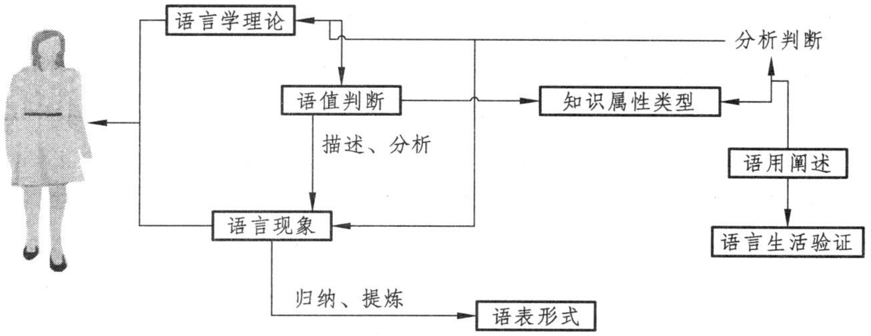

图 1-2　语言学研究对象与研究目标示意图

由上图可见，作为一门学科需要有研究对象、理论和方法。语言学的研究对象就是语言，而语言又是影响语言研究的因素之一。从语言本身来说，研究语言难在：① 语言总是不断地变化；② 同一语音社区中的人们不会说相同的语言；③ 无法迅速、完整地概述语言的功能。根据不同的目的，语言研究分为描写性的和解析性的两大类。以描写语言的现状和历时为其主要目的的语言学派称为描写派，以解释各种语言现象为主要目的的学派称为解释派。（陈平，现代语言学研究）

《现代语言学》一书对语言研究有这样的描述："普通语言学（General linguistics）研究语言学领域的基本概念和研究方法，包括：语音（phonetics）、音系，语法（grammar），语义（semantics），语用（pragmatics），语言多样性（language diversity），语言演变（language change），语言习得（language acquisition），语言和大脑的关系等方面；围绕现代语言学的发展，关注结构主义（Structuralism）、形式主义（Formalism）、功能主义（Functionalism）、以及认知语言学（Cognitive Linguistics）的研究关注点和热点。"就语法研究而言，例如当代语言学家韩礼德认为，每一个语法结构都构成一个组合，而这一组合作为一个整体来自语义层并作为语义层的体现形式。在语法结构中，一些成分的组合是非任意性的，这些成分作为一个整体反映了语言使用的功能，并且每一个成分都在功能内部充当特定的角色。

二、语言学的分类

1. 内部语言学与外部语言学

以研究对象不同，索绪尔将语言学分为纯粹的心理研究和心理-物理研究两个部分。其中，纯粹的心理研究是语言研究的本质部分，它将语言系统本身作为研究对象，又称为内部语言学；心理-物理研究把言语行为中的言语作为研究对象，与文学、文化、历史等学科相关，又称为外部语言学。

2. 内化语言学与外化语言学

语言能将语言使用者的认识（the knowledge that native speakers have）与思想结合

起来，用于交流和表达。）把语言视为人类心智/大脑里的一种知识系统，这种意义上的语言称“内化语言”（Internalized language）美国语言学家乔姆斯基认为，内化语言是人类思想的要素之一，可以通过学习获得。

与内化语言相对应的是“外化语言”（Externalized language），外化语言被理解为独立于大脑的结构。语言是一种行为、话语、语言形式（词、句子）的集合，或者说是语言形式或事件的系统。外化语言研究一般基于经验主义的立场，注重对现象的直接观察，注重语料的数量，不轻易进行概括。美国语言学家伦纳德·布龙菲尔德（Leonard Bloomfield）指出：对于所有语言都行之有效的途径是归纳概括，归纳出不同语言的特征，使语言学习变得没有障碍。

从外化语言到内化语言的转变，是把关注点从实际或潜在的行为和行为的产物转向支撑语言使用和理解的知识系统，并更进一步转向使人得以获得这一知识的先天性禀赋上来。

3. 共时语言学与历时语言学

从时间的连续性上看，语言符号一方面是可变的，另一方面是不变的。因此，语言研究又可分为历时研究和共时研究。从语言符号的可变与不变的特征上看，语言学研究又可区分为演化（动态）语言学和静态语言学。历时语言学研究和描写语言每个子系统在不同时期所发生的变化及其变化中不同子系统之间的关联，又称为动态语言学。共时语言学也被称为静态语言学，研究和描写语言每个子系统在某个特定时期的共时状态和不同子系统之间的关联。

4. 理论语言学与应用语言学

理论语言学也被称为普通语言学或语言学理论，着重于考察人类语言的共同规律和普遍特征。索绪尔（Ferdinand de Saussure）的《普通语言学教程》（*Cours de linguistique générale*）为理论语言学发展奠定了基础，这本书是由他在 1916 年的讲稿出版而成。索绪尔被誉为现代语言学创始人。这部著作分为绪论、附录（音位学原理）、第一篇（一般原理）、第二篇（共时语言学）、第三篇（历时语言学）、第四篇（地理语言学）、第五篇（回顾语言学的问题结论）共七个部分。

从语言研究的目标看，语言学可分为理论语言学与应用语言学。理论语言学包括：（1）专语语言学是以某一种具体的语言为研究对象的语言学。它又包括从一个静止的时段角度观察和研究语言的共时语言学和从一个较长时段研究语言动态的历时语言学。（2）普通语言学是以人类一般语言为研究对象，研究人类语言的性质、结构特征、发展规律，是综合众多语言的研究成果而建立起来的语言学的重要理论部分。

应用语言学是将语言学的基本原理同有关学科结合起来研究而产生的新的学科，由波兰语言学家博杜恩·德·库尔德内（Baudouin de Courtena）于 1870 年提出，20 世纪 60 年代进入发展时期。中国应用语言学形成于 20 世纪 80—90 年代，其标志是 1984

年语言文字应用研究所的成立和 1992 年《语言文字应用》杂志创刊。应用语言学是一门独立的交叉学科，狭义的应用语言学研究语言教学，包括第二语言教学和外语教学；广义应用语言学具体包括四大部分，即语言教学、语言规划、社会语言学、语言本体和本体语言学同现代科技的关系。语言学分类如图 1-3 所示：

- 语言学
  - 研究对象所处的状态的分类
    - 静态语言学
    - 动态语言学
  - 研究范围的分类
    - 理论语言学
    - 应用语言学
  - 语言学内部学科分类
    - 语音学
    - 语义学
    - 词汇学
    - 语法学
    - 语用学

图 1-3　语言学分类示意图

5. 语言本体研究体系与跨学科研究体系

语言的本体研究指对语言自身的解构，分析其成分、要素、层次特征并探索语言符号自身的组合与聚合规则，包括语音学（Phonetics）、音系学（Phonology）、词法学（Morphology）、句法学（Syntax）、语义学（Semantics）、语用学（Pragmatics）。

语言学既与社会科学有密切的联系，又与自然科学有密切的联系。跨学科研究主要指语言的应用研究，即语言与外部事件、其他学科的交融关系，包括心理语言学（Psycholinguistics）、社会语言学（Sociolinguistics）、人类语言学（Anthropological Linguistics）、计算语言学（Computational Linguistics）等。语言是社会现象，与社会的政治、经济、文化、历史密切相关，语言的发生与物理、生理、心理等学科密切相关，而现代语言与语言的信息处理（如机器翻译、语码转换等）又涉及数学、计算器科学。正因为如此，随着语言学与别的学科的交融，又产生了许多语言学分支学科，如社会语言学、心理语言学、统计语言学、话语语言学等。

三、语言学发展历史

1. 中国语言学发展历程

相传先秦时代每年八月，周王室派"辖轩之使"到各地调查方言。人们注重词义辨析、修辞等语言应用。例如《易经·乾卦》"修辞立其诚"，《左传·襄公二十五年》"言之无文，行而不远"等。战国末年已经出现注解古籍的专著。孟子提出"不以文害辞，不以辞害志"，用于对古籍的字义训释的思想，称为了后世训诂学的一条重要原则在语音研究方面。成书于战国末年（一说是成书于两汉）、被誉为辞书之祖的《尔雅》，正是取"以雅正之言解释古汉语词、方言词，使之近于规范"之意。先秦时期的"名"

“实”之争推动了我国古代语言研究。主要代表人物老子、墨子、尹文、公孙龙和荀子。荀子《正名篇》主张“名无固宜”、“名无固实”，提出“约定俗成”论。在中国语言学史上，荀子是阐明语言社会本质，并正确地说明词的意义和客观事物之间关系的第一人。

两汉时期的古代语言学与经学紧密联系。《尔雅》与《方言》《说文》和《释名》，可以说是中国古代四大语言学著作。东汉末年，人们已经能用二分法分析汉语的音节。扬雄《方言》，又名《辅轩使者绝代语释别国方言》，是汉语方言学的奠基之作。许慎《说文解字》是两汉文字学和词汇学的结晶。刘熙《释名》是中国词源学的第一部专著。当代语言学家何九盈先生认为，《方言》《说文解字》《释名》三大著作的产生，是中国传统语文学成为一门学科的标志。

魏晋南北朝是中国语言学发展的关键时期。当时佛教盛行、韵文发达、文学批评繁荣，为汉语音韵学的形成一门独立的学科提供了有利的条件。反切法和四声说为古代音韵学的发展奠定了基础。所谓“反”指“展转相协”，例如“桑落”的反语“索郎”，“索郎”为“桑”，“郎索”为“落。”所谓“切”是“两字相摩”之意，例如缓呼“德红”为两个字音，急呼则成“东”音。因此，并不是任何两个音都可以“展转相协”或“相摩”的，必须具备一定的语音条件。反切法的本质是双声叠韵，这反映出汉语的语音结构特点。四声的发现，据陈寅恪先生考证与佛经的“转读”有关。从魏晋以后，在对汉语的声、韵、调分析基础上，产生了反映汉语实际语音系统的韵书，如六朝韵书以及《中原音韵》等。魏国张揖是继许慎之后，又一词义学大家，著有《广雅》《埤苍》《古今字诂》《杂字》等辞书。而流传后世的魏晋辞书仅《广雅》与晋陆德明《经典释文》。刘勰《文心雕龙》不仅论述修辞、修辞格等问题，还从修辞的角度讲述了文言虚字的知识。

公元 6 世纪到公元 12 世纪，中国出现了一批音韵学著作，其中著名的有隋朝陆法言著《切韵》，北宋陈彭年、丘雍编修《广韵》等。这一时期被称为“韵书蜂出”的时代。颜之推《颜氏家训》中《书证》《音辞》两篇专论语言文字问题，是中国古代语言学史的重要文献。《切韵》全书共五卷，平声 54 韵，上声 51 韵，去声 56 韵，入声 32 韵，共计 193 韵。《广韵》全称《大宋重修广韵》，所谓“重修”，是因为宋太宗时修订《切韵》，命名为《新定广韵》。《广韵》全书分五卷，平声 57 韵，上声 55 韵，去声 60 韵，入声 34 韵，共计 206 韵。

近古时期是传统语文学全面发展的时期，宋元时代出现了声韵调相配合的等韵图，明清时期历史语音学研究成果最为丰富。人们已经意识到：“今音不同唐音”，“唐音不同古音”，“音韵之不同必论其世“等汉语语音历时发展的特点。元代以周德清《中原音韵》为代表，产生了一批以研究当时实际语音为任务的韵书。在语音研究上，周德清批判“泥古非今，不达时变”“呼吸之间，动引《广韵》为证”的陈旧思想，敢于提出新的观点和方法，对汉语语音进行新的分析。元代卢以纬《语助》是我国第一本研究文言虚字的专著。清代以段玉裁、王念孙为代表的乾嘉学派，在音韵、训诂、文字等方面取得了全面的突破。清代以研究古音古义为主，提倡通经必先通古人的语言，通古人的语言就必先通古代的字义、名物、制度。顾炎武《音学五书》是研究古音的奠基之作。《日知录》与黄扶孟《字诂》《义府》是研究古义的奠基之作。

总之，中国古代的语言学在长期的发展中形成了自己的“小学”传统，“小学”就是指的中国传统的语言文字学，包括音韵学、训诂学、文字学三个方面。

2. 国外语言学发展历程

（1）国外语言学古代史部分。

约前 1500 年，古印度就有了梵语的宗教典籍《吠陀》（*Veda*）。公元前 4 世纪，印度语言学家波尼尼（又译为巴尼尼）编著了一部用于解析和规范梵语语音、语法的专著，即《波尼尼语法》，又称《八卷书》或《梵语语法》。《波尼尼语法》是世界上最早的语言学专著。

公元前 3 世纪，古希腊的柏拉图区分动词和静词，亚里士多德《修辞学》区分八种叙述成分。公元前 1 世纪狄奥尼修斯·特拉克斯（Dionysius Thrax）写成了希腊语的第一部语法专著《语法术》。公元 2 世纪，语言学家狄斯考鲁（Apollonius Dyscolus）写出了又一部语法专著《论句法》。古希腊的语法研究，奠定了西方传统语法研究的基础。

公元 1 世纪，古罗马的瓦尔罗完成《拉丁语研究》，构建了拉丁文法的传统语法研究体系，以至后世不仅拉丁语法一直沿用这一体系，其他语言的语法描写也都采用这一体系。到了 18 世纪初，几乎所有的欧洲语言都有了自己的语法研究体系，都是以这一体系为模式的。直到 19 世纪末，中国第一部语法专著《马氏文通》采用的也是拉丁语法的研究体系。

（2）历史比较语言学阶段。

历史比较语言学盛行于 19 世纪，以发现不同语言间的亲属关系，探讨它们之间的联系和发展特征为主要研究目标。1786 年，威廉·琼斯（William Jones）发现梵语、希腊语、日耳曼语间的联系，提出“原始印欧语”的存在，并以此为历史比较语言学开始的标志。代表人物有：丹麦的拉斯克（R. Rask），其代表作为《古代北欧语或冰岛语起源研究》；德国的雅各布·格林（J. Grimm），其在《德语语法》一书中阐释了著名的“格林定律”；德国的葆朴（F. Bopp），在《梵语、禅德语、亚美尼亚语、希腊语、拉丁语、立陶宛语、古斯拉夫语、峨特语和德语比较语法》一书中指出，对语音变化规律的发现和阐述，证明语言是一门独立的科学。但历史比较语言偏重于历时的语言研究，忽略了共时分数。

欧洲人发现印度梵语的结构与远在欧洲的希腊语、拉丁语、日耳曼语等语言相似。他们企图找出印度梵语与欧洲语言在语音上的对应规律，确立以语言为研究对象。随着生物学的蓬勃发展，特别是达尔文的进化论对科学的发展产生了巨大的影响，他的物种变异的比较研究方法为很多学科所仿效。语言学家吸收和使用这种方法来研究梵语与希腊语、拉丁语、日耳曼语等的关系，创造了历史比较法。根据语言是否来自同一语言的分化及分化的辈分等级而对语言做出的分类，叫作语言的“谱系分类”。谱系分类可以用“谱系树”来表示。所有由同一个祖语分化出来的语言，是亲属语言，组成一个语系。同一语系中的语言还可以根据它们亲属关系的亲疏远近依次分为语族、语支、语群、语言等。

历史比较语言学提出为语言而研究语言，它的产生有两个不可或缺的条件，一是广泛收集世界上的各种语言材料，二是认识到梵语在语言比较中的地位和作用。需要注意的是：这些语言间的对应不能是个别的、零星的对应，而是成系统的对应才能够成为亲属语言。正如丹麦拉斯克所说的：“必须有条理地研究一种语言的总体结构，不可只挑选几个细节或词汇来与另一种语言比较”，强调语法的同一性。历史比较语言学通过广泛的调查和认真比较，探明印欧诸语言之间的亲属关系，构拟了印欧语的共同始源语，并提出了一些演变规律和原则。

（3）结构主义语言学阶段。

结构主义语言学盛行于20世纪前半期，以索绪尔《普通语言学教程》的发表作为结构主义语言学开始的标志。除了索绪尔，还有捷克的马太修斯（Vilem Mathesitus）、美国的鲍厄斯（Franz Boas）提出以语言的共时系统为研究对象进行研究。索绪尔的主要观点有：① 区分了语言和言语，认为语言是抽象的语法规则系统和语汇系统，言语是说出来的话或写出来的文章；② 将共时性的研究和历时性的研究区分开来；③ 认为语言符号在构成关系系统时存在于两种关系之中，即组合关系和聚合关系之中；④ 认为语言是形式而不是实体，每种语言都有其特殊的结构和规律；⑤ 语言的个别单位都不是孤立存在的，而是在与其他单位相对立、相区别中存在。结构主义语言学把语言学从历史比较语言学的狭窄范围解放出来，使语言学研究重心从历时转到共时，开创了语言学研究的新时期。

索绪尔为共时语言学，即描写语言学的发展做出了不可磨灭的贡献，后来涌现出的各种学说和流派都直接或间接地受到他的影响。从20世纪30年代开始，结构主义语言学派又发展出三个主要是分支学派：

① 布拉格学派（结构—功能学派）。

它强调语言是一个功能体系。在国际语言学会上，布拉格学派公开音位学观点，代表作品是《音位学原理》，代表人物有马太修斯和雅科布逊等人。

② 丹麦学派（哥本哈根学派）。

它强调语言是完整的符号系统，符号是表达方式和内容的综合体。主要成就：成立哥本哈根语言学会；创办《语言学学报》；其代表人物有叶姆斯列夫和布龙达尔等人。

③ 美国的描写语言学派。

美国的描写语言学派是结构语言学中发展最完善、最重要的一个学派，其先驱人物有鲍厄斯和萨丕尔（Edward Sapir）。萨丕尔强调对语言作客观的共时描写，与沃尔夫提出语言与思维关系的著名理论“萨丕尔—沃尔夫”假说。该学派另一重要人物布龙菲尔德（Leonard Bloomfield），其代表作《语言论》是该派的奠基之作，当时被称为“布龙菲尔德时期”。此外，还有日内瓦学派、伦敦学派、莫斯科学派等小的学派。

结构主义语言学的优点：强调语言是一个完整的符号系统，不能孤立地研究，要从各成分间的关系，结构的分层符号系统作整体性认识；注重对立成分的分析，影响很大。缺点：后来陷入了形式主义的死胡同，过于追求形式，忽视了语句的具体内容。将形式和意义割裂开来。只能描写语言事实而不能解释原因。

（4）当代语言学阶段。

在以共时描写为特征的结构主义语言学的主流中，美国语言学家乔姆斯基（Noam Chomsky）提出了描写语言学和解释语言学的观点，并认为语言研究的目标是对人类利用有限的语言符号生成无限的话语的能力做出解释，以求发现人类一切语言的基本规则，即普遍语法。转换生成语言学盛行于20世纪后半期，以乔姆斯基《句法结构》的发表为其开始标志。转换生成语言学派的主要观点有：① 不仅描写语言行为，还要研究体现在人脑中的认知系统和普遍语法；② 人具有语言习得机制，大脑能自动创造和理解句子→揭示这些规则；③ 语法是生成和描写句子的规则系统，是由句法、语音、语义三平面组成；④ 采用现代数理逻辑的形式化方法，根据有限的规则演绎无限的句子。

转换生成语言学的优点：这种学说适合计算机的应用，克服了结构主义语言学只重表层结构忽视深层结构的不足。为语言研究开辟了新的道路和方向，促进了认知科学的发展；在计算机科学、人工智能特别是人机翻译和对话方面产生了深远的影响。在标准理论时期，乔姆斯基用数学模式推导的语言的深层结构。

例如：① Sincerity may frighten the boy.（如图1-4所示）

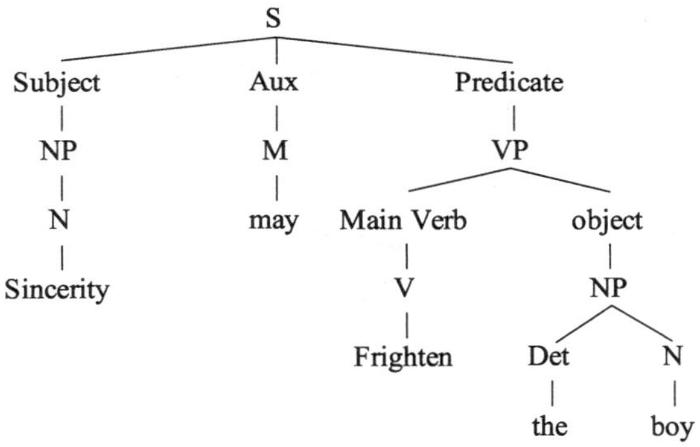

图1-4　语言深层结构图

② 这本书我已经看过了（如图1-5所示）。

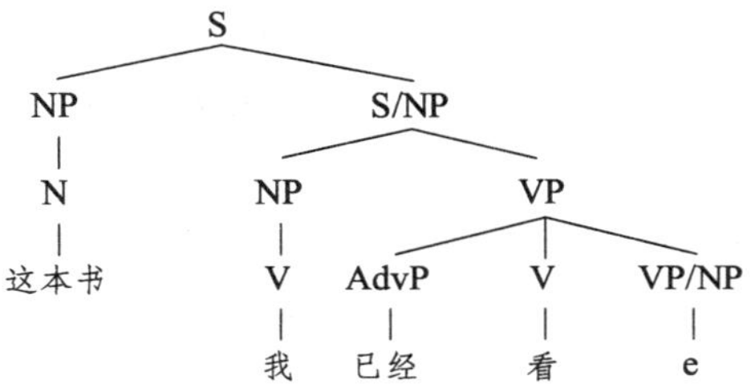

图1-5　语言深层结构图

（5）系统功能语言学。

系统功能语言学由英国语言学家弗思（Joho Rupert Kirth）开创，后来由他的学生韩礼德（M.A.K.Hallidy）继承和发展，形成现在人们称之为系统功能语言学的学派，代表作是《语法理论的范畴》。与乔姆斯基形成的学术思潮不同，功能主义注重语言的交际功能，不局限于内省的研究。内省（introspection），是形式主义语料来源的方式，指自造例句，以自己的语感作为判断标准。因此，内省举证的例子有合格的句子，也有大量不合格的例子。功能语言学不排除内省方式，但更主张从认知能力、语言的交际功能、语言的历史演变等方面探索语言现象背后的语言规律。特别是话语分析（discourse analysis），强调以实际话语作为分析材料和立论基础，广泛采用书面材料、录音材料、问卷调查等方法进行验证。

在理论上，功能主义认为，语言普遍现象是人在特定状态下的反应，不同的人会表现出不同的心理和生理状态。因此，只有在对世界语言进行广泛研究才能找到真正的语言普遍现象。

（6）认知语言学。

有人说 21 世纪是认知语言学的世纪。认知语言学（Cognitive Linguistics）是在反对以生成语法为首的主流语言学的基础上建立起来的，主要代表学者有：乔治·雷可夫（G. Lakoff）、朗奴·兰盖克（R. Langacker）、菲尔墨（C. Fillmore）、马克·约翰逊（M. Johnson）等。认知语言学在美国形成了以朗奴·兰盖克为首的“圣地亚哥学派”，和以雷可夫、菲尔墨等为首的“伯克利学派”。

认知语言学派认为，语言是内嵌于人类认知能力之中，主张用来连接概念系统的结构来自身体经验，并依据身体经验而有意义。语言结构与人类的概念知识、身体经验以及话语的功能有关。想象是人们在思维过程中运用了隐喻、转喻和心理意象的结果。在研究中，人们发现语言符号及句法结构的形成与人们在长期的生活实践中的经验结构或概念结构存在相似性，由此促动语言学功能研究的一个新的方向，这一方向越来越受到人们普遍的关注。

第四节　语言学科的时代观察

语言学正在从传统的艺术与人文学科转向现代的认知与生命科学，其研究方法也正在经历从内省到实证方法的转变。与此同时，我们正处于一个不断变化的智能时代，大数据带来的信息风暴正在改变人们的生活、工作和思维。语言学能做什么？怎么做？语言研究的成果如何服务与人工智能和语言应用的其他领域？如何开拓语言研究的新视野？

1. 语言的反映力

语言问题的解决依赖于语言学理论、概念和术语等的直接应用。普通语言学对汉语等各种不同的语言进行分析、比较，从中归纳、概括出人类语言的一般规律和特点，同时又给具体语言的研究提供方法论。20 世纪 90 年代，国际应用语言学协会已建成 19 个学术委员会。它们是：① 成人语言教学；② 应用计算语言学；③ 儿童语言；④ 对比语言学和误差分析；⑤ 语篇分析；⑥ 教学技术与语言学习；⑦ 多语环境中的语言和教育；⑧ 语言和性别；⑨ 专业语言；⑩ 语言规划；⑪ 语言测验标准和语言测试；⑫ 词典学与词汇学；⑬ 母语教学；⑭ 心理语言学；⑮ 修辞学与风格学；⑯ 第二语言教学；⑰ 社会语言学；⑱ 术语学；⑲ 翻译。不难看出，语言研究的领域广泛，不能简单地把语言看作一个自足、封闭的符号系统。

2. 语言的应用性

语言的应用性主要是语言的应用研究，包括三个方面，即语言教学、语言使用、语言政策，例如，分析如何制定语言政策，以有利于国家和民族的发展。新加坡把英语、汉语、马来语和泰米尔语同时作为官方语言。而巴基斯坦建国后，脱离了英国的殖民统治，确定乌尔都语为国语，但也由此引起许多纷争、冲突和流血事件。语言应用性不仅关心语言本身的问题，还注重通过研究语言，揭示语言在人们日常生活中的重要作用，解决日常生活中语言问题。因此，需要借助包括语言学在内的相关学科的成果，例如人类学、教育学、心理学、社会学等。例如，语言教学研究涉及以语言学为主的教育学、心理学等不同学科交叉，研究方法上需要将实验、调查、定性和定量分析等多种方法综合使用。

3. 语言的实验性与科技性

语言研究经历了附庸于哲学的语文学阶段，作为独立学科存在的语言学阶段，到关注语言应用研究的阶段。语言学与多学科研究结合，派生许多交叉学科和分支学科。语言的实验性与科技性表现在，其与社会科学和自然科学中其他分支学科联系密切。其中，社会科学的伙伴有：社会学、文化学、地理学、哲学、考古学、历史学、人类学、教育学等。自然科学的伙伴有：数学、病理学、神经学、物理学、计算机科学等。语言学以及它的分支被认为是认知科学的一部分，它们体现了人类思维认识感知世界的过程。例如；个人发音特征是侦破语音学（Forensic Phonetics）的重要研究内容，事件相关电位（ERP）反映了认知过程中大脑的神经电生理的变化，揭示语言加工的相关过程。还有机器翻译、机器自动评分等人工智能的研究都离不开语言学。

思考与练习

一、选择题

1. 19 世纪 30 年代产生的语言学流派是（　　）。

A. 布拉格功能语言学派　　B. 哥本哈根语符学派
C. 历史比较语言学　　D. 美国描写语言学派

2. 应用语言学中的术语 CLT 意为（　　）。

A. 交际语言教学法　　B. 交际能力测试
C. 对比分析测试　　D. 对比教学法

3. 英国哲学家约翰奥斯汀提出了言语行三分说的言语行为理论。以下不属于奥斯汀所述的三种类型的言语行为是（　　）。

A. 言内行为/叙事行为　　B. 发生行为/表意行为
C. 言外行为/施享行为　　D. 言后行为/成事行为

4. 语言功能论的代表人物是（　　）。

A. 乔姆斯基　　B. 布朗
C. 韩礼德　　D. 皮亚杰

5. 有人说语言是古代文化的“活化石”，这说明语言具有（　　）。

A. 交际功能　　B. 思维功能
C. 文化传录功能　　D. 认知功能

6. 下列说法正确的是（　　）。

A. 地域方言可以分化为不同的语言
B. 社会方言可以分化为不同的语言
C. 地域方言和社会方言都可以分化为不同的语言
D. 地域方言和社会方言都不可能分化为不同的语言

7. 世界上使用人口最多的语言是（　　）。

A. 英语　　B. 汉语
C. 法语　　D. 德语

8. 以下不属于语言三种基本属性的是（　　）。

A. 符号属性　　B. 工具属性
C. 信息属性　　D. 学习属性

9. 被社群作为母语使用和学习的语言是（　　）。

A. 人工语言　　B. 自然语言
C. 共同语　　D. 世界语

10. “桃李不言，下自成蹊”中“言”属于（　　）。

A. 语言系统　　B. 言语行为
C. 言语作品　　D. 内部语言

11. 人运用语言可以说出无限多的句子，这反映了语言的（　　）。

A. 民族性　　B. 符号性
C. 生成性　　D. 系统性

二、填空题

1. 语言学以描写各种语言的现状、追溯他们的历史、探索人类语言的（　　）为主要任务的独立的科学。

2. 语言学的分支有语音学、（　　）、形态学、（　　）、语义学和语用学。

3. 任意性和（　　）是语言符号的两个最基本特点。

4. 根据语言的亲属关系对语言做出的分类叫作语言的（　　）分类

5. 运用语言进行交际的过程大体上可以分为“编码”—发送—（　　）—接收—（　　）五个阶段。

6. 语言是最重要的（　　）工具和（　　）工具。

7. 语言作为人类的交际工具，其最本质的是（　　）功能。

8. 语言存在于（　　）之中。

9. 美国社会语言学家海姆斯（D. H. Hymes）首次提出（　　）的概念。

10. 语言符号的最大特点是它的音与义的结合是（　　）的，由社会（　　）。

11. 言语行为理论的提出者是（　　）。

12. 索绪尔在（　　）一书中指出，语言研究能指和（　　），语言和（　　），（　　）和历时，组合关系和（　　）。

13. 语言是特殊的社会现象是指它具有全民性，没有（　　）。

14. 最早广泛应用语言学的理论和成果的社会领域是（　　）。

15. 狭义的应用语言学是指（　　）。

三、名词解释

1. 语言学。

2. 历史比较语言学。

3. 功能主义语言学。

4. 语言符号。

5. 描写语言学派。

四、简答题

1. 为什么说语言是一种符号系统?

2. 谈谈你对语言形成和语言功能的认识。

3. 简述语言的谱系分类。

4. 谈谈语言符号的任意性。

5. 简述你对语言结构的层级性的理解。

五、辨析题

1. 功能、意念、交际场合、社会地位、语体等因素属于语言学能力。

2. 检验语言学习成败的标准是学习者能否在交际中使用这种语言。

3. 狭义的应用语言学指的是语言教学。

4. 语言能力和语言交际能力一般分为理解和表达两种，表达能力指的是阅读和朗读的能力。

5. 语言不是人类独有的，动物也有语言。

参考答案

一、选择题

1 ~ 5. CABCC　　6 ~ 10. ABDBB　　11 .C

二、填空题

1. 共同规律
2. 音位学、句法学
3. 线条性
4. 谱系
5. 传递、解码
6. 交际、思维
7. 社会
8. 符号
9. 交际能力
10. 任意、约定俗成
11. 奥斯汀
12.《普通语言学教程》、所指、言语、共时、聚合关系
13. 阶级性
14. 语言教学领域
15. 语言教学

三、名词解释

1. 语言学是以语言作为研究对象的一门独立的科学。语言学的基本任务是研究语言的规律，使人们懂得关于语言的理性知识。

2. 历史比较语言学是 19 世纪 30 年代兴起的一个语言学的重要流派，研究具有共同母语的语言之间的亲属关系以及它们的历史发展。该学派奠基人为丹麦语言学家拉斯克、德国语言学家格里姆和葆朴。它的出现是语言学走上独立发展道路的标志，为现代语言学的建立奠定了坚实的基础。

3. 功能主义语言学兴起于 20 世纪 60 年代末、70 年代初，代表人物有英国的韩礼德、法国的马丁内等。功能主义语言学主张在对语言的系统和结构进行充分研究的基础上，从功能角度研究语言，着重探讨语言的意义和功能，研究语言如何使用，分析语言与社会的关系，以及语言功能与语言系统的关系。韩礼德建立了系统—功能语法理论，以“系统语法”为框架论述语言功能。

4. 语言是一种符号，因为它能代表或指称现象。语言符号是由音义结合构成的。

音是语言符号的物质表现形式，义是语言符号的内容，只有音和义相结合才能指称现实现象，构成语言的符号。

5. 描写语言学派创始人为美国人类学家鲍阿斯和人类语言学家萨丕尔，代表人物为布龙菲尔德，主张用共时研究的方法，通过可以观察到的语言材料科学地、客观地描写语言的内部结构，揭示系统内部的关系。

四、简答题

1. 语言是一种符号系统，语言系统又是分层次的结构，由作为备用单位、用来构成符号的形式的音位和作为使用单位的音义结合的符号—语素及符号序列—词、句子等层次构成，这就形成了语言大系统下面的语音、词汇、语法、语义等分支系统。

2. 语言形成：

人类的祖先在长期维持生存的劳动中锻炼了自己的大脑，改造了发音器官，具备了说话的能力。而在共同劳动中又有了交流思想的需要，即“已经到了彼此间有些什么非说不可的地步”，于是产生了语言。抽象思维的能力和灵活发音的能力相结合，表现为人类的语言能力。这种能力是人类祖先在长期的劳动中经过许多代的艰苦磨炼而形成的。它一代一代遗传下来，又在实践中不断发展。

（2）语言功能：

语言的社会功能：① 语言的信息传递功能，就是表达，是人与人之间交流的基本方式，通过信息的传递，才能更好地分工协作。可以通过语言、文字、符号、物体、肢体等进行信息传递。② 语言的人际互动功能，是建立或保持某种社会关联。一个是说话者在话语中表达自己的情感、意图、态度，反过来这些有对说话者施加了影响，得到相应的语言或行动反馈。

语言的思维功能：语言是思维活动的动因和载体，是思维成果的贮存所。逻辑学把概念、判断和推理看作思维的基本形式。这些思维的基本形式都要依靠语言。

3. 根据语言是否来自同一语言的分化及分化的辈分等级而对语言做出的分类，叫作语言的谱系分类。谱系分类可以用起于一根而不断分叉的“谱系树”图形来表示。所有由同一个祖语分化出来的语言，都是亲属语言，组成一个语系。同一语系中的语言还可以根据它们亲属关系的亲疏远近依次分为语族、语支、语群、语言等。

4. 语言符号的任意性指作为符号系统的成员，单个语言符号的语音形式和意义之间没有自然属性上的必然联系，只有社会约定的关系。所以不同的语言用什么语音表达什么样的意义各不相同，即使是同一个语言，在不同的历史时期语音形式和意义的联系也是会变化的，所以才有了不同的语言。例如中文的“书”发音为“shū”，英文却用“book”来表达，完全是社会约定俗成的，只要符号的使用者共同认可，一定的语音形式就可以与一定的意义联系在一起。

5. 语言是一种分层装置。语言结构要素的各个单位，在语言结构中并非处在同一个平面上，而是分不同的层和级。语言的底层是一套音位，即音与义相结合而划分出来的音的结构成分。音位经组合而与某种意义相结合就能构成语言的符号和符号序列，这是语言的上层。这一层又可分为若干级：第一级是语素，这是语言中音义结合的最小结构单位，是构词材料；第二级是由语素的组合构成的词，是造句材料，是交际的基本单位；第三级是由词构成的句子，词和句子都是符号序列。语言系统的层级结构可用图式为：音位→语素→词→句子。

五、辨析题

1. 错误。根据乔姆斯基的理论，语言能力是指人们所具有的语言知识，是一种内化了的包括语音、词汇、语法等的语言规则体系，它主要是与语言形式结构有关，实际上是一种高度抽象的语法能力，是一种脱离外部语言环境的、人的内部心理机制。

2. 正确。交际工具是语言的本质功能，这就决定了对外汉语教学的根本目标是为了让学习者掌握运用汉语进行交际的能力。这是检查学习效果的主要标准。

3. 正确。广义的应用语言学是跟理论语言学相对的概念，指把理论语言学的理论、规律、原则和方法应用到其他学科领域，从而产生新的边缘学科；狭义的应用语言学则专指语言学理论在语言教学中的应用，特别是指第二语言教学。

4. 错误。海姆斯首次提出“交际能力”的概念，即运用语言（或非语言手段）进行社会交往的能力，包括传递信息、交流思想和表达感情。既用口头形式，也用书面形式；既指说、写的表达能力，也指听、读的理解能力。

5. 错误。语言是人类独有的，只有人类才具备学习和运用语言的特殊生理基础。语言只有人类才具有，是人类区别于动物的重要标志。人类语言的学习和运用，除了交际的实际需要外，还必须具备一定的生理基础，即发达的大脑和完善的发音器官。只有人类才先天具备学习语言的能力，能在后天的社会环境中学会并运用语言。

第二章 语音分析

任何一种自然语言都是有声的。语音是负载着一定语义信息的物质外壳。它是一种特殊的生理现象和心理现象，同时也是一种特殊的物理现象和社会现象。本章主要探讨共时层面下语言系统中的语音模式，理解音素、音位、音节、语流等语音模式。同时，了解共时语音分析方法，并尝试运用于实践中。

第一节　语　音

B. 布洛赫、G. L. 特雷杰在《语言分析纲要》中说：布洛赫和特雷杰建议人们，在学习一种新的语言时应该先学习语音再学习文字系统。因为语音是了解和掌握一种语言最快的途径。语音是一种人体器官发出的、代表一定意义的声音。语音的形成经过了三个步骤，即生理环节的发音、物理环节的传递、心理环节的感知。亚里士多德认为语言先是语音，语音发自人声，是与思想有最直接的联系并体现自我存在，所以语音是第一性的，而文字只是将语音记录下来的符号，对于语言来说只能是第二位的。

语音的形成过程与其他声音的形成有相似之处，例如，与管弦乐器的发音原理相似，而与灵长类动物的叫声更相似。因此，首先要区别语音与声音。马克思、恩格斯《德意志意识形态》中说道："精神"注定要受物质的"纠缠"，物质在这里表现为震动着的空气层、声音，简言之，即语言。语音是语言的物质外壳或存在形式，语言从它产生的那一天起，就是凭借声音来表达的。相对于鹦鹉学舌，把前者称为语音，而把后者称为声音。语音的物质特征是通过语音的生理、物理属性反映出来的。

语音和声音的区别，首先在于语音是人类的发音器官发出的声音。其次，语音可以通过"非在场"传递知识和经验，而语音则是体现易境性最常见的方式，例如《红楼梦·林黛玉进贾府》中对王熙凤入场的描写，体现出"未见其人，先闻其声"的现象。正是因为语音，把人物展现得淋漓尽致，让抽象的词和语法形式有了现实的、可感的物质形式。最后，这种声音不仅是人发出的，也不仅仅是有意义的，还在于用于言语交际，起到传递信息的作用。例如鼾声和笑声，都是人发出的，在某个场景中可以表示一定的意义，表示"熟睡"或"高兴"，但是不能用于言语交际。因此，语音是指人类通过发音器官发出来的、具有一定意义的、用来进行社会交际的声音。

一、语音的属性特征

语音的发音、传递、感知过程，反映了语音的自然属性特征，分别对应生理属性、物理属性和心理属性。语音生理属性关注语音是如何发生的，物理属性研究语音的物质特征，心理属性探讨语音是如何被听觉感知的。语音的生理环节着重于描写声音在人体中如何形成。由肺部发出的气流通过喉头和咽壁以后，需要人体的发音器官做出一定的活动，使口腔或鼻腔中的空气发生振动，再继续通过口腔或鼻孔流出，在这个过程中，气流可能被阻碍，或阻碍在某个点上，而且气流通过的空间形状，有不同的改变；气流也可能没有什么阻碍，只是口腔的形状和嘴唇的动作不同而已。形成声波传递出来后，再通过人体的感知器官，如耳朵、听觉神经等，感知到声音。语言交际功能的实现更多地依靠语音。

语音如何生成？如何发送？美国著名语音学家彼得·赖福吉曾把自己说话时候的情景用 X 光拍摄出来，首次真切地观察到语音在人体发音器官中是如何形成的。同时，也加深了我们对语音属性的理解。

1. 生理属性

语音由人的发音器官发出的，因此发音器官的构造和运作就构成了语音的生理属性。语音的生理属性指语音是由人的发音器官发出来的，呼吸器官是发音的原动力，主要由肺、气管、支气管组成，发音体主要由喉头和声带这些发声器官充当。共鸣器主要有口腔、鼻腔、咽腔、喉腔，而口腔是发出形形色色语音的最重要的调音器官。

语音的发音机制由四个组成部分，包括气流过程，发声过程，口、鼻过程，调音过程。

（1）气流过程（Airstream process）。

几乎所有语音的能量都产生于呼吸系统中的肺气流，几乎所有的声音都是靠呼气完成。发音时，呼出气流强弱分为送气音和不送气音。例如，汉语中声母“p、t、k、q、c、ch”为送气辅音，而“b、d、g、j、z、zh”为不送气辅音。

（2）发声过程（phonation process）。

发声过程主要由声道构成，控制声带的有三块软骨，即甲状软骨、环状软骨、勺状软骨，在此处产生清音和浊音。声带是否颤动分为清音和浊音。清音（Voiceless）是指声带张开形成的语音，例如汉语里的 f、s、x、sh、h。浊音是指（Voiced）声带振动形成的语音，例如汉语里的 m、n、r、l。因此，浊音包括元音、浊辅音、鼻音、边音和半元音，清音有清辅音和清喉擦音。这样的区分的另一个依据是语音的声波特征，即物理属性。例如，元音由有规则的声波构成，较悦耳动听，也称为乐音。辅音的声波较元音显得不规则，不太悦耳，称为噪音。下图是汉语“不”的语音图，可以看出声波前半段波形不规则，而后半段波形较为规则，如图 2-1 所示：

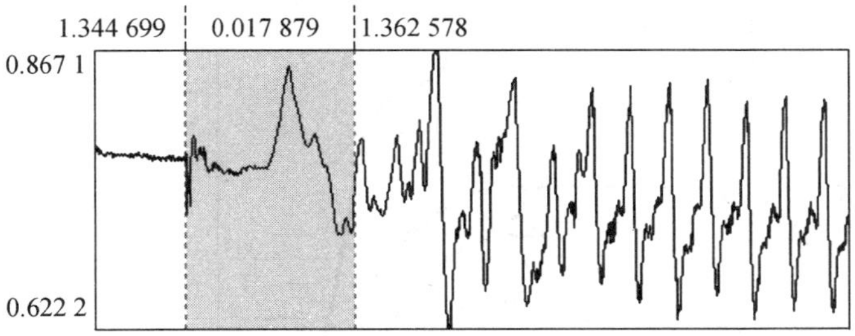

图 2-1 “不”字的语音图

（3）口、鼻过程（Oro-nasal process）。

气流通过声道分进入口腔或鼻腔两个部位。软腭的升降统辖着口-鼻过程，是口音和鼻音的一个区别因素。鼻腔通道关闭，气流从口腔中通过而发声称为口音。口腔通道关闭，气流从鼻腔中通过而发声称为鼻音。口鼻通道同时打开，口腔鼻腔同时发声就是鼻化音，用“～”表示鼻化音标记。例如，法语 impasse 中字母 I[ɛ̃]。

（4）调音过程（Articulatory process）。

调音指发音，通过调节上声道构型、改变上声道形状和尺寸形成不同的语音。调音过程包括调音器官和调音方式，即狭义的辅音发音部位和发音方法。调音器官指声道中可以形成声音的部分，这些部分的组合可以形成不同的语音发音部位：被动发音部位和主动发音部位。被动发音部位有九个调音区，分别是：会厌、咽、小舌、软腭、硬腭、龈后、龈、齿、唇。在被动发音部位形成的语音依次有：小舌音、软腭音、硬腭音、齿-龈音、齿沿音、唇齿音、双唇音。

主动发音部位有六个：舌根、舌面、舌叶、舌下、舌尖、下唇，形成舌根音、舌面音（又分前、后）、舌冠音（包括舌尖、舌叶、舌下）、卷舌音。舌头变化使人们能做出的最快、最精确的动作。舌头是口腔中最灵活的发音器官，其突出作用是通过它的活动，能与口腔许多部位构成阻碍，阻挡气流，改变口腔共鸣器的形状，从而发出不同的音素。例如舌尖和上齿龈或上齿背接触，能发出舌尖前音[t]、[n]、[l]、[ts]、[s]等，舌根与软腭接触能发出[k]、[h]、[x]等，元音[i]、[y]、[a]、[ɑ]、[o]、[u]、[e]等也与舌头的活动位置密切相关的。

声带既是最主要的发声器官，又是主动调音器官，用于调制喉塞音和喉擦音。喉头就成了调音与发声的交汇处，由于喉音的归类有重复之处，有学者建议取消“喉音”的命名。发音器官如图 2-2 所示：

语音单位的差别是由发音器官的不同，发音时喉腔、口腔和鼻腔节制气流的方式和状况不同造成的，以汉语为例：根据形成阻碍和解除阻碍的方式不同分为：塞音（b、p、d、t、g、k）、擦音（f、h、x、sh、r、s）、塞擦音（j、q、zh、ch、z、c）、鼻音（m、n）、边音（l）。

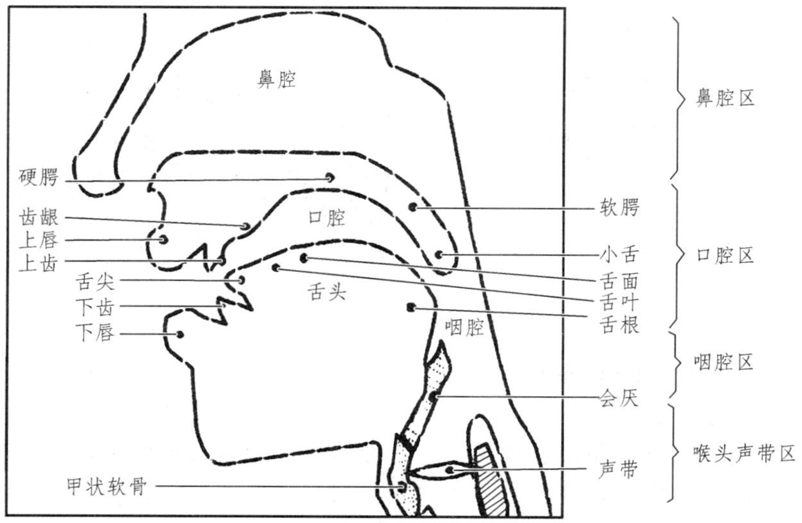

图 2-2　发音器官图（引自《普通语音学》）

2. 物理属性

一切声音的产生都源于发音体的振动。发音体振动时，会带动周围的空气或其他媒介，使之产生波动，这样就形成了音波。音波传到人的耳朵里，使鼓膜产生相应的振动，刺激听觉神经，于是人们便产生了听到声音的感觉。音波的特征由音高、音强、音长和音色决定。

（1）音高。

音高就是声音的高低，主要取决于发音体（声带）振动的频率。普通话中声调的差别主要由音高决定，取决于发音体振动的频率，所以音高也叫音频。频率指发音体在单位时间内振动的次数。语音的高低和人的主要发音体声带的长短、厚薄与松紧密切相关。在同一时间内，振动的次数多，频率就高，声音也就高；振动次数少，频率就低，声音也就低。成年女性的声带长约 12 mm，而成年男性的声带长约 17 mm，因此在相同的环境下，女生声带的振动次数多于男性，音高也就高于男性。

声调是具有区别意义的音高变化。俄国语言学家罗曼·雅各布森（Roman Ажейкобсон）认为声调是一种辨义成分，具有区别特征。从声调的角度，世界现存的语言中可分为有声调语言和无声调语言。汉语的声调可能是两三千年以前产生的。活的语言在变化，声调也在变化，声调系统不同，大脑的反应就不一样。语言中声调越多，对人脑中脑电波 ERP（Event-relatedpotentials，基于事件相关电位）刺激越多，那么有绝对音高能力的人的比例越大。

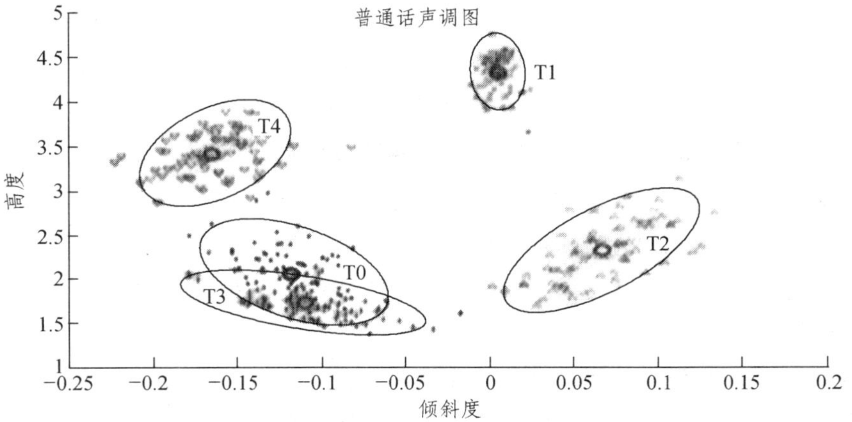

（a）普通话音高类型图

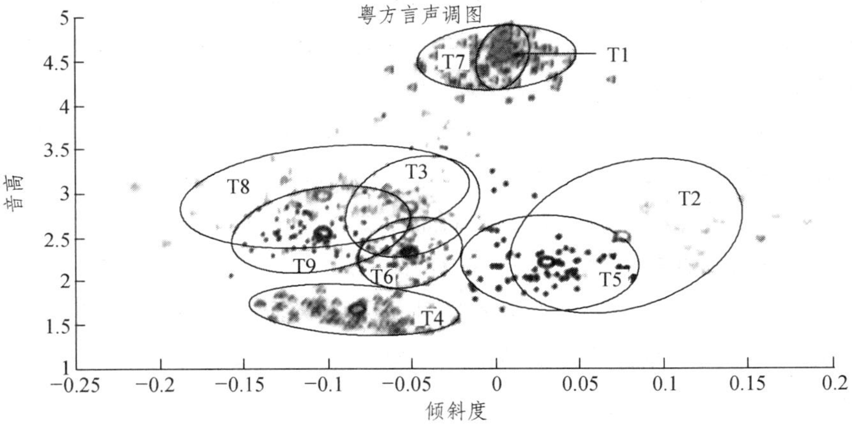

（b）粤方言音高类型图

图 2-3　高音类型图

两处引用相同：

图 2-3 中，普通话与粤语的声调系统对比，粤语中阴上（T2）跟阳上（T5）已经开始合并；阴去（T3）跟阳去（T6）也开始合并。说明每个声调跟别的声调离得越远，讲起来就听得越清楚；如果声调都挤在一起，这个声调系统就不稳定。

赵元任用音高表示声调，认为有 5 个音高就够了。用 5 度表音调，可以有多少种形式，哪种形式最不可能存在？通过语音发音规则检测，音调的形式可以有多种存在形式，例如：55、44、33、22、11、15、13、53、42、535、313、452、131 等，而最不可能存在的是 125。所以调值标度中，前面 5 个是平的线段，称为平调，后面的称为曲折调。

调值指音节高低升降曲直长短的变化形式，也就是声调的实际读法。调值的语音特点有两个。其一，调值主要由音高构成，音的高低决定于频率的高低。声调是指相对音高，就是用比较的方法确定的同一基调的音高变化形式和幅度。其二，构成调值的相对音高在读音上是连续的，渐变的，中间没有停顿，没有跳跃。

调类是声调的种类，就是把调值相同的字归纳在一起所建的类。同一种方言中，有几种基本调值就可以归纳成几种调类。例如普通话有 4 种调类、上海话是 5 种、梅县话为 6 种、长沙话共 6 种、福州话有 7 种、广州话有 9 种、玉林话有 10 种。

（2）音强。

音强就是声音的强弱，用力大小，主要取决于发音体的振幅。例如：轻声和非轻声的区别。音波振动幅度小，声音就弱；音波振动幅度大，声音就强。发音时用力弱，物体振动的振幅就小，声音就弱：反之亦然。例如：鼻音 n 与浊擦音 v，鼻音的振幅高于浊擦音；浊音的振幅也高于清音。这里涉及声音的强弱除了用力大小，还受通过共鸣器的气流大小影响。因此，从听觉的主观感受上看，声音强度也称为响度。响度就是从主观感觉上对声音强弱的判断。人类学家萨丕尔（Edward Sapir）做过一项有趣的试验：他假设 mil 和 mal 都有意义，都指桌子，两词辅音相同，只是元音相异，他让试验参与者靠元音揣度哪个象征大桌子，哪个指小桌子。结果有 80%的人认为[a]音象征的东西要比[i]音大。纽曼（Stanley Newman）进一步分析了萨氏的数据，发现象征空间大小的诸元音排列顺序依次为[a]、[o]、[e]和[i]。这个实验不仅说明了语音符号的使用具有理据性，同时，这个理据意义的是对语音主观听觉上的响度的判断。另外，声音的弱化是声音的强度减弱的直接结果。例如，“种”读音有重轻模式（如“种子”）和轻重模式（如“耕种”)。

（3）音长。

音长就是声音的长短，它决定于发音体振动的时间的长短。例如广州话“三”[sa:m]和“心”[sam]；“蓝”[la:m]和“林”[lam]。音长的音位特征和表意功能主要体现在元音上。例如：英语：[bi:t]/[bit]；藏语：[mi:]/[mi]；壮语：[i:n]/[in]。

有些语言的辅音也有长短对立现象，通过重叠相同辅音表示一种长辅音。这里的辅音重叠，并非如英语中 button[b t n]、kitten[kit n]等，而是如鄂温克语中 kaka（哥哥)、kakka（手镯)，这两个词主要区别在于第二 k 的发音音长不同，“kk”属于辅音重叠。

（4）音色。

音色又叫音质、音品，是声音的特色，主要取决于声波振动的形式。不同的音色决定不同的音素。音色主要由三个因素决定，即发音体、发音方法和共鸣器。不同人的声音不同，形成不同音色，称为绝对音色。由于发音方法不同，即发音器官形成阻碍和解除阻碍的办法，形成相对音色。

决定语音中音质的三个方面的因素，具体指：（1）声带振动不振动——发音体。语言学很少关注绝对音色。例如：英语 fat（肥胖的）中的[f]和 vat（大桶）中的[v]声音不同，cold 中 c[k]的与 gold 中 g [k]的舌根音，pig 中的 p [p]和 big 中 b [b]的双唇音，tall 中的 t [t]以及 doll 中[d]舌尖前音，这些不同就是因为后者用了声带这个发音体，而前者没有用，二者都是唇齿音。（2）发音方法不同——相对音色。发音方法是发音器官形成阻碍和解除阻碍的办法。如：普通话中 b 和 p 它们区别就在于送气和不送气的发音方法——汉语 pao（跑）和 bao（饱）中的 p 和 b 声音不同就是发音方法的不同。（3）肺里呼出的气流在什么部位受到阻碍，如果没有阻碍，口腔的形状是什么样的，这都会造成共鸣腔的不同形状。例如：lü（绿）、lù（路）的不同，就是因为发ü和u时口腔这个共鸣腔的形状不同。（具体分析详见 2.1.2“语音自然属性的分类”）

语音不仅在音质上有差别，而且在响度上也有差别。在音高、音强、音长、音色相同的条件下，声音的响度主要取决于气流通过共鸣器时的大小。浊音响度大于清音，元音的响度大于辅音，低元音的响度大于高元音。例如，a 的响度高于 i。

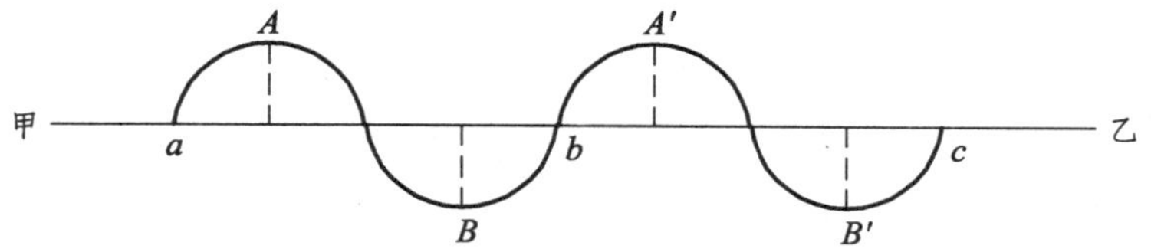

图 2-4　音波示意图

图 2-4 中 a 到 b 是一个波，b 到 c 是另一个波。A 和 A′叫波峰，B 和 B′叫波谷，a 到 b、b 到 c 的距离叫波长。A、A′、B、B′到甲乙线上的距离叫振幅。振幅指发音体振动时最大的位移距离，即发音体振动的幅度。语音的物理属性特征可通过实验语言工具测量和观察，具体参看 2.2 语音数据分析。

音质与音高之间呈现有规律的对应关系，低元音频率低，振幅就大；高元音频率高，振幅小。例如：[a]的音高比[i]小，而音强却比[i]大，所以感受到[a]发音较[i]轻松，声音也较[i]洪亮。音高越低，音长则越长，例如汉语，上声的音长最长，其次是阴平，再次是阳平，去声的音长最短，但是汉语的音长并不具有区分意义的作用。音高与音强的关系：发音高，音强就强；发音低，音强就弱。例如，重读就是加大音量方式提高频率。例如：汉语“舌头”“蛇头”；英语“object”“import”。

3. 社会属性

任何一个语音的定义不仅根据自然属性，也根据语音符号所反映的社会意义。例如，英语“feet、meat、seize、niece、key、police”这六个词用不同的字母或字母组合（ee、ea、ei、e、ey、i）表达同一个读音，而有些字母组合，如“ee、ea、ey”不会出现在汉语语音组合中。作为语言符号的语音，受制于某一语言系统，又反映符号意义的社会规约性。例如，在宁波方言中，有一对裁缝师徒的对话在网络上刷屏了（由武汉大学阮桂军老师提供的例子）：

师：Re fa　（阿发！）磊发

徒：So si （什么事？）锁西

师：Do re （拿来）躲磊

徒：So do re （拿什么？）锁躲磊

师：Si do re （线拿来）西躲磊

徒：So si do re （拿什么线？）锁西躲磊

师：Mi so si do re （棉线拿来）米锁西躲磊

对于不懂宁波方言的人，根本不了解这些语音代表着什么意思，但是会讲宁波话的人却可以用于言语交际。所以，语音符号具有自然属性和社会属性双重属性特征。

卡蒂·斯洛科姆将黑猩猩发出的不同声音录下来，然后再将这些声音播放给围栏中的黑猩猩。当黑猩猩听到代表“面包”的声音时，它们就会查看在围栏里经常发现面包的地方。当播放代表“苹果”的声音时，黑猩猩便随之去寻找苹果。从实验中，可以得出三个结论：（1）声音和意义之间的关系都是一对一的；（2）是一种即时反应，不能复述；（3）大部分动物的叫声都不代表逻辑思维，最多只是一种形象思维。

一定的语音表达一定的意义，这是全体社会成员约定俗成的。社会属性是与自然属性相对的概念，两者的区别可以概括为：

从自然属性上观察，不同的语言有着不同的语音系统，语音单位的数量也不相同。从社会属性上观察，语言是文化的产物，但两者没有明显的同源性。

社会属性是语音的本质属性。语言是使社会团结在一起的一种更有效的方式。社会性主要体现在三个方面：（1）语音的形式和意义的结合是约定俗成的，两者之间没有必然的联系。例如：汉语中的“馒头”指称的食物，英语叫作“steamed bread”，日语“まんじゅう”亦可涵盖，越南语说“Bánh mì hấp”，对应汉语“蒸”是“hấp”，“Bánh mì”则有面包、馅饼之意。（2）语音的指称对象表现出一定的民族特征和地域特征。例如：英语中 father 有父亲、神父等意思，而汉语中“父亲”没有神父的意思。（3）不同语言的语音有不同的系统特征。例如，西班牙语共有五个不同的元音，分为强元音：a、o、e；弱元音：i、u。英语的元音系统则有短元音[əe]、[e]、[ɔ]、[ʌ]、[u]、[ə]；长元音 [i:]、[a:]、[u:]、[ə:]、[ɔ:]；双元音：[ei]、[ai]、[əu]、[au]、[ɔi]、[iə]、[eə]、[uə]三个部分构成。

二、语音自然属性的分类

从语音声学角度定义，音素是最小的语音单位，不能再切分。如汉语的“酷（ku）”“爱（ɑi）”，可分出[k]、[u]、[a]、[i]四个不同的音素，之后就不能再分了；英语“linguistics”则可以分出[l]，[i]、[ŋ]、[g]、[w]、[i]、[s]、[t]、[i]、[k]、[s]，共 11 个音素；法语“queue”则有 2 个音素，即[k]、[∅]，字母 qu 发[k]，eu 发[∅]，e 在音节末尾不发音。由此可见，音素是根据语音的自然属性进行划分的，分为元音音素和辅音音素。

1. 元　音

元音是指气流振动声带，在口腔和咽腔中没有受到阻碍，而且也不会引起任何声门以上器官的颤动而形成的音素。元音在口腔和咽腔中没有受到阻碍，那么是什么使元音的发音不同呢？元音音质的不同，是因为前后声腔的变化引起了不同的共振。元音前后变化，主要取决于舌面收紧隆起的最高点的位置的变化。因此，元音的分类是从舌头的哪部分作为发音主动者、舌头升高的高度和嘴唇的性状等三个方面进行区分。简言之，元音的不同是口腔这个共鸣腔的不同形状造成的。

根据这三个方面的因素，整个元音系统可以分出 24 个元音的范畴，如图 2-5 所示：根据发音动作者（舌头）分类的有三组，即舌尖前、央、后；根据舌位高度分类的有四组，即舌位高、次高、次低、低；根据圆唇分类的有两组，即非圆唇、圆唇。其中，高元音、次高元音、次低元音、低元音又分别称为闭元音、半闭元音、半开元音、开元音。

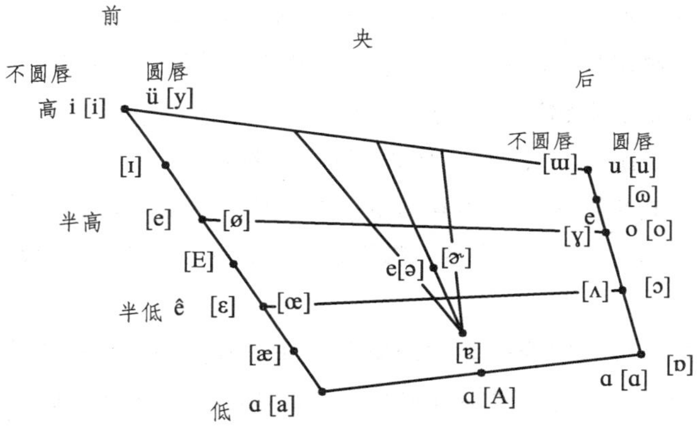

图 2-5　元音系统图

定位元音又称为基本元音、正则元音，其特点是有明确固定的舌位，其音值也是明确固定的，如图 2-6 所示。不同语言很少具有相同的元音位置，元音教学和研究既不能忽略相同点，也不能忽略相异点。

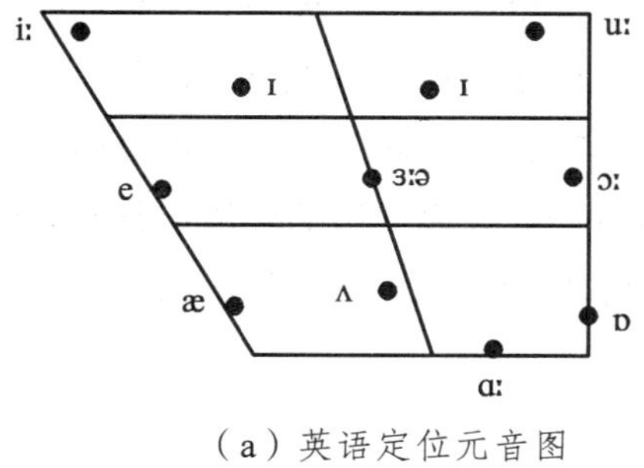

（a）英语定位元音图

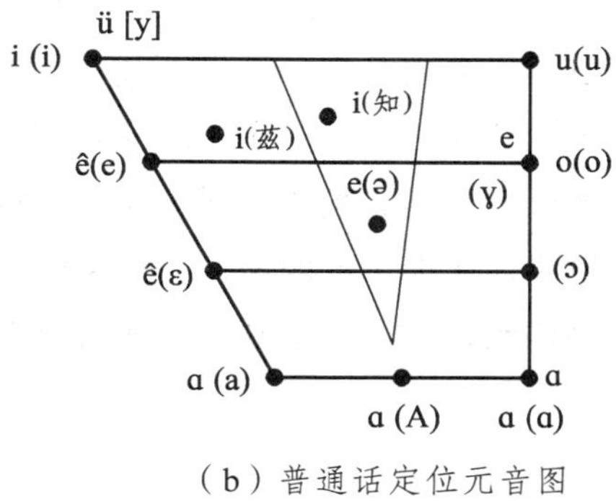

（b）普通话定位元音图

图 2-6　语言定位元音图

由于语音的发展，单个元音满足不了语言表达的需要，出现了两个元音组合发音的情况，即在发音过程中，舌位会快速而平滑地从一个元音位置移动到下一个元音位置，这种元音称为复合元音，例如西双版纳傣语因吸收部分汉语的词语而增加了一个复合元音[au]。复合元音与二合元音，从符号形式看相同，但是两个概念划分的角度不同。二合元音从语音的响度区分，指一个成节元音和一个非成节元音的组合。汉语普通话中的复合元音有 ai、ei、ao、ou、uai、uei 等。

半元音指比成节元音舌位低的非成节元音，例如，英语 year 中[j]在高前元音或次高前元音之前时发音时舌面前抬且前伸，yawn 中则相对低且不往前伸。同样的半元音还有[w]、[ɹ]、[ɥ]。

2. 辅　音

辅音是指气流在口腔和咽腔中受到阻碍而形成的音素。任何一种语言辅音都比元音多。辅音的声学结构比元音的复杂。其一，辅音本身发音不具有区别性特征，因为辅音是元音开头或结尾的一种特殊发音方式。其二，辅音的共振峰（详见 2.2 语音数据分析）起始点（音轨）由邻近的元音决定的，例如，英语 pit、spit、feel、leaf 四个单词的首字母分别的是[p]、[s]、[f]、[l]四个辅音音素。

辅音的分类方式主要受三个因素影响，即声源、声腔、发音过程。辅音可以通过声带状态（浊音或清音）、发音位置、软腭凸起形成闭合（口音）或降低（鼻音）、发音方式来描写。

从声带状态看，发音时声带颤动的辅音叫浊辅音，不颤动的叫清辅音。例如普通话中清音辅音 f、s，却没有和清辅音相对的浊辅音，而英语里的 v、z 就是浊辅音。发出来的辅音是鼻音还是口音，取决于软腭（连带小舌）。软腭低垂，堵住口腔的通道，让气流从鼻腔出来，就产生鼻音；软腭上升，堵住鼻腔的通道，让气流从口腔出来，就产生口音。

从发音方式上，辅音共有四种主要方式，即闭塞音、摩擦音、边音、颤音。闭塞音是由于气流在通道中某一点上完全被闭塞形成的语音，例如英语 pop、tot、kick、dead、gag 中 p、t、k、b、d、g。摩擦音是气流只能在某个收缩至只留一条细缝的共鸣器中流出形成的语音，例如英语 fat、vat、thin、see、zeal、show 中 f、v、th、s、z、sh。边音是由于口腔通道的中间被闭塞了或受阻碍，气流只能从口腔的一边或两边留下的一个空隙中流出而形成的语音，如英语 milk 中的 l。如果流出的气流引起有弹性的器官迅速地颤动，就形成了颤音，如俄语中的 p 就是舌尖颤音，法语中 r 是小舌颤音。

第二节　语音数据分析

一、语音自然属性的特征描写

1. 基　频

只有一个频率的音，称之为纯音。平常听到的是包含若干纯音的复音。组成一个复音的若干纯音，它们的频率和振幅各不相同，其中频率最低、振幅最大的纯音就是基音，其他的都是陪音。对元音来说，陪音频率总是基音频率的整数倍，这样的复音听起来和谐悦耳，似乎是一个音，实际上是由若干纯音组成的。如果陪音频率是基音频率的非整数倍就是噪音，所以乐音和噪音的不同实际上是由基音和陪音频率比例关系的不同划分出来的。乐音是一种周期性出现重复波形的音波，噪音则没有周期性出现重复波形的音波，如图 2-7 所示。

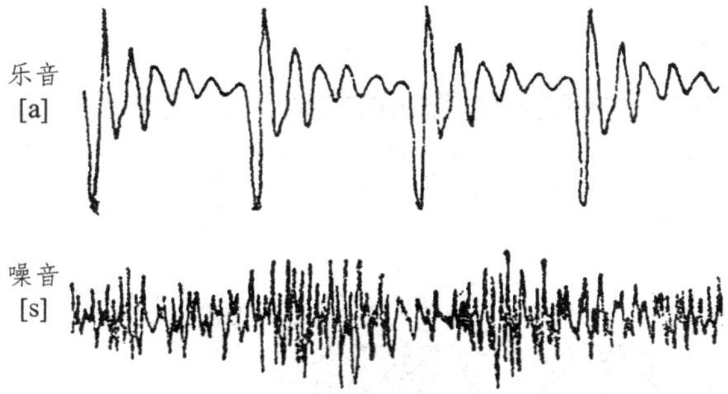

图 2-7　乐音和噪音音频对比图

2. 共振峰

基频就是基音的频率，它决定了整个音的音高，而它自己又取决于声带的振动。共鸣腔有各种各样的形状，其中被共鸣腔特别强化了的陪音，称之为共振峰。共振峰决定了整个音的音质，而共振峰本身又是由发音器官的形状决定的。元音的基频和共振峰没有依存关系，元音的音质决定于若干个共振峰的相对频率；可以是基频发生了变化，而共振峰的频率保持不变。

二、语音实验软件 Praat 使用简介

Praat 是一种用于语音分析与合成的软件，由荷兰阿姆斯特丹大学语音科学研究所的 Paul Boersma 和 David Weenink 研制开发的，如图 2-8 所示。

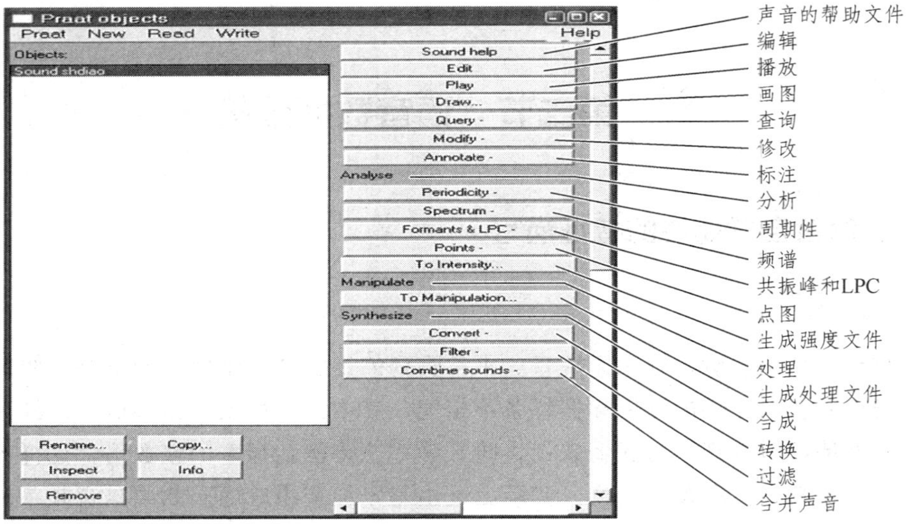

图 2-8 Praat 页面图

点击 new——Record moro sound，然后 soundrecorder 界面就出来了，点 record 开始录音，stop 结束，play 重复播放，name 改名，最后按 Save to list&close 就完成了一次录音，如图 2-9 所示。

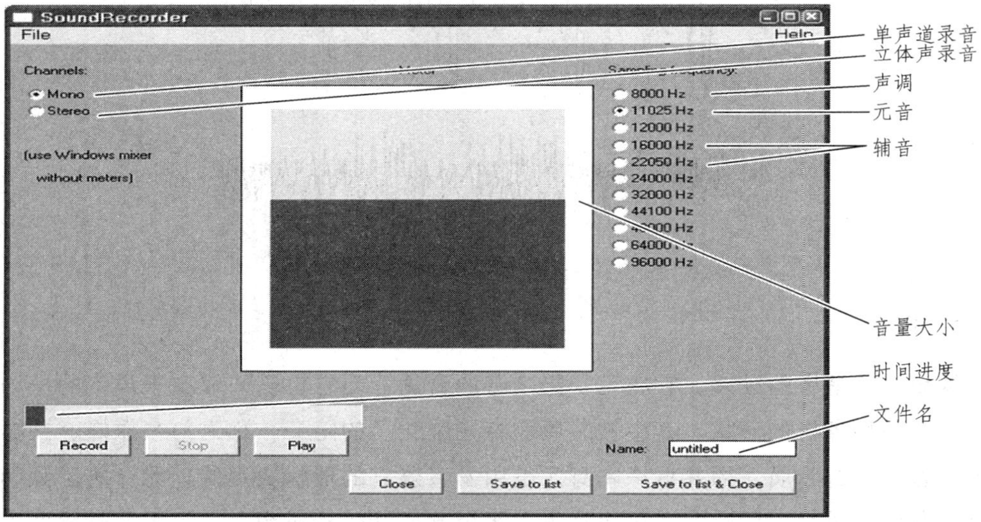

图 2-9 soundrecorder 界面图

在声学实验中，采样率为 8 000 Hz 的录音即可用来做声调分析，采样率为 11 025 Hz 的录音可以用来分析元音，用于辅音分析的录音采样率要高一些，一般为 16 000 Hz 或者 22 050 Hz，超过 22 050 Hz 的没有意义，白白占据了存储空间。如果一个录音同时要进行声调、元音、辅音的分析，那么录音采样率依据辅音的要求，因为采样率只有从高到低转换才可以，从低到高的转换会使提取的数据不能反映实际语音面貌。

1. 如何生成波形图

首先，点 Praat picture 界面，拖曳粉红色框框决定你希望生成图的大小。其次，回到编辑界面，按 file—Draw visible sound 把 vertical range 两个空都调成 5.5，然后按 ok。再次，选左上角 file—write to windows metafile，然后选择保存位置，波形图的图片文件就生成了，如图 2-10 所示。

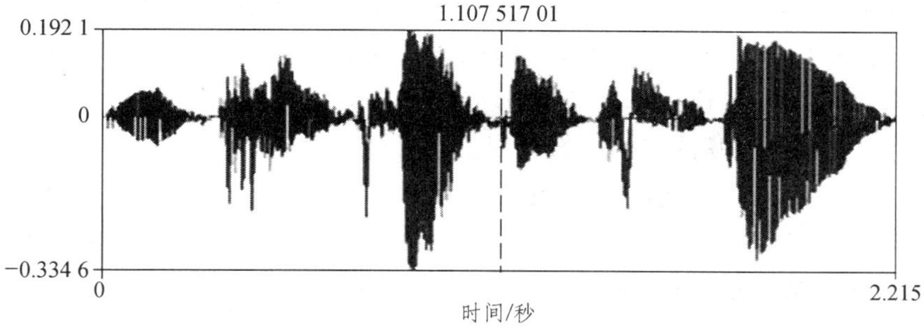

图 2-10 波形图

2. 生成宽带语图

首先，返回初始界面 sound record，点 spectrum—to spectrogram，按 ok。出现一个宽带图文件，选择它，再按 draw—paint。frequency range 一栏，男生改为 1 200，女生改为 2 000。dynamic range 一栏是决定生成图深浅的，初始为 50，越大越深，反之越浅。再次点选左上角 file—write to windows metafile 再选择保存位置，宽带图的图片文件就生成了，如图 2-11 所示。

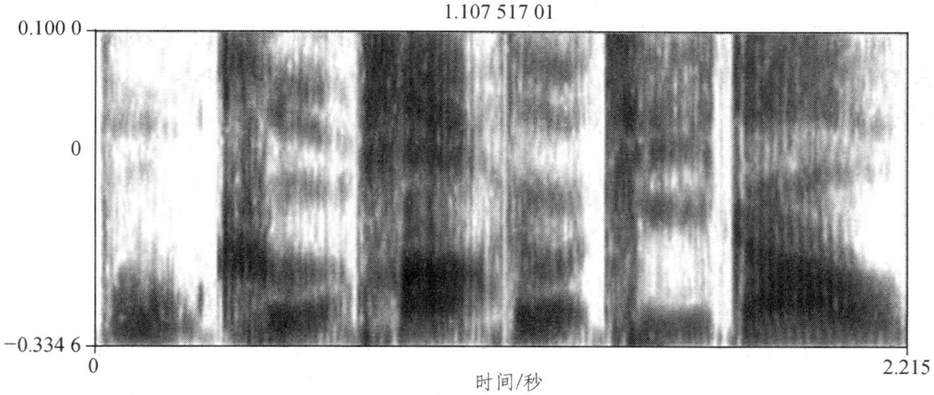

图 2-11 宽带图

第三节 最小记音单位

语音的形式复杂多样，如何研究语音？首要问题是如何记录语音。以汉语语音标记历史为例，汉字记音历史中出现过直音法和反切法，如直音法：蛊音古；冶音也；苟音狗；反切法如：塑，桑故切（桑故反）；鲁，郎古切。明朝郭居静、利玛窦的“词汇表”和利玛窦、罗明坚的《葡汉辞典》，最早用西文字母标明汉语读音。利玛窦的《罗马字注音》和金尼阁的《西儒耳目资》是汉语最早的拉丁字母拼音方案，被称为后世一切汉语拼音方案的鼻祖，其系统性和在音韵学上的影响深远。五四运动前后创制注音字母，后改称注音符号。中华人民共和国成立后，汉语拼音方案使用了拼音字母进行标记语音。周有光是汉语拼音方案的主要制订者，并主持制订了《汉语拼音正词法基本规则》，被称为“汉语拼音之父”。

语音的研究离不开从成串的语音中对最小线性单位的分析和研究。可以从不同的角度切分和归纳最小线性单位。针对多有人类语言来说，“音素”是最小的线性单位，针对某一具体语言而言，“音位”是最小线性单位。但音素和音位都可统称为“语音单位”。语音分析的最小单位有“音素”与“音位”之分。

一、音　素

从语音学角度观察，人类语音有共性特征，“音素”作为最小的语音单位，以语音的自然属性和人类语音共性作为研究对象，关注语音自然属性在语言系统中的作用。在19世纪末，语言学家对某具体语言历史对比研究转向关注人类语言共性特征归纳与分析，“音素”就是在此时被提上语言学研究的日程。随着研究的深入发展，目前国际语音学会把语音区分归纳为120多个音素和30多个附加特征。从语音的自然属性看，每个人的发音都有其特点，在确定音素时，并非要把所有细微差别都加以区分。音素是根据发音的音质不同进行划分，音质不同，音素也就不同。世界上的语言有好几千种，就某一具体语言来说，使用到的音素是有限的。

二、音　标

国际语音协会成立于1886年，初衷是将语音学知识用于英语教学，成员有法国的保尔·帕西（Paul Passy），英国的丹尼尔·琼斯（Daniel Jones），丹麦的奥托·叶斯帕森（Otto Jespersen）等。叶斯柏森最先提出并参与设计了一套可用于英语以外诸多语言的音标表，简称国际音标：IPA（The International Phonetic Alphabet）。

音标是记录音素的标记符号。音标的制定原则是：一个音素只用一个音标表示，一个音标只表示一个音素。音标是在拉丁字母的基础上创制的，不够用就用希腊字母等补充，音标和字母不是一一对应关系。汉语拼音也是一种记音符号，但汉语拼音的字母符号与音素并不是一一对立的，如a代表了四个音素，i代表了三个音素；另外，汉语拼音的运用还涉及一些比较复杂的拼写规则，如i和u在音节前要写作“y、w”， iou、uei、uen 与辅音声母相拼时要省略韵腹等，所以汉语拼音与单纯的记音符号——标相比还有一定的距离。

国际音标记录语音有宽式音标与严式音标的区别。严式标音也叫窄式音标，又称为音素标音，出现什么音素就记录什么音素，以方括号标示。宽式音标只记音位，用斜线标示。

国际音标具有以下两个特点：（1）遵循一音一符、一符一音的原则，将音素与标写符号一一对应，从而避免了混淆和两可的现象。（2）以拉丁字母的小写印刷体为基础，必要时采用拉丁字母的大写、倒写、草写、合体或添加符号等办法来加以补充，或采用希腊字母，从而增强了这套符号的灵活性和应变性。

三、音　位

英语中的塞音[p]一般是清送气音，在[s]音后面的塞音发成不送气清音，但是在音标符号却是一样的。与 book、do、good 中[b]、[d]、[g]相比较，发音部位相同，后者发音方法不同在于声带在整个发音过程中都是振动的。再在与汉语普通话相比较，汉语中的塞音[p]，送气和不送气意义区别明显，pai、bai 的语音形式因为塞音[p]的送气与不送气形成的。这种现象说明不同语言语音系统的音标的区别性特征和指称的意义是不一样的，那么用相同的音标符号就无法说明语言的个性特征。因此，才有了音位、音系的概念。音位与音位学的创立，是结构语言学的一大发明，它发现了人是用不同的语音表达意义，并从不同的语音中领略同一意义。例如英语“pit、tick、kin”中辅音“p、t、k”一般是清送气音，但是在“spit、stick、skin”中，同样的辅音“p、t、k”发成不送气清音。汉语中的塞音送气和不送气意义区别明显，送气塞音如“p、t、k”，而不送气塞音“b、d、g”，语音形式因为塞音的送气与不送气区别明显，这种现象说明了，不同语言语音系统的音标的区别性特征和指称的意义是不一样的，那么用相同的音标符号无法说明语言的个性特征。因此，有了音位、音系的概念。

1. 音位的定义

音素是按语音的物理属性和生理属不同性划分出来的，而音位是从语音的社会属性的角度划分的。一般地说，音位是在音素的基础上归纳出来的，没有音素，也就谈不上音位。有的音位，总包含着好几个音素，音位是对发音近似并且没有区别意义作用的数个音素的概括。音位是一般的，音素是个别的，一般总是通过个别来体现。一个音位，在具体的音节中总是表现为具体的一个音素，即音位实际上是抽象的，音素是具体的。例如：湖南、湖北南部部分方言中缺少[l]，喝饮料=喝饮[niao]，在方言区的人们是可以正常交流的，并不受[n]还是[l]的影响。英语中，北京读为 pak king，其中[p]、[ph]同为音位/p/，汉语粤方言中“京”读成[king]。而在官话方言中，/u/可念成[w]和[v]，“万、伟、为、危、旺、闻”等开头的音，可以念作[w]，也可以念作[v]，如四川话。

简言之，一个音素只有一个发音动作，发音动作改变了，发音器官的形状随之改变，就发出了不同的音素。

从概念来源、辨义功能、数量等方面可以较清晰地看出音位与音素的区别，如表2-1所示：

表 2-1　音位与音素区别表

类别	区别语音形式	辨义	划分标准	揭示属性	数量	受语种制约
音位	+	+	意义角度	社会属性	少	+
音素	+	−	音质角度	自然属性	多	−

换言之，音位侧重于表示听话者对说话者对从单词中抽象出来的音素了解多少，音素表示听话者对说话者发音了解多少。（摘自《语言学高级教程》：胡壮麟　姜望琪主编）

音位的基本思想是："在具体的语言中，能够区别意义的音的数量是有限的，音位学把复杂的音、多数的音在变异的条件下归并整理为简单的、数量少的音，使语音系统简化，这对语言的研究、学习、特别是对拼音文字的制定很有意义，并且在印刷中可以节约大量的人力、物力。"音位则是从区别词的意义的角度确立的语音单位，这种确立只注意那些与意义的区别相对应的语音差别，而对那些与意义的区别无关的音质上的差别则不加以考虑。

区分音质音位的目的在于研究语言中的元音系统和辅音系统特征。从音质角度进行区分意义的音位叫作音质音位，又叫音段音位。音段音位是语流中有一定音长的最小语音单位，即是语言中的元音和辅音。在语音的物理属性中，除了音质特征外，还有音高、音长、音强的特征，这三个特征在不同的语言中也具有区别意义的作用。把能够起区别意义作用的音长、音高、音强和停顿等特征称为超音质特征、超音段特征或超音段音位。因为超音段特征一般用于描述语音的长短、高低、轻重、停顿，所以超音段传统上也被称为节律，而超音质特征又被称为"节律特征"。例如：汉语的轻声实际是反映音强的轻重，但是具有区别意义的作用，"老子"一词"子"轻声和非轻声表示的语义是不同的。又如，英语中音长也用于区别意义，如[sit]和[si:t]。汉语的声调则是描写音高的高低特征的超音质音位特征。

2. 音位的归纳原则

从19世纪末音位的概念形成以来，各种不同的学派在音位归纳的问题上有不同的原则和方法，但目前大家广泛接受并普遍采纳的原则有：对立原则（语音辩义功能）、互补分布、音感差异。这种对音位的描述划分，满足以下三个原则：

（1）音位对立原则。

归纳音位的方法，通常是把一些音放在相同的语音环境中来进行替换比（"替换法”)，看它们是否能区别意义，凡属能区别意义的音，就分别归纳成不同的音位，否则是同一个音位。这一条原则着眼的是音位的“分”。如果某种语言的语音差异可以造成意义的不同，这样的语音差异就有音位的对立，构成这种差异的语音特征就叫作“区别特征”。如“巴”[pA55]和“趴”[p^hA55]的声母就存在着音位的对立。英语中，foot与 feet，其中[u:]与[i:]出现的语音环境一样，即前与 f，后与 t 组合，但是形成不同的语义。因此，[p]与[p^h]，[u:]与[i:]在上述语音环境中形成最小对立对。

（2）互补分布原则。

一个音位往往包含一些不同的音，即属于同一个音位的不同语音形式，这些音就叫作这个音位的音位变体。音位变体是一个音位的抽象功能单位，由一组在发音上相似，但互相补充，因而能够互相区别的具体音素。例如：英语“keel，cool，car，scar”中[k]音都可视为音位/k/的几个变体。变体可有一个，也可有几个，一般选用一个常见、好认、便于印刷的符号做代表，用“//”表示，音位和音位变体的关系是类别与成员的关系，也是一般与个别的关系。

这不同的语音形式可以用音素来标示，也可以是其他形式，如音高形式、音重形式、音长形式。属于同一个音位即不区别意义。如汉语的上声，一般音高形式是 214，但两个上声音节连读时，前一个上声音节的音高变成 35；在非上声音节前连读时，就变为 21。所以 214、35、21 这三种音高形式就是上声的三个音位变体。音位变体一般分为条件变体和自由变体两类。如汉语中/a/与变体形式[a]、[A]、[ɑ]、[ɛ]。从音位变体分布状态看，音位变体分为自由变体和条件变体。自由变体属于同一个音位但可以自由替换的音位变体。所谓自由替换，是指各个音位变体可以出现在相同的条件下，可以互相替换而不改变意义。自由变体反映出不同语言音系的独特性。例如汕头话往往[n]，[ŋ]不分，将前鼻音为后鼻音，因此“新年好”=“新 niang 好”；广西平话[n]，[l]不分，因此说“难受想哭”=“蓝瘦香菇”。说普通话的人很容易按照普通话的音系特征觉察出发音的不同，而汕头话、平话语言系统中[n]与[ŋ]，[n]与[l]自由变体是自由互换不影响意义。条件变体属于同一个音位且具有互补关系的音位变体是音位的条件变体。互补关系是指各个音位变体只出现在不同的条件下，不出现在相同的条件下。

音位对立原则着眼的是音位的“合”，即是整合，减少记音的数量。“互补分布”说的是音位变体的分布状况，音位的不同条件变体各有自己的分布条件，绝不出现在相同的位置上，因而它们的分布状况是互相补充的，这就叫作“互补分布”。例如普通话中/a/的音位变体[a]、[ɛ]、[A]、[ɑ]就是处于互补分布中的。

（3）音感差异原则。

处于互补分布状态的几个音素，如果语音相似，那么这几个音素可以归为同一个音位；如果听起来音感差异很大，那么即使是呈互补分布状态，也应归为两个音位。如普通话语音系统中的[m]和[ŋ]呈现互补分布状态，前者只位于音节的开头，后者只位于音节的末尾，但它们在北京人的音感中差异较大，所以还是归为两个音位。没有任何一种语言的符号能完成记录它的音位。因此，如何标记世界上诸多民族语言的音位，是语言学家们孜孜追求的目标。

3. 语音学与音系学

对于一个外语学习者而言，语言的发音问题是他碰到的第一个问题。他既要分辨出母语者的发音，又要发出母语者能听得懂的语音。为了更好地研究语言的语音结构和变化规律，形成了一门新的语言学分支学科，即语音学。语音学与音系学、音韵学、类型学、社会语言学等学科有交叉之处。语音学的学科分支较多，且研究角度差异较大，但都需要经过实验分析。实验语音学的研究离不开录音、测量、数字、计算等实验程序。赖福吉（Ladefoged）将实验语音学称为大语音学，而研究语言发音的语音学仅是大语音学中的一小部分，可称为语言学语音学或音法学。

语音学是研究语言发音的学科，主要研究内容包括：人类语音发生的特点，语音的声学性质与感知，语音单位的结构和功能以及语音的各种变化规律等三个方面。音系学是研究语音系统的学科，主要考察语音模式、音系结构、音系变化的规律等。熊学亮认为，音系学研究语音使用和组合成语言单位的规律，例如：字母“p”在英语“peak”和“speak”中发音有所不同，“speak”中[p]不送气，读为[spi:k]，而不是[sphi:k]，“peak”中[p]或[p^h]没有区别简言之，音系学研究有区别意义的语音的组合规律，描写语言的个性特征，涉及语音符号的意义，其基本单位是音位。

第四节　语音单位的组合

一、音节结构

音节是由规则支配的音素序列组成的最小的结构化声音单位，是音系学理论赖以存在和发展的基础。从古代拉丁语和希腊语开始，人们就开始了音节的研究，学者对音节在语音系统中重要性认识，经历了一个较漫长的时期。早期的音系学研究并没有把音节看作一个独立的音系单位，布龙菲尔德就曾认为，音节在语言系统中的地位无足轻重。直到 1968 年，乔姆斯基和哈利在《英语语音模式》（简称 SPE）中指出底层的音位序列通过音系规则转化成表层的语音形式，而音节是最重要的表层语言形式。这种注重对具体语音的规则进行描写的研究方式被认为是经典生成音系学，而《英语语音模式》成为经典生成音系学的奠基之作。

二、音节组合规律

音系序列是以音节为支配基础，任何一种语言都有音节结构。以元音作为核心的音节共有四种基本结构类型，即 V、C-V、V-C、C-V-C，其中 V-vowel 代表元音，C-consonant 代表辅音。以元音收尾称为开音节，以辅音收尾称为闭音节。音节划分规则，又称为“CV”规则，指在一个 VCV 或 VCCV 序列中，最大限度地把 C 或 CC 划归下一个音节的节首，而不是前一个音节的节尾。例如：英语 baken，根据 CV 规则音节结构为：ba+ken，而不是 bak+en。对于“C”的称呼在不同的语言中名词又各不相同，如汉语称为声母，而韩语称为首音，英语称为节首。在特定的语言中，不同的音位在音节里所能占据的位置可能不同。有的音位在音节中的出现位置是固定的，它们只能在音节的某一位置上出现；有的则是不固定的，它们可以在音节的不同位置上出现。例如：复元音[ou]，复辅音[breik]，成音节辅音[m]。

每种语言的音节结构都有自己的特点。例如汉语普通话和英语，二者在音节结构上就存在着一些明显的差异。普通话虽然同英语一样，也具备 V、C-V、V-C、C-V-C 这四种音节基本类型，如“衣”是 V 型，“比”是 C-V 型，“音”是 V-C 型，“民”是 C-V-C 型，但其中的辅音 C 都不能扩展，也就是说汉语普通话没有复辅音。

从音节的物理特征看，音节结构与响度有着密切的联系。响度指在时长、重音、音高相等的条件下，一个声音对于其他声音的音量大小。在语音音素的响度从高到低依次是：元音、滑音、流音、鼻音、浊擦音、清擦音、浊塞音、清塞音。因此，从声学的角度看，一个音强增减过程就是一个音节，音节就是声音的音强由弱到强再转弱的过程，而处于音强峰值阶段的音被称为领音。每个音节必须且只有一个领音。领音不一定是元音，但是元音都可以成为领音。例如，有些音节可以没有元音，如法语[pst]、[brrr]；有些辅音可以自成音节，如英语[litl]、[britn]。

从音响角度看，一个音节可以分为领音、起首音、收尾音和过渡音。汉语的音节类型有四种，分别是：（1）领音；（2）起音+领音；（3）领音+收音；（4）起音+领音+收音。普通话闭音节中的收尾辅音只能是鼻音，而英语没有这样的限制，除了鼻音之外，塞音、擦音、塞擦音、边音也都可以做闭音节中的收尾辅音，如 gate，life，large，ball。普通话音节中的音素最多不超过四个，英语就没有这样的限制。另一个影响音节划分的因素是重音。重音指派位置不同，音节划分的位置则不同。例如，英语 destrier，destroy，present，汉语 Xian，Jian，Huan 等。

三、语流音变

在连续的语流中某些语音成分受言语环境的影响而发生某些变化的现象，叫作语流音变。常见的语流音变现象有同化、异化、弱化、脱落等。

1. 同　化

语流中两个不同的音，其中一个因受另一个影响而变得跟它相同或相似，这种现象叫作同化。一般来说，同化现象都是为了使发音顺口而产生的。同化现象可以发生在一个音节之内，也可以发生在两个音节之间。同化按同化音与被同化音位置的前后又可分为顺同化和逆同化。由前面的音影响后面的音而产生的同化叫顺同化，如：英语 look[luk]+-ed→[lukt]；由后面的音影响前面的音而产生的同化叫逆同化。如英语 in[in]+bed[bed]→in bed[im bed]。又如：Je vais a paris（我去巴黎），辅音“s”因为连读，受元音“a”影响浊化为“z”。

2. 异　化

语流中两个相同或相近的音，其中一个音受另一个影响而变得不相同或不相近，这种现象叫异化。一般来说，异化现象通常是使音节分界清晰。如北　　京话：

慢+慢儿→慢慢儿；“慢”的韵尾受后面鼻辅音的影响，由鼻辅音异化为元音。汉语普通话常见的是声调的异化，如两个上声音节连读时，前一个上声音节的音高变成近似阳平的调值，如“土改”发音时音同“涂改”。汉语中，“一”和“不”的变调，在单念或用在词句末尾，以及“一”在序数中，声调不变，读原调；在去声字前读半上调。

3. 弱　化

语流中有些音在发音上变弱，这种现象叫弱化。所谓强弱，是就发音的阻力来说的。辅音的发音阻力是清音强于浊音，塞音、塞擦音强于擦音、鼻音、边音、颤音；元音的发音阻力是前后元音强于央元音，低元音强于高元音，复元音强于单元音，长元音长于短元音。汉语中的轻声是一个语音弱化的表现。

4. 脱　落

语流中某些原有的音消失了，这种现象叫脱落。脱落常出现在语速较快的话语里而且往往是进一步弱化的结果。如北京人说话，在语速较快时轻声音节常会出现一些脱落现象，如汉语的“豆腐”[dòu fu]读成[dou f]、”东西”[dōng xī]读成[dōng x]“我们”读成[wǒ men]读成[wǒ m]；又如法语中，“Qui est-ce?（这是谁）”，在连读时，音节“ce”中元音“e”脱落。

5. 增　音

增音指在语流中增加原来没有的音。语音同化是导致增音的一个原因。增音类型可分为历时增音和共时增音，比如著名的元音大变移中的长元音双元音话属于历时增音。例如，中古英语 ū[u:]向现代英语[au]转变，如古英语“tun”变成现代英语“town”。

四、语　调

任何语言都有语调，语调在句子中起着表情达意的重要作用。关于语调的定义分为狭义和广义。狭义的语调指句子中音高的变化，又称为“句调”。虽然语调与声调都以音高作为研究分析的参数，但两者不在同一个平面，语调处于句子平面，声调处于词平面。如何将汉语中复杂的音高模式分解还原为声调和语调，仍是汉语研究和对外汉语教学需要深入探究的问题。例如，留学生在学习汉语时形成的“洋腔洋调”，实质是留学生对汉语轻重音规律和语调特点没有掌握好。

最早尝试解析声调与句调关系的是赵元任先生。汉语普通话的声调是指音节的高低升降的变化形式，也叫字调。在词平面上，调位、重位与时位称为非音质音位，区别于由音素成分构成的音质音位。句调是句平面上的非音质要素，句调与语气、句类紧密相关。例如，汉语中陈述句、祈使句和感叹句一般是降调，而疑问句是升调。

广义的语调指除音高外，还包括音长、音强、停顿、节奏等语音特征。因此，广义的语调包括句调位（即句调）、句重位、句时位和句顿位。句重位即句重音，又分为节律重音和逻辑重音。句时位与语速快慢有关，语素慢有舒缓之意，语素急促有激动之意。句顿位指句子中由于停顿位置不同而产生不同语义。例如某同学聚会上的横幅“从小便认识，大便情更浓”。

韵律又称节律，韵律特征（prosodic features）也称为超音段特征。汉语韵律特征主要由音高、音长、音强等升学额特征相互组合、协调，构成轻重音、停延、语调、节奏等语音表现形式。

思考与练习

一、选择题

1. 汉语拼音方案是以（　　）字母为基础制订的。

   A. 英语　　B. 法语　　C. 拉丁　　D. 希腊

2. 末尾是 a，o，e，u 的音节儿化时（　　）。

   A. 韵母直接卷舌　　B. 丢掉韵尾，改变韵腹或增音

   C. 加央元音　　D. 韵尾丢失，元音鼻化

3. 要读准普通话中“怒”和“路”，关键在于控制（　　）。

   A. 气流的强弱　　B. 成阻和除阻方式

   C. 软腭的升降　　D. 声带的震动。

4. 下面哪个选项不是普通话音节结构的特点？（　　）

   A. 一个音节最多可以用四个因素符号来拼写

   B. 汉语音节不一定都有声调

   C. 元音在音节中占优势

   D. 音节可以没有复辅音

5. 下面哪个选项是对“p[p’]”的发音部位和发音方法的正确描述（　　）。

   A. 双唇 送气 清 塞音　　B. 双唇 不送气 清 塞音

   C. 唇齿 送气 浊 擦音　　D. 唇齿 不送气 浊 擦音

6. “这儿”的国际音标是（　　）。

A. [ʈʂɛr]　　B. [ʈʂɤr]　　C. [ʈʂ□r]　　D. [ʈʂər]

7. 下列 4 组声母，发音部位相同的是（　　）。

A. m f h　　B. z d t　　C. g k h　　D. r j q

8. “e”发音时是（　　）。

A. 舌面、后、半高、圆唇　　B. 舌面、后、半高、不圆唇

C. 舌面、前、半低、不圆唇　　D. 舌面、前、高、不圆唇

9. 下列说法，（　　）是正确的。

A. 汉语中的音高具有区别意义的作用

B. 妇女的声带比男子的要厚

C. 汉语中的音长具有区别意义的作用

D. 汉语“天”“空”两个音节的音高不同。

10. 我们在念“老虎”时，通常要把“老”念阳平，这种变化叫作（　　）。

A. 同化　　B. 脱落　　C. 弱化　　D. 异化

二、填空题

1. 语音是语言的物质外壳，它同自然的其他声音相同，是因为语音具有（　　）；语音是人的发音器官，具有（　　）；语音能表达一定的意义，又具有（　　）。

2. Chuang 有（　　）个音素。

3. 双唇音、舌根、舌尖、舌面音等是按照辅音的（　　）进行分类的，而塞、擦、鼻、边音等是按照辅音的（　　）等进行分类的。

4. 在汉语声母中，舌尖后清擦音是（　　），舌面后不送气清塞音是（　　）。

5. 单元音是发音时（　　）、（　　）及开口度始终不变的元音。

6. 舌面后送气清塞音是（　　），其国际音标是（　　）；舌尖前不送气塞擦音是（　　），其国际音标是（　　）。

7. 声调符号一般要标在音节的（　　）上。

8. 元音音位和辅音音位都属于（　　），而调位属于非音质音位。

9. 扫帚、明亮、几率、花园，第二个为轻声的是（　　）。

10. 没有环境限制，可以自由替换而不影响意义的音位变体叫（　　）。

11. “一定不是小李”这句话中“不”的实际读音是（　　）。

三、名词解释

1. 复元音

2. 声母

3. 音节

4. 音位变体

5. 超音段音位

四、简答题

1. 请分别说明语音的物理四要素。

2. 简述音素和音位的联系和区别

3. 对 b，p 进行描述及异同比较。

4. 简述元音和辅音的区别。

5. 分析汉语普通话声调的特点。

五、分析题

1. 给下列句子注音。

（1）西安天气热。

（2）我们这儿的棉袄真的不贵。

（3）我在北京遇到一个可爱的女孩儿。

2. 分析以下留学生学习汉语出现的语音现象。

一些留学生将“李老师”说成 “李老西”，将“我要去看电影”说成“我要干电影”，将“我不太清楚”说成“我不代清楚”。

3.《汉语拼音方案》规定 ü 上两点合适可省、何时不能省，为什么?

4. 按照下表分析“七月流火”的音节结构，并以此为例，按表 2-2 的格式说明汉语的音节结构。

表 2-2　“七月流火”音节结构表

音节	声母	韵母			声调		按“四呼”划分的韵母类别
		韵头	韵腹	韵尾	调类	调值	
七							
月							
流							
火							

5. 汉语音节 yan，da，guang 中的 a 是三个不同的音素，但却是一个音位，为什么?

练习题参考答案

一、选择题

1 ~ 5. CACBA　　　　6 ~ 10. BCBAD

二、填空题

1. 自然属性、生理属性、社会属性

2. 4

3. 发音部位、发音方法

4. sh、g

5. 舌位、唇形

6. k　k’　z　ts

7. 韵腹

8. 音质音位

9. 扫帚

10. 自由变体

11. 阳平

三、名词解释

1. 复元音

复元音指的是发音时舌位、唇形都有变化的元音。发音时由甲元音快速滑向乙元音。普通话共有 13 个复元音，其中由两个符号表示首音、尾音的，叫二合元音；用三个元音符号表示首音、中音、尾音的，叫三合元音。

2. 声母

声母位于音节的前段，主要由辅音构成。“普通话（pǔtōnghuà）”中的 p、t、h 就是声母。

3. 音节

音节是音素构成的语音片段，是听话时自然感到最小的语音单位。一个音节可以只有一个音素，也可以由几个音素构成。一般说来，汉语一个音节用一个汉字来表示。而儿化音节例外，如“花儿”只有一个音节。

4. 音位变体

处在互补关系中的相似的因素彼此不对立，即不起区别词的语音形式的作用，可以把它们归并为一个音位。如果它们被归并为一个音位，则处于互补关系中的各个音素就被看成同一音位在不同位置上的代表，是同一个音位的不同的变异形式，叫作音位变体。如“/ə/”的音位变体有[ɣ][ə]。音位变体又可分为条件变体和自由变体。

5. 超音段音位

超音段音位也叫声调音位（即调位），主要是由音高特征构成的，音高不是音质，所以属于非音质音位。因为非音质音位不受音段的局限，所以也称作超音段音位。

四、简答题

1. 语音的四要素为音高、音强、音长和音色。

（1）音高，指的是声音的高低，它取决于发音体振动的频率，表现为声调、语调等形式。

（2）音强，指的是声音的强弱（响亮）程度，取决于发音体颤动幅度的大小，语言表现形式有轻声、重音等形式。

（3）音长，指的是声音的长短，取决于发音体颤动时间的长短，音长不同，语言表现也不同，如粤语的“心”和“三”。

（4）音色，又叫音质，指的是声音的特色，音色的差别主要取决于物体颤动所形成的音波波纹的曲折形式。语言表现形式有元音、辅音。

2. 音素和音位都是从成串的话语中切分、归纳出来的。它们有本质性的区别：音素是针对所有人类语言来说的，而音位是针对某一具体语言来说的。它们又有很密切的关系，比如从时间单位的长度看，两者一般是相同的。

3. 概念：

b：发音时，双唇闭合，软腭上升，堵塞鼻腔通路，声带不颤动，较弱的气流冲破双唇的阻碍，迸裂而出，爆发成音，如“辨别”“标本”的声母。

P：发音时，双唇闭合，软腭上升，堵塞鼻腔通路，声带不颤动，较强的气流冲破双唇的阻碍，迸裂而出，爆发成音，如“乒乓”“批评”的声母。

异同：

相同点：①发音部位相同，都是双唇音，由上唇和下唇阻碍气流而形成；②发音时阻碍方式相同，同为发音部位形成闭塞，软腭上升，堵塞鼻腔的通路，气流冲破阻碍，迸裂而出，爆发成声。

不同点：发音时气流强弱不同。b 是不送气音，发音时冲破双唇的气流较弱。p 是送气音，发音时冲破双唇的气流较强。

4. 元音和辅音的区别主要有以下四点：

（1）从受阻与否看：发辅音时，气流通过咽头、口腔的时候受到某个部位的阻碍；发元音时，气流通过咽头、口腔不受阻碍。这是元音和辅音最主要的区别。

（2）从紧张度看：发辅音时，发音器官成阻的部位特别紧张；发元音时，发音器官各部位保持均衡的状态。

（3）从气流强度看：发辅音时，气流较强；发元音时，气流较弱。

（4）从响亮度看：发辅音时，声带不一定振动，声音一般不响亮；发元音时，声带振动，声音比辅音响亮。

5. 汉语普通话声调的特点：

（1）阴平：阴平调值是 55，发音时声带始终是拉紧，声音又高又平，阴平有为其他三个声调定高低的作用，如果阴平调值掌握不好，会影响其他声调的发音。

（2）阳平：阳平调值是 35，发音时声带不紧不松，逐渐拉紧，声音由不高不低升到最高。

（3）上声：上声调值是 214，发音时声带由较松慢慢到最松，再很快地拉紧。声音由较低慢慢到最低，再快速升高。

（4）去声：去声调值是 51，发音时声带先拉紧，后放松，声音从最高降到最低。

五、分析题

1. （1）Xī’ān tiānqì rè.

（2）Wǒmen zhèr de mián’ǎo zhēnde bú guì.

（3）Wǒ zài Běijīng yùdào yīgè kě’ài de nǚháir.

2. 一些留学生将“李老师”说成“李老西”，将“我要去看电影”说成“我要干电影”，将“我不太清楚”说成“我不代清楚”。

“师”和“西”的声母分别是 sh 和 x，sh 和 x 的发音部位不同，sh 是舌尖后音，x 是舌面前音；留学生将舌尖后音发成了舌面前音，所以将“李老师”说成 “李老西”。“看”和“干”的拼音是声母不同，它们的声母分别是“k”和“g”，两者气流强弱不同，“k”是送气音，气流较强，而“g”是不送气音，气流较弱，留学生没有弄清两者发音原理，将二者搞混，所以把“看”发成 “干”。同理，把“太”发成“代”也是因为没有分清“t，d”的发音原理。

3. ü 跟 n、l 以外的声母相拼时都省写两点。因为其他可与 ü 拼合的声母不能跟合口呼韵母相拼，省写了两点也不会误认为是 u 开头的，即合口呼的韵母，不致发生混淆。

4. “七月流火”的音节结构如表 2-3 所示

表 2-2 “七月流火”音节结构表

音节	声母	韵母			声调		按“四呼”划分的韵母类别
		韵头	韵腹	韵尾	调类	调值	
七	q		i		阴平	55	齐齿呼
月	零声母	ü	e		去声	51	撮口呼
流	l	i	o	u	阳平	35	齐齿呼
火	h	u	o		上声	214	合口呼

5. 汉语音节 yan，da，guang 中的 a 是三个不同的音素，实际读音是[ɛ]、[ᴀ]、[ɑ]，但这三个读音其实都是/a /的音位变体。其中，yan 中的 a 由于受到韵头和韵尾的双重影响，实际读音舌位不但靠前，而且升高了，[ɛ]是一个前半低元音；da 中的 a 没有韵尾，韵腹实际读音舌位居央，是一个央低元音；guang 中的 a 受靠后的韵尾的影响，实际读音是后低元音[ɑ]。yan、da、guang 中的 a 虽然实际读音不大相同，但听起来没有明显的差异，也没有区别意义的作用，始终处于互补分布的状态中，所以说它们属于同一个音位。

第三章　语法分析

语法是语言系统的中枢和纽带，汇集各层级结构单位之间的组合规则，包括词的构形、构词规则和组词成句的规则。语法研究是语言各个分支学科的研究中，思想最活跃、成果最显著的部分。本章重点在于理解语法的性质及其单位、语法系统与语法分析方法，了解语法学及其发展阶段。

第一节　语　法

在句子中，词的增加、减少，句中顺序等因素都影响着语言表达。例如“go to school”表示去上学，增加了“the”变成“go to the school”表示去学校，汉语词汇“我、衣服、洗、了”，可以组合成“我洗衣服了”“衣服我洗了”“我洗了衣服”等，不同的组合在表达侧重点不同。这些现象反映出言语表达受语法规则和语言类型的制约。

一、语法定义与特征

1. 语法的定义

语法就是用词造句的规则，这种规则是客观存在于一种语言之中，是语言长期发展过程中形成的，说这种语言的全体成员必须共同遵守。语法规则是大家说话的时候必须遵守的习惯，不是语言学家规定的。

2. 语法的性质特征

（1）抽象性。

语法是从众多的语法单位的组合里抽象出其中共同的组合方式和类型及如何表达语义。这主要表现为两个方面，一是可以对数量巨大的具体词语进行分类，二是可以从无限多的具体的语法组合中抽象出语法结构格式，且语法规则都是可以重复使用的。例如：当人们想表达对高考的感慨时，用“有一种青春叫高考”；当儿女想表达对父母依恋时，用“有一种幸福叫陪伴”；当有情人不能终成眷属，又会说“有一种爱叫放手”，等。从中归纳出这些表达的语言结构“有一种 X 叫 Y”

（2）系统性。

不同语法规则是紧密联系着的，而且各有各的使用范围和适用条件，在使用一条语法规则的同时，不能违反其他语法规则。语法单位一个接着一个组合起来的规则是语法的组合规则，语法单位的归类的规则是语法的聚合规则。语法的组合规则和聚合规则共同构成一种语言的语法规则。例如：

My shoes is black，so is hers.

He studies better than I do.

He hopes the exam will be canceled，I hope so.

The broom is there，in the corner.

上例中，“My、He、so、I、there”与其他词语组合，完成语言表达，它们有共同的语法特征，即可指代人或物，这就是它们聚合规则的体现。

（3）民族性。

语法人文属性，有明显的民族特点。

例如，沃尔夫以霍皮人的空间概念在语言中的反映为例。他注意到霍皮语没有表示三维空间的词语，因此在“房间”一词前不能用物主代词，甚至“房间”一词在霍皮语中不起名词的作用。又如英语中，green house（绿色的房子）、greenhouse（温室）、Green house（格林家的住宅）靠不同的重音来表达。然而法国人没有这样的语言模式，因而听不出这三种语境的差别。（爱德华·霍尔《无声的语言》）

二、语法表达规则的类型

语言符号是一个严密的系统。语言符号的组成是分层级的，每一种具体的语言，其句子量是无穷的，词的数量大约 500000 个，语素数量在 5000～6000 个，音位的数量 30～40 个。如何将这些单位运用起来，满足人们日常交际的需要，就要依靠语法的规则。一种语言的语法规则主要由语法单位的组合关系和聚合关系来体现。如图 3-1 所示：

横向观察能在一起的语言单位具有组合关系；纵向观察，能被替换下来，仍形成正确的符号形式，且用于言语交际，具有聚合关系。能以什么方式组合，成分在组合时，形式是否要发生变化，怎样变化（组合变化），哪些语言单位可以被其他单位替代，能被什么单位替代（聚合变化），都有一定的规则。这些规则就是语法。简言之，语法单位一个接着一个组合起来的规则叫作语法的组合规则，聚合规则实际上就是语法单位的归类的规则。

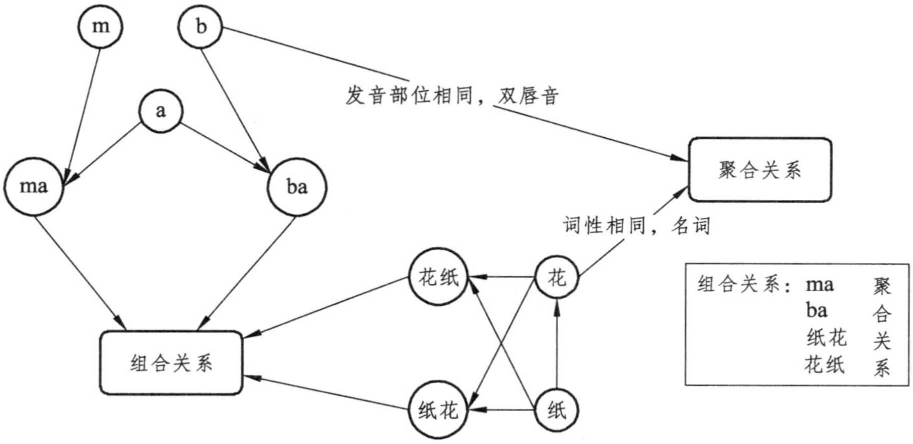

图 3-1　语法单位关系示意图

第二节　语法单位

能够被替换的语言片段，称为语法单位。或者说，凡是能在组合的某一位置上被替换下来的结构成分都是由语法单位构成的。替换的作用在于通过替换，一是可以找出语法单位，二是可以找到语法单位活动的位置。例如：

我知道他。

我（不）知道他。

我知道他会来。

我知道他不会来了，可能真的生气了。

可见语法单位（被替换下来的部分）有大有小，最大的是句子，依次是短语、词语素。词是由语素构成的，复合词内部组成成分也可以有替换关系，可分出最小的语法单位语素。

一、语　素

语素是最小的音义结合体，作为最小的音义结合体，其最基本的作用是构词，不可再切分。英语“Morpheme”一词，国内学者有两种译法，一为词素，一为语素。本书采用“语素”这一名称。语素是连接语言和意义的最小语言单位，这个“最小语言单位”（the amallest unit of language）指在不破坏或彻底改变含义的情况下，不能将其划分为更小的单位。语素可从不同的角度进行分类。从语音形式上，可分单音节语素和多音节语素；从语义上，可分单义语素和多义语素，实语素和虚语素，例如“我们”，“我”+“们”（实语素+虚语素）；从功能上，可分成词语素和不成词语素，定位语素和不定位语素，构词语素和构形语素。语素的主要用途是构词。以在句法中能否单独使用，语素分为自由语素、黏附语素和非自由词根。

自由语素是能独立运用的语素，它有完整的意义，在句中充当一个自由的语法单位。例如：man、wind、open、人、山、水等。自由语素就是词，同时它也可以作为语素与其他语素结合，构成新词。例如，“preplan（事先部署）”中“plan”就是一个自由语素。黏附语素，在汉语语法中又称为黏着语素，虽然具有一定的语法意义但不能独立成词，只能依附于其他语素或词上以构成词，或担当一定的语法功能。例如：mis-、-dict-、-ion、pre-、阿、们等。在英语中，黏着语素包括黏着词根和词缀，而屈折语素作为语法标记，表示词的语法意义，屈折语素，只限于后缀。

词根（root）是词的核心部分，词的意义主要由词根体现出来。从历史角度看，词根是词的最早形式。在英语中，其词汇的词根发展为两大类型：自由词根和非自由词根。自由词根在句法中能单独使用，往往是自由语素。非自由词根具有很强的构词能力，在与黏附语素组合成词时，词的核心词义由非自由词根决定。例如：“onym”词根意思是名字，“onymous（署名的）”“anonym（匿名者）”“pseudonymous（假名的）”。

词缀是只能黏附在词根上构成新词的语素，本身不能单独构词。从词缀黏附的位置看，黏附在词根前面的词缀称前缀，黏附在词根后面的词缀称后缀，插入词根中间的词缀叫作中缀。从功能角度来看，词缀可以分为屈折词缀和派生词缀。屈折词缀指为表达词的句法关系而附加的词缀，派生词缀指给词根或词干添加意义而产生不同的词的词缀。词尾是加在词的末尾，只能改变一个词的形式，而不能构成新词的语素。一个词除去词尾，就是词干（stem）。有些词干可以单独出现，有些则必须有词尾才能单独出现。词根是一个单词的基本形式，表达该词的意思，而且不论是加上前缀或者后缀都不会改变词根的意思。如：unusefully，去掉-un，-ful 和-ly 后，词根就是 use。词干是某个单词去掉所有的曲折词缀(不是派生词缀)后剩下的部分 uninteresting 而言，un-是词缀，interesting 是词干，interest 是词根。而对于 interesting 而言，-ing 是词缀，interst 是词干，也是词根。简言之，次感受相对于词缀而言的，任何一个词，在去掉任何一个词缀后，剩下的那一部分都是词干。英语单词的数、时、体、态的变化，无论怎样变，都只是改变词的形式，而不会构成新词。与英语相比，汉语是多词根、少词缀，无词尾的语言。

语素的功能分类如图 3-2 所示：

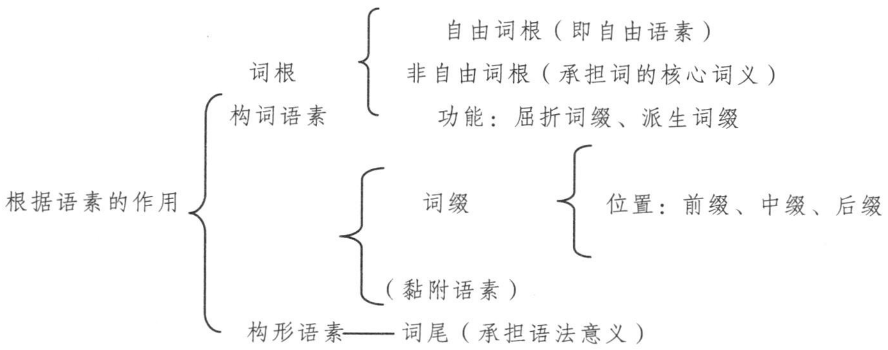

图 3-2　语素功能分类图

语素与音素的区别：1. 音素是根据语音的自然属性划分出来的最小语音单位。语素是语法系统中，音、义结合的最小的语法单位。2. 分类不一样。音素以音质为依据，分为辅音和元音；语素以音节为依据，分为单音节语素、双音节语素、多音节语素。语素以语法组合关系为依据，分为自由语素、半自由语素、不自由语素。从语法功能角度，区分词汇语素（词根）和语法语素（词缀）。

二、词

词是语法层面中独立运用的最小语言单位。“独立运用”指区别于语素（替换法）；“最小”是指区别于短语（插入法）。语素组合成词，是语法单位的第一次增量。根据词的功能可分为两类，“grammatical words”即是功能词（functional words），“lexical words”指实词（content words）。汉语把词分实词和虚词，“实”指词汇意义，单独作句子成分；“虚”指语法意义，不能单独作句子成分。因为实词的数量可以得到不断地扩充，而功能词的数量往往比较有限，所以实词又称为开放词（open-class words）。在语言的发展演变中，有的实词功能化，语言学家把这种现象称为语法化现象（grammaticalization）。无论是语法研究，还是语义分析，词都扮演着重要角色。在语法研究中，词是句法研究的起点，从词出发探究词组成短语和词组成句子的配列规则。词是语言学各分支研究的交叉点。词的研究涉及音位学、句法学、语义学和形态学。

1. 词的类型

词的类型划分并无统一的标准，例如吕叔湘先生从词的功能进行分类，划分为词汇词和语法词，词汇词如“袖珍、袖珍英汉词典”等有明确的意义，可以单用的词；语法词不能单说，只能作为构词成分。冯胜利先生则从语言系统层级观点出发，分为韵律词、句法词和词汇词；韵律词是为了区分语素词和句法词，汉语的标准音步是两个音节，标准的韵律词只能是两个音节；句法词指句法上合成的单位；词汇词是词法里构成的单位，如小狗、小豆。即使有了明确的标准，各家划出的类别也有不同，少者 8～9 类，多者 20 几类，例如汉语的词类，一般教科书确定为 12 类，即名词、动词、形容词、代词、数词、量词、副词、介词、连词、助词、叹词、象声词。

词类划分的思想源于范畴理论。范畴是一组拥有共同特征的元素组成的集合，边界明确，范畴成员隶属于集合的程度相等，特征具有二分性，可以用“是”“否”表述。范畴理论在语言学上得到广泛运用，如在音位学上分出元音和辅音，语义学上用于义素分析，语法学上用于划分词类等等。20 世纪 50 年代，维特根斯坦分析 game 范畴，发现其边缘并不确定，内部成员在范畴隶属度上是有区别的，于是提出“家族相似性”原理。一个家族的所有成员在特征上有一定的相似之处，但相似程度有区别，有的拥有的特征多一些，有的少一些，不存在两个成员具有完全相同的特征。将范畴比作家族，范畴成员之间只是相似，而不是相同；一个范畴中的成员之间具有一定的相似性，因而与其他范畴区别开来。范畴中的成员依靠家族相似性聚集在一起。有的成员拥有的特性多，成为居于“家族”中心地位的典型成员即原型，反之则成为居于边缘地位的非典型成员，范畴没有明确的边界，范畴与范畴是渐变的关系，是一个连续体。根据家族相似性原理，依据词的形态、组合能力、造句功能等范畴特征划分词类。

2. 词的内部结构

词的内部结构属于构词的问题。构词法是对词的内部结构进行观察和分析，总结出结构规律。实质是，研究语素成词的组合方式。在汉语中，根据音节多少划分为单音节词和多音节词，例如：书、彷徨、奥林匹克；根据语素多少划分为单纯词和合成词。单纯词根据音节结构特点，分为联绵词（如蜘蛛）、叠音词（如太太）、象声词（如扑通）以及音译词（如拜拜）。在双音节词中，声母都相同的称为双声联绵词，如神圣、郑重、纸制；韵母相同则称为叠韵联绵词，如徘徊、朦胧、葫芦等。叠音词又有部分叠音和全部叠音，如茫茫、星星点点、冷飕飕、黑溜溜等。

合成词是由两个或两个以上的语素按照一定的结构方式和语义关系组合而成的词，又分为复合词、派生词。复合词是由几个词根组合而成的词。根据词根之间的结构关系，又可分为若干结构类型。常见的有五种：

（1）联合式：两个语素之间的关系是并列关系，如语言、学习、deaf-mute、Jack Robinson。

（2）偏正式：两个语素之间是修饰和被修饰关系，如墨水、飞行、snow-white、Red-light district。

（3）主谓式：两个语素之间是陈述与被陈述的关系，如地震、秋分、口红、man-made、sunrise。

（4）动宾式：两个语素之间是支配和被支配的关系，如枕头、知己、得意、playboy。

（5）补充式：两个语素之间是补充与被补充、注释与被注释的关系，如降低、改正、笑哈哈、布匹。

在英语中，根据复合词的句法功能分为名词性复合词（例如：nickname、honeymoon）、动词性复合词（例如：chain-smoker）和形容词性复合词（例如：baby-sitter）。

派生词是由词根加词缀派生出来的词。词缀是定位的黏着语素，在前面的叫前缀，在后面的叫后缀。印欧语系中派生词很多，前缀和后缀都很丰富，而且派生能力很强。在英语中，约 40%的词是通过派生方式形成的，约 28%～30%的词是通过合成方式产生的。派生词和合成词都是由派生语素附着于其他语素派生出新词构成的。例如：改变词干的意思或词性，如：like—dislike，sleep—asleep；表示否定的语义，如 fortunate、un-fortunate；表示成员，如 il-、ir-、im-、in-、-ist、-er、-ent 等。从语义上观察，英语前缀分为否定前缀、贬义前缀、逆反前缀、表范围/程度的前缀、表方向前缀、表态度的前缀、表方位的前缀等。

按后缀派生的词性划分，英语后缀又分为名词后缀（-er、-sion、-ar 等）、动词后缀（-fy、-ize、-ate 等）、形容词后缀（-ful、-ate、-y 等）、副词后缀（-wise、-erly、-ly 等）。英语中，除了派生词缀外，还有屈折词缀，例如 ship-ships，compound—compounding 等。屈折语素作为语法标记表示词的语法意义，且只限于后缀。屈折词缀不产生新的词汇意义，只增加语法功能。如果派生词缀和屈折词缀同时出现，屈折词缀一般在派生词缀之后，因此屈折词缀又称为词尾，如图 3-3 所示。

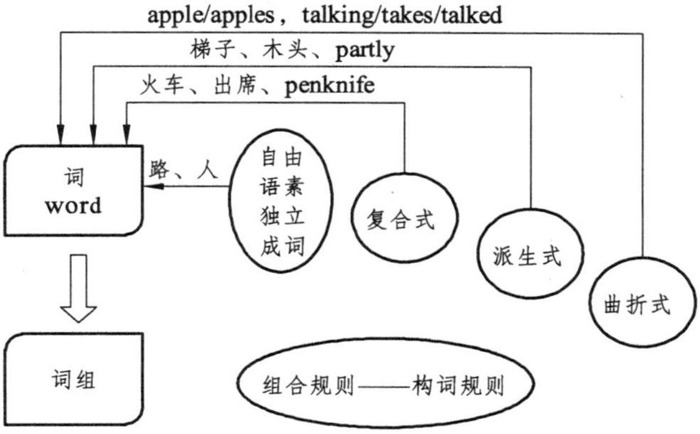

图 3-3　词缀的分类

在语言中普遍存在类词缀（quasi-affix）。所谓类词缀指自由语素因语义虚化和词缀化功能增强并正在向纯词缀演化的一类特殊词缀。（王文斌《什么是形态学》）例如，汉语中“被×”“×控”“裸×”“×帝”等；英语中“-like”“-hood”等。纯词缀是对只能与词根或词干结合使用的构词成分的总称。王文斌认为，纯词缀具有语义虚化程度高、构词能产性、定位性、黏着性等特征。

三、词　组

词组是词和词按照一定的结构方式组合起来，又叫短语。短语是由词逐层组成的语言单位。词与短语可以相互转化，例如“清华大学”简称“清华”“双百方针”简称

"双百"。两者区别在于，语音上词的内部不允许语音停顿，而短语则可以，例如"你吃点东西""这个车站有东西两个出站口"；在功能上，词在结构上不做扩展，而短语可以，例如："白纸"可以说"白色的纸"，而"白雪"不能说"白色的雪"。

根据短语的结构方式，短语可分为若干结构类型，常见的有五种：主谓、动宾、偏正、联合、动补。在汉语中，还有一些"实词+实词"组合的词组。例如：

兼语结构：请君入瓮、调虎离山、点石成金

连谓结构：闭门造车、打草惊蛇、解甲归田

同位短语（复指短语）：祖国母亲、首都北京

数量短语：一个人、去一次、两本书

方位短语：一年前、上学之后

除了实词或以实词为主要成分构成的短语，还有由虚词黏着于实词构成的短语，例如：

助词短语：英雄所见略同、小王的好、花儿似的

介词短语：在北京、对老师

由虚词黏着于实词构成的短语，成分间无法拆分出结构关系，不能独立成句，但可以独立充当句法成分。

短语跟词一样，也有各自的语法功能。根据短语不同的语法功能，短语可划分为三种功能类型：以体词为中心的体词性短语，即能做主语、宾语，能和数量词、介词组合，不受副词修饰的短语；以动词为中心的动词性短语，即要做谓语，可以受副词"不""很"等修饰的短语；以形容词为中心的加词性短语，即只用来修饰中心语做定语或状语的短语。

四、句　子

句子是表达一个相对完整的意义并具有一定语音特征的基本交际单位。其语音特征表现为有语调，可停顿。结构上，句子仍是线性序列形式。在功能上：句子可以表达一条完整的信息；从性质上看：句子结构上属语言范畴，表达上属言语范畴。

句型分析是对句子结构的基本模型进行概括和归纳。对句型的理解历来有广义和狭义之分，广义的句型指对句子运用不同标准进行综合分类。狭义的句型指句子的结构分类，例如主谓句、非主谓句等。《汉语知识》建立了第一个真正意义上的汉语语法句型系统，通过主语、谓语、宾语、补语、定语、状语等句子成分相互配合形成三大类十八种单句句式。在这个句型系统中把句子成分分为三级，第一级是主语和谓语，第二级是宾语和补语，第三级是定语和状语。（邵敬敏等《汉语语法专题研究》）

词法主要研究词的构成和变化规律。构词研究词的内部结构，构词法指不同词的构成，即语素成词的方式和方法。构形法指同一个词的形态变化。屈折语的构形方式

比孤立语的丰富。例如：汉语中“猩”和“星”，前者不能单独成词，后者可以，“猩猩”是构词方式，“星星”属构形法，即重叠构形，当“猩猩们”添加了“们”是一种构形方式。汉语中构形方式只有重叠和附加两种，构形关注同一词的语法变体。如英语“temper”指脾气，加前缀“dis”称为“distemper”，指脾气暴躁，属于派生构词；而加“ed”变成“distempered”，指脾气暴躁的，是内部曲折方式构形。句法指研究词组和句子的构成规则（syntax is a part of the grammar of a language，dealing with the structures of sentences and the rules governing them.），或是研究句子构造中能共现的各个成分之间的相互关系。共现（co-occurrence）指句子中不同部分的各类词之间的搭配使用。共现关系即是语法系统的组合关系又是聚合关系。词法和句法在不同的语言中表现不同，形成不同的语法体系。如果把语序、虚词和词类选择看作是句法手段（用于组合）的话，词形变化、词的轻重音和词的重叠属于词法手段。

词的结构与句法的结构的区别：

其一，“纯”语义类型显然是属于构词法，如后缀“-ship”位于其他名词后形成抽象名词，如 championship（冠军），membership（会员身份）。或前缀“mis-”表达“错误的，不当的”的意义，如 mistrust（不信任），misdeed（不当行为）。语义“标签”和“句法重新范畴化（recategorization）”标记，如“-age”，意为“charge、fee（要价，收费）”，如 anchorage（停泊税），poundage（手续费，磅税），同时，“-age”，意为“表动词的结果”，如 breakage（破坏，损坏，破坏量），wastage（浪费量，损耗量）。

其二，词的结构与句法结构是两个层面。首先，词的组成部分不能受修饰语修饰，例如：“Blackboard”不能表达为“very blackboard”，“红脸”不能受副词修饰，表达为“很红脸”。其次，词的中间不能插入其他成分，例如：“House-keeping”不能说“house，I mean，keeping”，“铁路”也不能说成“铁的路”。再则，词的组成部分不能省略，例如“Blackboard and bulletin board”不等于“Blackboard - bulletin board”，“火车和汽车”不等于“火汽车”。

其三，句法结构不涉及词内结构。例如：“将兵须善待之，将军须善待之”中“将兵”与“将军”是两个不同层次的语法单位，同样的“Drivers of trucks filed them up with Arco Diesel”与“Truck-drivers filed them up with Arco Diesel”中“Drivers of trucks”、“Truck-drivers”都表示卡车司机，但两者结构成分不同。

句型是对句子结构关系类型进行分析归纳所得到的类型。由完整的陈述与被陈述部分组成，表达一个结构完全的命题或描述，有主语与谓语两个句子成分，称为主谓句。非主谓句是不具有陈述与被陈述两个部分，找不出主语或谓语，直接是由体词或谓词性成分表达一个相对完整的意思，完成一次交际任务。句类是按句子的语气、功能划分的，如陈述句、疑问句、祈使句、感叹句。句类的研究是学者们关注的热点。在汉语句类研究中，陈述句注重结构分析，疑问句的重点是语气分析。句式是句子的特征或语义范畴分类，例如“把”字句、比较句、存在句等。按句子成分的语义关系分类称为句模，如施事主语句、受事主语句等。

复句是汉语句型系统中与单句对立的一种句型。复句包含两个或两个以上分句的句子，各分句具有相对对立和互相依存的特征。相对独立指各分句间互不作成分，互相依存指通过关联词语把各分句连接起来，表达一定的语义和语用功能。因此，关联词语是汉语复句的结构标志。以关联词语作为形式标志，汉语复句分为三大类，即因果复句、并列复句和转折复句。可充当复句关联词语的词语大体上有四种，句间连词（如“因为、但是、而且”等）、关联副词（如“就、又、也、还”等）、助词“的话”（常用于假设复句）、超词形式（如“总而言之、不但不、别说”等）。（邢福义《汉语语法三百问》）

第三节　语法学

一、语法学的内涵

语法学是研究制约语言行为的规则——首先是研究连词成句的规则——的一门学科。由于研究目的的不同，语法学有历史语法学、比较语法学、描写语法学之分。由于研究方法的个同，语法学有传统语法学、结构主义语法学、转换生成语法学之分。

语法学研究对象——语言中的语法现象。语法研究的根本目的就在于深入地研究什么是语法形式和语法意义，并探求它们之间错综复杂的对应关系。任何有科学价值的语法研究都必须以这两者以及两者之间的关系为对象。

二、语法学派及其成就

1. 历史语法学

历史语法学属于历史语言学分支，主要研究某一语言语法结构的历时演变。任何语言的语法构造都具有很大的稳固性，甚至于比基本词汇的稳固性还要大。语言的语法构造的基础在很长时期内保存着它的本质上的特点。然而，随着时间流转，语法结构在语言的历史过程中发展和变化。例如：

自古及今，未之尝闻。

句读之不知，惑之不解。

宋何罪之有？

古汉语中，否定句和疑问句中代词宾语一般置于动词之前，称为宾语前置，如“未之尝闻”“宋何罪之有”即“未尝闻之”“宋有何罪”。

2. 比较语法学

狭义的比较语法指历史比较语法，或称为比较历史语法，指的是有亲属关系的语言之间的语法比较，例如将汉语跟藏语比较，汉语跟缅甸语比较，等等。广义的比较语法包括多种形式的比较，如汉语语法跟日语语法或英语语法的比较，古汉语语法跟现代汉语语法的比较、普通话语法跟方言语法的比较，等等。历史比较语法的目的不在描写语法规则，而在解释语法现象。非亲属语言的比较，能使人了解母语与外语的差异，可以帮助人们学习外语。亲属语言的比较，可以探究某种语言产生和发展的历史过程，有助于了解它的真实面貌。古代汉语的一些语法现象，在现代汉语里找不到的，在亲属语言中却可能找到。

3. 描写语法学

研究某一语言在一定时期的语法构造的学问，叫作描写语法学。描写语法学不管这种语言的语法同亲属语言的语法有什么关系，也不管这种语言的语法在发展过程中有什么变化，它只是对语言体系做断面的、静态的描写。对语言的这种研究和描写，对于建立语法学体系是很必要的，同时它也是历史语法学必要的出发点之一。语言历史的研究可以从两个方面出发：一方面是从现在的状态出发而转向以往事实的探讨，另一方面是从早期的某一时代出发而研究后来的变化。在建立体系和给语言沟通历史道路的作用上，在建立语法体系的道路上，描写语法学有重要意义。自然，在进行语言体系的描写分析时，还得依靠历史的帮助。研究描写语法学是不能没有历史观点的。

4. 传统语法学

传统语法学是从 18 世纪直到今天还在应用的语法，它把语法看成是一套规则，这些规则告诉人们应该怎么说，怎么写，所以又称为规范语法。它来源于拉丁语法，主要内容可以用下列公式表示：形态—范畴—体系。这就是说，根据词的形态归纳范畴（即类别），包括词法范畴（词类）和句法范畴（句子成分），然后指明词类和句法成分的关系，进而构成体系。这种方法本是用来描写有词形变化的语言的。传统语法历史悠久，人们比较熟悉。由于强调规范，便于教学，所以一直被广泛采用。

5. 结构主义语法学

结构主义语法的目的是描写语言结构，所以人们也称它为描写语言学。传统语法也是描写性的，它描写的是人们熟知的语法，结构主义语法主要描写的是陌生的语言。它不像传统语法那样，把已知的语言事实纳入拉丁语的框架。结构主义语法是 20 世纪 30 年代兴起的，它适应当时帝国主义殖民扩张的需要，要用一套方法描写陌生的语言，发现其中的规律。结构主义语法以美国描写语言学为代表，主要代表人物是美国的布龙菲尔德，代表著作有《语言论》。

结构主义语法的分析方法有：

（1）替换法。指把语言切分成若干单位，使用这种方法主要用来切分语素。

（2）分布分析法。根据语言单位出现的语境（包括上下文）加以归类。例如：分析“吃、喝、抽”等动词。

（3）直接成分分析法。分布分析法考察语言单位的外部关系，直接成分分析法考察语言单位的内部结构。这种分析法切分语段的层次。语言可以从大到小，层层切分，也可以先确定单位（语素或词），层层归纳。

（4）变换分析法。用来说明语句之间的关系，如主动句与被动句、肯定句与否定句的关系等等；也可以用来说明形式相同而实际上有差异的语句。

结构主义语法学还有一些其他的分析方法。例如：把词组分为向心结构和离心结构。向心结构中至少有一个直接成分跟整个词组的功能相同，如“新书”“很好”；离心结构中所有的直接成分跟整个词组的功能都不相同，如“今天晴天”。这种分析可以用来区分同形结构。例如“出租汽车”代表两种不同的向心结构：一种是以“汽车”为核心（即通常所说的偏正结构），一种是以“出租”为核心（即通常所说的动宾结构）。正因为仅仅划分层次还不能完全说明词组之间的内部关系，所以要区分向心结构和离心结构，同时又认为向心结构的核心可以有不同位置。

6. 转换生成语法

转换生成语法的创始人乔姆斯基曾经说，它并不是为教学设计的。在人工智能的开发方面，这种语法显示了它的功用。1957 年《句法结构》的出版，标志着转换生成语法学的诞生。转换生成语法的目的不在描写语言的结构规律，而在解释语言现象，但是它不像历史比较语法那样解释某些具体的语法事实，而在解释人类的语言能力。虽然这种语法的术语和方法在不断更新，有些语法并不叫作转换生成语法（如“格语法”），但其基本观点是一致的，即认为各种语言有共同的逻辑基础，即所谓深层结构，差别在于表层结构。由深层转换成表层，不同的语言有不同的规则，而表层改写为深层，则有统一的方式。

三、语法分析

静态分析是指分析语言片段的构成情况，即成分分析、层次分析，是对语言片段自身的认识。静态分析常常采用成分分析法和层次分析法。动态分析是指在动态中多角度地分析语法事实，揭示语法规律。动态分析的基本点是结合语言的实际运用进行研究，包括某语言片段在普通话、古代汉语及汉语方言中的使用情况，也包括语言片段的句法构成、语法意义以及语用功能的情况，甚至包括自然语言、人工语言以及亲属乃至非亲属语言中使用的情况。

目前语法界所重视的动态分析主要是指“两个三角”的研究方法。分别是：小三角：表—里—值，大三角：普—方—古。其中，“表”指语表形式，指外在的语言结构形式。“里”指语里意义，指隐含在结构形式之内的关系或内容。“值”指语用价值，指语言片段在运用中的具体功能。三个平面的语言观是汉语语法学界在 20 世纪 90 年代初提出来的一种研究思想，指语言研究要从句法、语义和语用三个方面进行，三者紧密结合、互相贯通、互相验证，将语言研究引向深入。大三角“普—方—古”指的是将研究对象（语言片段或语言事实）放在普通话、方言和古代汉语之中进行研究，多角度地研究其特点（构成情况、使用条件、使用价值等）。

第四节　语法关系

一、聚合关系

在语法层面中，聚合关系指语法结构的某个特殊位置上可以相互替代的成分之间的关系。语法层面的聚合关系通过语法意义和语法范畴体现。

（一）语法意义

语法意义与词汇意义相对而言，是语法单位在组合中所产生的意义，是词进入组合之后由语法结构所赋予的意义。

语法形式与语法意义是相互依存的。没有语法意义，也就无所谓语法形式；反之，没有语法形式，语法意义也就无所寄托。每一个语法结构体都是语法形式与语法意义的统一体。语法研究，既可以从语法形式入手，去寻找所表达的语法意义，也可以从语法意义入手，去探求语法形式的表现手法。这不是两条不同的途径，而是一条途径的两种走法，不过是互为起点和终点罢了。

语法意义包括：结构意义、功能意义、表述意义。

1. 结构意义

（1）显性关系意义。指通过词形变化、虚词和语序所反映出来的各种语法关系，通常分为主谓、动宾、偏正、联合、中补五种基本的结构关系。

（2）隐性关系意义。指“施事—动作”“动作—受事”等语义关系意义。

2. 功能意义

反映词语的组合功能的。组合功能包括充当某种句法成分的功能，如做主语、谓语、能带宾语等，也包括与某类词语组合的功能，如能加冠词、能加副词等。

3. 表述意义

反映语法形式与所指事物现象以及语言使用者的关系，如名词表示事物，动词表示动作行为等词类表述意义，陈述、支配、修饰、补充说明、并列或选择等语法结构表述意义，陈述、疑问、祈使、感叹等句类表述意义等。每种结构在各自的范围内所表示的语法意义都是复杂多样的，如动宾结构在现代汉语里的关系极为复杂：

织毛线 买书	动作—受事
织毛衣 写信	动作—结果
来客人 睡人	动作—施事
写毛笔 吃大碗	动作—工具
坐沙发 吃馆子	动作—处所
写章草 跳四步	动作—方式
过春节 起大早	动作—时间
考大学	动作—目的
避雨 救火	动作—原因

不过总的看来，词进入结构体成为短语后，整个短语的意义总是大于个别的词的意义的总和的。

（二）语法范畴

语法的聚合规则是语法单位的分类和变化的规则，具有相同语法功能的单位总是聚合成类，供组合选择。集中体现在：

功能聚合：词类——词的句法功能的类。

形式聚合：形态——词形变化的手段的类。

范畴聚合：范畴——语法形式体现出的语法意义的类。

（1）功能聚合——词类。

划分词类的标准规纳起来主要有三种：① 形态标准——根据词形变化来确定词类；② 意义标准——根据词的意义来确定词类；③ 功能标准——根据词的聚合位置来确定词类，又叫分布标准。功能标准反映词类聚合关系本质的特征，汉语词类常靠功能来确定。各语言中的词一般都可以分实词和虚词两大类。实词能做句子成分，虚词不能做句子成分，只能在句子中起某种语法作用。实词又分为体词、谓词和饰词三类。体词能做主语和宾语，一般不作谓语，谓词能做谓语，饰词只能做定语、状语、补语（或表语）。汉语体词主要包括名词、数词、量词和名词性代词，有些语言中没有量词。汉语的谓词包括动词、形容词和谓词性代词。但许多语言中的形容词一般不能做谓语，不属谓词。汉语中饰词包括副词和区别词，其他语言中饰词一般包括形容词和副词。

名词、动词等又可划分为若干次类，如汉语的名词可分为指人名词和指物名词，个体名词和集体名词等；英语的名词可分为专有名词和普通名词，可数名词和不可数名词等；动词、形容词等也可以划分为类似的次类。

虚词根据语法作用的不同，也可划分为若干小类，一般有介词（或前置词、后置词）、连词、助词（或小品词）、冠词、语气词等。有些小类下面还可以分若干次类，如汉语的助词还可以分为结构助词、动态助词和比况助词等。

（2）形式聚合——形态。

形态就是词形变化，是同一个词在不同组合中的不同的变化形式。以词为研究对象，探究词形与词义之间特征关系和规律的学科，称之为形态学（Morphology）。从19世纪开始，语言学家们把词的形态变化作为语法研究的主要任务。依据词的内在结构和构成词素之间的关系，将语言划分为孤立语和综合语，综合语再细分为黏着语、屈折语和混合语。汉语是典型的孤立语，词与词之间的关系往往借助独立的虚词和固定的词序来表达。

（3）范畴聚合——语法范畴。

语法范畴是语法意义的类。语法意义包括结构意义、功能意义和表述意义三种。相应地就有三种语法意义的类即有三种语法范畴，如结构范畴：主谓结构、动宾结构等体现出的关系意义；功能范畴：名词、动词等词类范畴；表述范畴：陈述、疑问等语气范畴。形态是语法形式，都表示一定的语法意义。某种形态正是由于概括了某些共同的语法意义之后构建起来的，属于功能范畴。下面要讲的语法范畴都是形态语法范畴，又叫狭义语法范畴。

确定一种语言中是否有某种狭义语法范畴，就是看这种语言是否用词形变化来表示某种特定的语法意义。汉语缺乏形态，也就缺乏了由词形变化形式表示的意义范畴。但应该明白的是，汉语中虽缺乏形态语法范畴，但并不等于缺少了相应的语法意义，这相应的语法意义用其他语法手段来表示了。

狭义语法范畴——词法范畴：词法手段（形态）表现出的意义类，包括性、数、格、时、体、态、人称等。广义语法范畴包括句法范畴中各种显性语法形式和隐性语法形式。

① 性。

性是主要与名词相关的语法范畴，是通过名词的词形变化表现出来的事物或现象的性属（或性别）。一般是把名词三分为阴性、阳性、中性或二分为阴性、阳性，并用不同的形式标志表示。

有些语言形容词和冠词也有性的分别，因为与名词组合的缘故，如俄语“房子”“房间”“楼房”分别是阳性、中性和阴性，分别用不同的词缀表示。俄语中不仅要求动词要跟着相关的名词的性发生变化表示一致关系，而且形容词也要跟着所修饰的名词的性发生变化表示修饰关系，如“新房子”“新房间”“新楼房”中的“新”都要有相应的词形变化。德语用冠词的词形变化来区别名词的阴性、阳性和中性，名词本身没有性的形式变化。法语只有阴性和阳性之分，也是用冠词的词形变化表示，名词本身也没有性的形态变化。

古英语也曾有过性的范畴，但在现代英语中已消失，只保留在个别词的词缀形式上，如：waiter（男服务员）、waitress（女服务员）、bull、cow、cock、hen、god、goddess、actor、actress。

汉语一般采用词汇手段来表示事物的天然性别。“他、她、它”在语音上没有区别，也不要求有关词发生相应的语法变化，没有性的语法形式。

② 数。

数范畴是名词（或代词）的词形变化所反映的事物在数量上的特征，一般有单数和复数的对立，有的语言分单数、双数和复数（大于二的数），如阿拉伯语、斯洛文尼亚语等。

数范畴与词汇意义有密切关系。一个名词能不能进行数的词形变化，要看该词所反映的事物或现象是否可计数。英语中 steel、fire、happiness、London 等词就属于不可数名词，而有一些词则由于词汇意义的制约一般只用复数形式，如：scissors（剪刀）、spectacles（眼镜）、trousers（裤子）等。和性一样，数也不仅是名词、代词所有的范畴。有些语言中动词、形容词或冠词也有数的形态变化，与名词的数在形式上保持一致。如：The teacher writes./The teachers write.即用零形式表复数。

汉语的人称代词和指人的名词后面可以加“们”表示复数，但表示复数时也可不加“们”，如：“同学们都来了=同学都来了=大家都来了”。另外，“们”也可加在短语上：“老师、同学们”。

③ 格。

格是表示词语之间结构关系和语义关系的语法范畴。一般用名词和代词的形态变化表示各种不同的格。有格变化的语言，格的数目是不相同的。英语的格不多，一些代词有主、宾格之分，例如从 I 到 me，从 who 到 whom 的变化就显示了主格和宾格特殊的词形。有生名词和一些代词有属格，一般是通过加词尾-’s 来表现，如：other’s、somebody’s、children’s books。个别代词有不规则形式，如 my、his、her 等。德语有四个格，俄语有主（做主语）、属（做定语，表示领属）、与（做间接宾语）、宾（做直接宾语）、工具（做状语，表示工具材料）、前置（做状语，表示方位处所）六个格，芬兰语最多，最少有十六个格。现代汉语没有格的变化，用语序和虚词来表示相应意义。如“他用我的钢笔给老师写信”这句话，俄语要用主、宾、与、工具、属五种格来表示，汉语则用语序、介词、结构助词表示。

④ 时。

时是用动词的词形变化表示行为动作发生的时间和说话时间的关系，也就是以说话时间为坐标来确定行为发生的时间。一般分现在、过去、将来三种。汉语没有通过词形变化表示的动词时范畴，但也可以用词汇形式表示类似意义。如“我要回家”中的“要”表示与英语“will、shall、be going to”差不多的意义。

⑤ 体。

体是用动词的词形变化表示行为动作进行的各种阶段和状况。俄语有完成体和未完成体（或持续体、进行体）两种，英语有一般、进行、完成三种体（或加上完成进行成了四种体）。汉语“着、了、过、起来、下去、来着”等也可以表示体的意义，动词本身还可以用重叠方式表示短时体（有时有尝试的意思）。

⑥ 人称。

人称是通过一定的语法形式表示行为动作是属于谁的。人称是表示动词与主语名词在人称上的一致关系的语法范畴，一般通过动词的形态变化来区分第一人称、第二人称和第三人称。如俄语、法语的动词都有三种人称形式。英语一般动词的现在时单数有第三人称的形式变化（加后缀-s），动词的现在时单数则有三种人称形式：am、is、are。各语言人称代词都有人称的区别，但代词的人称一般不属语法范畴。

⑦ 态。

态又称语态，表示动作和主体的关系。一般通过动词的形态变化来区分主动态和被动态。主动态表示主语是动词的施事，即行为的主体，被动态表示主语是动词的受事，即行为的对象。可见态是表示主语与动词的语义关系的语法范畴。汉语用“被”表示被动，但动词没有形态变化，一般不看作态范畴。每一种语法范畴都具有如下一些特点：有共同的意义领域；同一语法范畴里的各个变化形式出现的范围是对立互补的。这是每一种语法范畴都具有的突出的也是最根本的特点。如选择单数必然排斥复数，选择“助动词+过去分词”表示的完成体就排斥“助动词+现在分词”表示的进行体，主动态与被动态对立等等。对立的是两项，互补的可以是多项，两项或多项中的某一项如果发生了变化，另一项也必然发生相应的变化。如古英语有单数、双数和复数的区别，其出现的环境是互补的，现代英语复数包含了双数与单数构成对立；古英语有性的变化，现代英语中已经消失了。

二、组合关系

组合关系指语法结构中共现成分之间的关系，体现为各种语法形式。

（一）语法形式

语法形式是反映词语的组合规则和语法类别的形式标记，是表示语法意义的形式手段，又称为语法手段。语法形式可以分为显性和隐性两种。显性语法形式可以直接感知，主要包括词序、虚词（如添加辅助词）、词缀、重叠、语调和重音等。隐性语法形式不能直接感知，但可以通过组合、替换、扩展和变换等方式分析抽象出来，内部屈折、异根式和零形式。例如：

添加虚词：青菜多少钱一斤？五块。

　　　　　青菜多少钱一斤？五块了。

内部屈折是通过改变词中语素的部分语音来表示语法意义的一种方式，又称语音交替或音位交替，如：foot-feet、tooth-teeth、goose-geese、get-got、write-wrote。异根是用不同的词根来表示不同的语法意义，如：good-better、bad-worse。

对于汉语而言，汉语最重要的语法形式是分布、组合、变换，分别决定的是词类、词组、句式。这三者都是语法结构体，是语法形式与语法意义的统一体。汉语中显性语法形式不多，主要有虚词和词序；隐性语法形式较丰富，分布、组合、变换都属于隐性语法形式。

（二）显性语法形式

1. 词类选择

词类选择是指通过选择句法结构中可以组合的词类或短语的类来表示一定语法意义的形式。词类选择一方面是看哪一类的词能进入某个位置：如："从、把、和、的、呢、因为"等虚词不能进入任何基本结构位置，"水、苹果、思想"等名词能进入主谓结构的主语位置，很少进入谓语位置；另一方面是词类的组合是否能够成立，"客人来"能说，因为名词后面能加上动词构成主谓关系；"洗衣服""洗干净"能说，是因为动词加名词能构成动宾关系，动词加形容词能构成中补关系。

不同语言的词类选择形式有相同的地方，这是语言的共性。也有不同的情况，汉语副词只能出现在状语的位置上，英语副词一般出现在动词后面；英语只能是名词或部分有特定形式的动词和动名词形式才能做主语和宾语，汉语中某些动词或形容词可以直接做主语和宾语。词类选择是着眼于功能的，实质是功能选择。

2. 词　序

词序是指通过句法结构中词语的位置顺序来表示一定语法意义的形式。词类选择指的是词的类别，语序指的是词的顺序。各种语言都要利用语序的形式，但语序的作用有所不同。在汉语、英语、法语、德语、日语等语言中，语序的作用都非常重要，这些语言的语序都比较固定，一般不能随便改变，否则便不成话，或者改变了语法结构或语法意义。例如："好多""多好""来客人了""客人来了"。但在俄语、拉丁语等语言中，语序则相对比较灵活，因为这些语言有十分丰富的格变化，主语、宾语、修饰语等都有特定的格标记，改变语序一般不会影响语法结构。但即使是这些语言，语序有时也是决定语法结构和语法意义的标志。如俄语的第一格（主语）和第四格（直接宾语）有时同形，全靠语序来区别：在动词前的名词是主语，后面的为宾语。俄语数词一般放在名词前，若放在名词后面，就表示约数。

3. 虚　词

虚词是指专门或主要表示语法意义的词，语言中凡是没有词汇意义只有语法意义的词都是虚词。虚词能提供若干组合位置，凡能够进入这些位置的若干实词必定会发生某种关系而造成特定的句法结构。如英语中"N+of+N"是表示领属的修饰关系；汉语"用+N+V"（用刀切、用钱买）是介绍动作工具的偏正结构。

虚词包括前置词（介词）、后置词、连词、助词、冠词、语气词等。主要有四种作用：一是标明词语的结构关系，如连词是并列结构的标志，前置词往往是偏正结构的标志。二是表示某种语法范畴。如："着、了、过"是体标记，德语冠词可表示名词的性、数、格范畴。三是标明某种功能类型，如："的"附着在其他词语后构成名词性短语，英语、德语、法语的冠词也有标明名词的作用。四是表示某种语气，各种语言的语气词都是表示语气的。

（三）隐性语法形式

词形变化即形态。形态是同一个词与其他词组合时的不同的语法变化形式。如主谓一致关系就是一定的词形变化造成的词与词之间性、数、格上的统一从而来确定它们的结构关系，英语的 he 和 study 如果在数和态上保持一致，就形成了主谓结构（he studies，he studied）。再如，俄语有格的变化，处于支配关系中的名词须用宾格，反过来说，用宾格的名词与动词构成动宾结构，而不管词序的前后。这些由句法结构引起的某种词形变化自然聚合成类，表示某种相同的语法意义。因而具体组合时需用哪种变化的形式，必须到形态的聚合里去找。隐性语法形式主要有四种情况，即附加词尾、内部屈折、异根式和零形式。

（1）附加词尾。

附加词尾是最常见的词形变化。例如英语名词加上 s 表复数，动词加上 ing 表示进行体，形容词加上 er/est 表示比较级或最高级等。词尾不同于词缀。词根是词的核心部分，词的意义主要是由它体现出来的。词根可以单独构词，也可以彼此组合成词。词根和词缀的作用是构成新词，可以叫构词语素。词尾只能加在词的末尾，只能改变一个词的形式，而不能构成新词，所以叫变词语素。如 worker 加上 s 成为 workers，walk 加上 s/ed/ing 之后成为 walks/walked/walking，这些都只是同一个词的不同形式。

（2）内部屈折。

内部屈折是通过改变词中语素的部分语音来表示语法意义的一种方式，又称语音交替或音位交替，如英语的所谓不规则动词，大多数是用语音交替来表示形态变化的，改变辅音的如：build—built、send—sent，改变元音的如：get—got、write—wrote。少数名词的复数也采用语音交替方式，如：foot—feet、tooth—teeth、goose—geese、man—men、mouse—mise 等。现代标准汉语没有这种语法手段，但在个别方言如客家话的人称代词在做主语、宾语或定语时，韵母和声调有某种差异，也可以算作一种屈折变化。

（3）异根。

异根指用不同的词根来表示不同的语法意义，如英语 good-better、bad- worse、I-me、be-am-is-are-was-were 等。异根不同于附加词尾，也不同于语音交替。异根并不增加另一词尾，也未保留原形中的成分，而是用另一个完全不同的词根来表示不同的语法意义。异根实际上是用不同的词汇形式表示不同的语法意义，但它跟语音交替等语法形式一样，都是用不同的语音形式表示不同的语法形态。异根式远没有前两种形态普遍，只涉及个别的现象。

（4）零形式。

零形式是相对于词形变化的词的原形形式。需要指出的是，所有的这些词形变化都是词的组合关系所要求的。

（四）组合关系的特征

1. 组合的层次性

从表面上看，语法组合是一个挨着一个的一串词，是线性的，其实它的内部组织是具有层次性的，线性和层次性并不矛盾，是两个不同的分析层面。

每一层次中直接组合起来构成一个更大的语法单位的两个组成成分叫作直接组成成分，如“看/电影”这个组合中“看”和“电影”就是两个直接组成成分，而在“看/一部//电影”中，“看”和“一部电影”是第一层次上的两个直接组成成分，而“一部”和“电影”则是第二层次上的组成成分。层次切分三原则：结构原则、功能原则、意义原则。

层次分析是分析语言结构中必不可少的。层次分析有助于发现新的语法现象，揭示新的语法规律，如从运用层次分析法以来，人们逐渐认识到，现代汉语里的动词单独做谓语是要受到很大限制的，约 50%的动词不能单独做谓语。运用层次分析法有助于把语法研究引向深入，因常常要思考应该在哪儿切分，为什么要这样切分等。层次分析对于揭示和辨析歧义也有重要的作用，如结构层次和关系均不相同的“找到了他的老师”。但层次分析法对于分化语义关系不同造成的多义如对“汽车医院”“连校长都不认识”“一大衣裹得严严的”等短语或句子分析有限，这就需要引进新的分析方法。

2. 组合的递归性

同样的语法结构可以层层嵌套，同一条结构规则可以重复使用而不致造成结构上的混乱，借数学的术语来说，这就是语法结构规则的递归性。换句话说，递归性是重复使用同一条规则以便生成无限的新语句和无限长（理论上的可能）的句子的功能。在句法组合中，递归性有两种表现，一种是从初始结构开始，自始至终重复运用同一条语法规则，如“这本书/我//喜欢”；另外一种表现是，同一条语法规则可以在一个结构上间隔地重复使用。

语法规则的递归性和语法结构的层次性密切相关，二者共同构成了直接成分分析法的理论基础。语法结构的层次性在相当大的程度上是由递归性造成的，反过来讲，语法结构的层次性也为语法规则的反复使用提供了可能。

第五节　语法分析方法

一、变换分析法

（一）变换分析法的由来与发展

变换分析法指运用一定的规则把一种句式变为另一种句式的方法，是 20 世纪 50 年代以来美国转换生成语言学派采用的分析方法（当时叫“转换”）。变换分析法认为，语言学家不应只满足于对语法结构的描写，而重要的是对其进行解释。因为语言里客观存在着：“The shooting of the hunfers（猎人射击或射击猎人）”的两种意义一种结构和“The man opened the door”“The door was opened by the man”这样的一种意义两种结构，为了解释这种现象，变换分析法指出了“表层结构”和“深层结构”的不同。每一个语法结构都具有表层结构和深层结构，把这二者联系起来的是一套转换规则：

① 移位：xy→yx；

② 删除：xy→x；

③ 添加：x→xy；

④ 替换：x→y；

⑤ 复写：x→xx；

⑥ 改变语调：x→y。

一般情况下，表层结构和深层结构是互相对应，如：

① 一个深层结构→几个表层结构，形成同义结构：

小李打伤了小王：小王被小李打伤了。

小李把小王打伤了。

小李打伤的是小王。

② 几个深层结构→一个表层结构，形成歧义结构：

鸡不吃了：鸡不吃食了。

不吃鸡了。

汉语里疑问句、祈使句和感叹句都可以说是由陈述句转化来的，实际上就是用变换的途径来揭示句类间的联系。如：

① 车开了。→车开了？（换疑问语调—替代）

You are a student.→Are you a student?（移位、替代）

② 他哪儿也不去。→他哪儿也不去吗？（是非问句—加语气词、换语调）

→他哪儿也不去呢？（特指问—加语气词、换语调）

以上是不同句类间的变换。相同句类内部也可以变换：

③ 你想什么？（特指问）→你想什么了吗？（是非问句—加语气词）

④ 他数落了我一顿。（主动句）→我让他数落了一顿。（被动句—移位、添加）

⑤ S1：The man opened the door.→S2：The door was opened by the man.

（移位、添加、替代-被动态替代主动态）

变换和句法同义

几种句式有相同的意义表达，称为同义句式，或句法同义。如：

（1）John opened the door with the key/John used the key to open the door/The door was opened by John with the key/ It was John that opened the door with the key. 施事John——动作（open）——受事（door）——工具（key）。可见同义关系不是句子具体的关系，而是格式间的关系。

（2）老张用这个箱子装书/老张装书用这个箱子/这个箱子老张装书/这个箱子老张用来装书/装书老张用这个箱子。施事（老张）——介/动 1（用）——工具（这些箱子）——动 2（装）——受事（书）。同义句式的变换，主要表现为各语义成分围绕动作成分这个核心进行，当然也会有其他情况。下面再举几个汉语中的例子：

（1）受事成分的变换位置。

A. 我们粉碎了敌人的进攻。

B. 敌人的进攻我们粉碎了。（移位）

C. 敌人的进攻被我们粉碎了。（移位、添加）

D. 我们把敌人的进攻粉碎了。（移位、添加）

（2）处所成分的变换位置。

A. 他在墙上挂了一幅画。

B. 在墙上他挂了一幅画。（移位）

C. 他把一幅画挂在墙上。（移位、添加）

D. 他挂一幅画在墙上。（移位）

（3）存现句中施事成分的位置。

A. 门口停着一辆汽车。

B. 一辆汽车停在门口。（移位、删除、添加，不能说替代，“在”是介词）

C. 门口一辆汽车停着。（移位）

D. 一辆汽车在门口停着。（移位、添加）

（4）领属成分的变换位置（围绕中心成分名词进行）。

A. 那个孩子书包丢了。

B. 那个孩子的书包丢了。（添加）

C. 那个孩子丢了书包。（移位）

D. 那个孩子把书包丢了。（移位、添加）

变换分析的作用在于可以把语法研究引向深入，如一般语法书上把“把”字句看成是“主-动-宾”句式的变式，朱德熙先生认为这一结论不成立。理由之一是大量的“把”字句不能还原为“主-动-宾”句式，如：

① 把换洗衣服包了个包袱。

② 把壁炉生上火。

③ 把所有的东西都搬到新房子里去。

理由之二是绝大多数“把”字句去掉“把”字后剩余的部分仍旧成立：

① 把衣服都洗干净了。/衣服都洗干净了。

② 把嗓子喊哑了。/嗓子喊哑了。

③ 把烟也戒了，把酒也戒了。/烟也戒了，酒也戒了。

④ 把这笔钱还给学校。/这笔钱还给学校。

而这剩余的部分正是受事主语句（“把犯人跑了”例外），这一结论正是通过变换得来的。有这两条理由，可以说跟“把”字句关系最密切的不是“主-动-宾”句式，而是受事主语句。表祈使的“把”字句式“把+NP+V+了”与受事主语祈使句式“NP+V+了”有变换关系，这也可以是一佐证：

① 把鞋脱了！/鞋脱了！

② 把那房子拆了！/那房子拆了！

③ 把这些旧书卖了！/这些旧书卖了！

但当“把”后的 NP 是人称代词时，都不能变换为受事主语祈使句：

① 把他叫回来！≠*他叫回来！

② 把它扔了！≠*它扔了！

显然，通过变换分析，不仅了解到这种“把”字祈使句可以根据 NP 的不同情况分为两小类，而且进一步认识到汉语里面人称代词不能占据受事主语祈使句的主语位置。

同时表示两种或几种不同的深层意义的一种句式叫多义句式，形成多义句式（短语）的原因有三种：结构层次不同，结构关系不同，语义关系不同。分化的方法有多种，如停顿和重音可以区分诸如“我说不好”“想一下就懂”这样的多义短语。常见的分化方法是层次分析法和变换分析法。结构层次不同于结构关系不同的多义短语可用层次分析法来分化，如“咱们三个人一组”“煮鸡蛋”。语义关系不同的多义短语则需要用变换分析来解决，如：

连我也不认识。/连蔷薇也不认识

→连我也不认识这个人（“我”是施事）/→*连蔷薇也不认识这个人

→连这个人也不认识我（“我”是受事）/→这个人连蔷薇也不认识（“蔷薇”是受事）

变换分析能够解释产生歧义的原因，又如“屋里摆着酒席”可分化为“屋里正在摆着酒席”和“屋里摆了酒席”，分别表示动作进行和状态持续。反过来，变换还可以分化某些结构相同而语义关系不同的同构异义现象，如“他卖了一头猪”和“他死了一头猪”结构相同，但前者通过移位可变成“他把一头猪卖了”“一头猪他卖了”，后一句则不能做此位移变换。前一句“他”是“卖”的施事，后一句“他”只是“猪”

的领有者。又如“在黑板上写字”与“在飞机上看书”，前者表示人或事物存在的位置，后者表示动作发生的场所。

（二）变换分析法的类型

1. 移　位

移位是改变词语的先后位置。有时移位会改变语句的结构方式，如“小王骑走了自行车”→“自行车小王骑走了”由主谓句变换为主谓谓语句，这种移位可称为句法性移位。有时移位不改变语句的结构方式，如变换式“怎么了，你”“他到家了吧，大概”可称为语用性移位。

2. 添　加

添加是在句式变换时添加某些词语，一般是添加虚词或助动词、副词等，又叫插入。如“小王骑走了自行车”“小王把自行车骑走了”，其中“自行车”是移位，介词“把”是添加。英语一般陈述句变为是非问句，一般要加助动词“do”，如“You know him”“Do you know him”，由肯定句变为否定句，一般要用“do”和否定副词“not”，如“I know him”“I do not know him”。

3. 删　除

删除是去掉句子的某些成分，又叫省略。在连续的话语或对话时，各种句子成分都可省略。一般可分为承前省略（又称顺向删除）和蒙后省略（又称逆向删除）两种，如：“小王站起来，（小王）对大家鞠了一个躬。”“你去买菜还是我去（买菜）？”

解释兼语和连谓短语的形成：

（1）我叫他。他来。→（xy→x）删除法：我叫他来。

（2）我吃了饭。我就走。→删除法：我吃了饭就走。

省略跟隐含不同，隐含是句法结构中的某一位置上或存在着的不能实现为句法成分的语义成分，表现为句法空位；或补出的句法成分不止一种可能，如“她含泪[ ]答应了”，是定指性隐含；“他同意[ ]走”“他要求[ ]放他走”，可能是定指性隐含，也可能是不定指性隐含；“有种爱情，是脆弱易碎的薄胎青花瓷，一生都要小心翼翼地去呵护，[ ]稍不留神，就是一地惨烈的碎片”，是不定指性隐含。

4. 替　代

替代是功能相同的词的替换，一般是用代词替换某些词语。如“我请了老张，可老张不肯来”“我请了老张，可他不肯来”，这种替代是可选性的。又如英语由陈述句变为反意问句时，后面的简短问句的主语必须用代词替代前面的主语，如“Your bike is outside，isn’t it”，这种替代是强制性的。

5. 复　写

复写是在句法变换时重复某些词语。如英语反问句后面的简短问句，必须重复前面问句的动词或助动词，如“You have no classes，do you”，汉语正反问句也用复写方式（还有添加方式）构成，如“他去北京”“他去不去北京”。

从一种句式变为另一种句式，往往要同时运用几种变换方式。如英语的反问句就同时用了添加、删除、复写、移位等方式。

二、句子成分分析法

（一）句子成分分析法的由来与发展

句子成分分析法也叫作中心词分析法。句子成分分析法的总的特点是认定语法分析就是析一个句子（单句）的句子成分。分析的过程是：（1）先看清全句的主要成分，哪个是主语，哪个是谓语；（2）再看充当谓语的动词是不是及物动词，以决定后面是否有连带成分宾语；（3）最后指出附加在主语、宾语之前、谓语之后的所有附加成分。

（二）句子成分分析法的局限

句子成分分析法在汉语语法研究和语法教学中起过积极的作用，但句子成分分析法的局限性也逐步展现出来。

首先，这种分析法只适用于句法，即不能用它来分析合成词的内部构造。其次，这种分析法虽然能适用于句法，但也只适用于对单句的分析，不适用于对复句的分析。再次，更值得注意的是，这种分析方法即使用来分析单句也有很大的局限性。例如不能分析“这张照片放大了一点儿”的歧义。句子的内部构造都有层次性。句子成分分析法的致命弱点是严重忽视句法构造的层次性——决定了它在今后的汉语语法研究中不能再给我们提供新的积极的东西。它较多用在普及性的语法教学中。

三、层次分析法

（一）层次分析法

句子的内部是有层次的，因此在汉语语法研究中，放弃句子成分分析法，引进层次分析法，是汉语语法研究的客观需要。层次分析，美国描写语言学称为“直接成分分析法”（Immediate Constituents Analysis，简称 IC Analysis）。最早是由布龙菲尔德在《语言论》（*Language*）一书中提出来的。按照层次分析法的观点，句子不是一个简单的词的线性组合，它是由若干个直接成分的层级构成的，而每一个较低层级的成分都是较高层级的组成部分。显然，层次分析的客观基础就是语法构造的层次性。

（二）层次分析法的类型

美国描写语言学运用层次分析法，只讲切分，不讲定性，即只要求明每一层面上的直接成分，不要求指明直接成分之间的语法关系。汉语中的描写语法学则不同，不但讲切分，还讲定性。运用层次分析法来分析“我看书”时，不仅要对这个句子进行切分，还需要对切分所得的直接成分之间的关系进行定性，即：

我　　看　　书。

|1|　|　　2　　|　1—2　主谓

　　|3|　|4|　3—4　述宾（即动宾）

由于汉语缺乏形态，单是分析成分是一对多，因此汉语仅凭词类和层次不能控制关系，远远不足以说明某一语言片段的特征，因此汉语中运用层次分析法既要讲切分，又要讲定性。

（三）层次分析法的局限

层次分析法也有它的局限性。它只能揭示句子内部的构造层次和显性的语法关系，不能揭示句法结构内部的隐性语法关系。例如：

山上架着炮。

门外修着马路。

“山上架着炮”是一个有歧义的句子，它即可以表示“山上有炮”的意思，也可以表示“山上正在架炮”的意思。这就要求我们去进一步探求新的分析手段。“门外修着马路”也有两层意思，即可表示“门外修有马路”，也可以表示“门外的马路正在修着”。

思考与练习

一、选择题

1. 语法的聚合规则是（　　）。

　A. 潜在的　　B. 现实的

　C. 存在于话语中　　D. 存在于书面语言中

2. 词是独立运用的最小单位，所谓“最小”，指的是（　　）。

　A. 能扩展　　B. 不能扩展

　C. 不可以插入别的成分　　D. 可以作为一个单位出现

3. “骆驼”“驼绒”“贝尔格莱德”语素的数量分别是（　　）。

　A. 1 1 1　　B. 2　2　5

　C. 2 1 1　　D. 1　2　1

4. 下列选项都是词的一组是（　　）。

A. 美丽 江湖 葡萄 黑车　　B. 校园 特点 小猫 坎坷

C. 黄牛 红人 白菜 黑纸　　D. 红脸 白布 新房 新娘

5. 下面哪个选项不是语法的特点（　　）。

A. 稳固性　　B. 抽象性

C. 能产性　　D. 民族性

6. 俄语、汉语、日语三种语言所属的语法结构类型按次序是（　　）。

A. 黏着语—屈折语—孤立语　　B. 屈折语—黏着语—孤立语

C. 孤立语—屈折语—黏着语　　D. 屈折语—孤立语—黏着语

7. 英语“He writes a letter”中动词 writes 中的 s 表示的语法意义是（　　）。

A. 性　　B. 数　　C. 人称　　D. 格

8. 以下概念属于组合关系的是（　　）。

A. 主谓　　B. 形容词

C. 宾语　　D. 单纯词

9. 下列内部结构关系相同的一组是（　　）。

A. 老王　自信　　B. 跟随　迎接

C. 调动　借口　　D. 富于　重视

10. 下列各组词的词形变化的形式属于词根内部元音、辅音发生变化的有（　　）。

A. I—me　　B. foot—feet

C. work—works　　D. child—children

11. 下面加下划线的词哪个是形容词（　　）。

A. 常有怪事　　B. 白来一趟

C. 碗里净是沙子　　D. 老也看不见你

二、填空题

1. 语法学是研究、描写语法规律的科学，是对客观存在的语法系统的认识和说明。语法学分为（　　）和（　　）两部分。

2.（　　）是大家说话的时候必须遵守的习惯，不是语言学家规定的。

3. 语法单位的层级是（　　）、词、短语、句子。

4. 语素是语言中最小的音义结合体，语素是（　　）的单位，而词是造句的单位。

5. 语素组合成词的规则叫（　　），它和词的变化规则合在一起叫（　　）

6. 一个词，除去它的词尾，就是它的（　　）。

7. 语法单位一个接着一个组合起来的规则叫作语法的（　　）。

8. 汉语语素中，大部分是（　　）语素，词缀不多，没有词尾，这是汉语的特点。

9. 同样的结构可以层层嵌套，这就是结构规则有（　　）。

10. 语法的聚合是多种多样的，最普遍的是（　　）和（　　）。

11. 各种语言里都有（　　），就是说一个词既可以属于这一类词，也可以属于那一类词。

12. 几种句子格式表示相同或相近的结构意义，称为（　　），同一个句子表示几种不同的结构意义，称为（　　）。

13. 传统的结构分类法根据词法的区别把世界上的语言分为孤立语、屈折语、黏着语和（　　）。

14. “怎么把孩子病了”中宾语的语义类型是（　　）。

15. “短信联系”的组合方式是（　　）。

三、名词解释

1. 语法范畴
2. 语法形式
3. 语法意义
4. 语法手段
5. 语法的递归性
6. 词法
7. 语序

四、简答题

1. 简述语言符号系统中的组合关系和聚合关系。
2. 简述语法的生成性。
3. 举例说明语法结构的普遍特征。
4. 谈谈语法的聚合规则。

五、语法分析题

1. 试析“啤酒”之“啤”是否为语素。

2. 对比汉英两种语言中的体范畴。

3. 以“三个人住一间房屋”和“一间房屋住三个人”为例，说明汉语这类结构的特点。

4. 用变换分析法来分析“通知的人还没有来”。

5. “前面有一个图书馆”和“前面是一个图书馆”有什么区别？在国际汉语教学中，如何教给外国学生？

练习题参考答案

一、选择题

1～5. ACDAC　　6～10. DCABB　　11. A

二、填空题

1. 词法、句法
2. 语法规则

3. 语素

4. 构词

5. 构词法、词法

6. 词干

7. 组合规则

8. 词根

9. 递归性

10. 词类、词形变化

11. 跨类的词

12. 句法同义、句法多义

13. 复综语

14. 施事宾语

15. 状中

三、名词解释

1. 语法范畴是对语法意义的抽象概括，也就是说，把特定的语言中具有共同特点的语法意义概括起来就形成一个个语法范畴。常见的语法范畴有性、书、格、人称、时、体、态等。

2. 语法形式是表现语法意义的形式。语法形式是语法意义在语言中的外部表现，是语法意义的外部标志，特定的语法形式必须体现一定的语法意义，反过来讲，特定的语法意义必须通过一定的语法形式才能体现出来。在研究语法结构时，需要把语法形式和语法意义结合起来。

3. 语法意义是指由特定的语法形式所表达出来的意义。比如 books 中-s 这个语法形式表达的是“复数”这个语法意义，John’s 中的-s 这个语法形式表达的是“领属”的语法意义。特定的语法意义必须通过一定的语法形式才能体现出来，反过来讲，特定的语法形式必须体现一定的语法意义。在研究语法结构时，需要把语法形式和语法意义结合起来。

4. 语法手段是指语法形式的表现手段。自然语言中使用的语法手段是多种多样的，主要有形态变化、语序和虚词，语序仅仅是其中的表现形式之一。一种语言主要采用哪一种语法手段，不同的语言是不一样的。

5. 语法的递归性主要是针对组合关系而言的，因此所谓的语法的递归性是指有限符号和有限规则的无限运用。语法的递归性保证了语言在有限的材料和规则的基础上能够生成无限多的句子或话语以满足人类无限多的表达需要。任何语言的语法规则都有递归性，因而语言才富有组合上的弹性，能随表达的需要而屈伸自如。语言如果没有这一特点，就无法成为人类最重要的交际工具。

6. 广义的词法包括构词法和构形法两个部分。前者研究词汇意义上的词之内部结构及构成新词的方法。后者研究具有形态性语法意义的词的内部结构或构成问题。狭义的词法仅指构形法。

7. 语序是词语排列的前后顺序。语序不同，语法意义往往不一样，例如“意义重大/重大意义”、“风光好/好风光”这两组短语的意义虽然是由一样的字组成的，但是意义是不一样的，这是由于组合时语序不同。

四、简答题

1. 语言符号系统中的组合关系和聚合关系：

（1）组合关系：符号和符号组合行程高一级的结构，结构中各个成分间的关系。聚合关系：如果一些语言符号或更大的单位在组合结构的某一环节上能够互相替换并且替换后结构关系不会改变，那么这些符号在结构中具有相同的作用，自然聚集成群，它们的关系叫聚合关系。

（2）组合关系和聚合关系是语言系统中的两种根本关系。不但语言符号（词、语素）处在这两种关系中，而且构造符号的音位和意义也都处在这两种关系中。

2. 语法具有抽象性和生成性两种最基本的特征。语法是语言的构造规则，表现为一系列的规则，我们可以根据有限的语法规则创造出无数合法的句子，就体现了语法的无限生成性。语法规则的生成性集中表现在组合关系和聚合关系两方面以及递归性上。

语法单位相互连接起来构成更大的语言片段的规则叫语法的组合规则。语素组合成词，词构成词组、短语和句子，句子构成段落、篇章等，体现了语法的生成性。几个词，一组词，他们性质相同，具有同样的组合功能，在语言结构的同一个位置上可以互相替换，替换后生词不同的句子，这些词之间的这种替换关系，就是聚合关系。比如根据“我吃饭”中的“我”，联想到“他”，可以造出“他吃饭”，根据其中的“吃”用“做”、“煮”、“烧”等替换，可以造出“我吃面”。由此可以造出无限有意义的句子。递归性是说，各种语法结构的关系是有限的，但是在语言单位的二组合过程中，可以反复无限地使用这些有限的规则，从而使句法结构复杂化。例如：我买书。/我买一本书。/我买一本有趣的书。/我买一本×××写的有趣的书。

3. 语言结构的各个组成部分，如语音、词义、语法都有共同的特点，这叫作普遍特征，比如：

（1）一切语言都至少有名词性词语和动词性词语构成的句子（鸟儿飞）。

（2）一切语言所有形容词性词语修饰都能名词性词语（小鸟儿），副词性词语都能修饰形容词性词语（很快）。

（3）一切语言都有办法把动词性词语全部或一部分转成名词性词语[调查（农村）—农村（调查），飞—飞的，写—写的、所写的]；把动词性词语转成形容词性词语（飞—飞鸟，烧—烧杯）。

（4）一切语言都有办法把几个名词性词语连在一起（鸟儿和虫子），把几个动词性词语连在一起[试试，适应和改造（环境）]。

（5）一切语言都有否定句（鸟儿飞不了）和疑问句（鸟儿还能飞吗），都能够把某些句子变成祈使句（快飞吧）。

（6）一切语言都有办法把几个名词性词语和动词性词语都至少有两种发生关系的方式[鸟儿飞（自动），鸟儿吃虫子（他动）]。

4. 语法聚合规则是指语法单位的归类和变化的规则。聚合规则是潜存在人们的头脑中的，在一个具体的语言环境中，人们可以根据需要，借助已有的经验，运用聚合规则的替换方法，将新的词语组装在旧有装置上，构成新的句子，满足交际需要。比如“买什么东西”这个格式，在杂货店可以说“买酱油”，在服装店可以说“买衣服”，在水果店可以说“买水果”，在电器城可以说“买电器”等。这种替换理论上可以说是无限的。

五、语法分析题

1. 语素是语言中音义结合的最小单位，也是最小的语法单位，现代标准汉语中是一个音节对应一个语素。“啤酒”这个词来源于原始日耳曼语 beuwoz，后来发展成英语的 beer，又被英译为中文的“啤酒”，属于外来词虽然现在有人喜欢简称 xx 啤酒为“x 啤”，这里的“啤”单独可以指代“啤酒”，但是“啤”后面的酒不能用其他语素替代，因此，“啤酒”只能是一个语素，“啤”不能为语素。

2. 词形变化所表现的语法意义的聚合就叫作语法范畴。体表示动作行为进行的各种阶段和状态，是动词特有的语法范畴。不同语言的体的范畴的表现各不一样。英语动词有普通体、进行体和完成体。动作的简单形式表示普通体（如“I write”我写），“be+动词的现在分词”表示进行体（如“I am writing”），“have+动词的过去分词”，表示完成体（如“I have written”）。英语的完成体表达的是现在的状态，同时是过去发生的行为的结果。

汉语动词加“着、了、过”的现象，有人认为也是体的表现，“了”表示完成体，“过”表示经历体，“着”表示进行体。但这些虚词在句中的运用不完全是语法强制的，和词行变化体现的体范畴不完全一样。

3.“三个人住一间房屋”和“一间房屋住三个人”的语义关系不同，前者是施—动—受，后者是受—动—施，但从构式语法理论的角度来看，它们实际上是同一种构式。具有以下特点：（1）内部的语义关系相同，容纳句—容纳方式—被容纳量（2）表示的语法意义相同：X 量容纳 Y 量（3）词类序列相同：数量名短语 1—动词—数量名短语 2。

4.“通知的人还没有来”这句话，句中的主语“通知的人”是个偏正结构，它既可以表示“去通知的人”，也可以表示“被通知的人”，“人”和“通知”可以有两种不同的动—名语义关系。表示这两种语义关系所用的词相同，词的次序相同，层次相同，而且都是偏正结构，这是两种动——名语义关系合用一个语法结构。用变换分析可以转变为：

（1）通知的人还没有来。

（2）他通知的人还没有来。

（3）通知他的人还没有来。

变式（2）揭示“人”是“通知”的受事，（3）揭示“人”是“通知”的施事，这说明偏正结构“通知的人”可以兼表两种动—名语义关系，所以有歧义。

5.“前面有一个图书馆”这句话表明“前面”的范围很大，而且“前面”的事物不唯一，可以有一个图书馆，可以有足球场，可以有一个超市。“前面是一个图书馆”这句话表明前面的范围不大，前面的事物是唯一的，前面就是图书馆，而不是教学楼，也不是足球场。

做法：可以现讲明两者的区别，然后通过多举例句的方式让同学们理解。

第四章 语义分析

语义与语音、语法被认为是语言的三要素。语义是语言的核心价值所在。什么是语言的意义？语言中的意义在哪里？这些问题是语言学中争论最多的部分。本章主要从语义的构成为切入点，逐步认识语义、语义单位，以及语义与语法的关系，了解语义学。难点在于区分语义与词义，词义的演变，以及掌握语义分析方法。

第一节 语　义

简单地说，语义就是指语言的意义。语言的意义包含两层含义，一是指有实在意义的语言符号的意义，一是指没有实在意义的语言符号的语法意义。

一、语义的构成

如果说，人们对语言的认识是从语音开始的，那么人们能使用的表达素材就是从语义开始的。在中国，语义研究是传统“小学”的重要内容之一，语义研究的是语言意义的变化，目的是使古语词、方言词合乎规范。《西京杂记》中说孔子门徒子游、子夏等人做《尔雅》，用于解析六艺。因此，从历时角度看，中国传统的语义学即训诂学，唐代孔颖达认为“训”即“道也”，“诂”通“古”，“训诂”指“道物之形以告人也”，实质是为了探究“名”与“实”、“形”与“义”之间的关系。《尔雅》是我国最早用于训解经书的著作，被称为辞书之祖，章太炎誉其为“厘正故训，纲维群籍之书”。在西方，从柏拉图开始，语义指用于解释的具体的词义，学者们热衷于词义的演变研究。

首先，语义指词语的字面意义。例如：“智商”（Intelligence Quotient）指智力商数，即智商=（智力年龄/日历年龄）*100；“情商”（Emotional Quotient）指情绪商数；“逆商”（Adversity Quotient）指处理逆境的能力；“财商”（Financial Quotient）指财商指个人、集体认识、创造和管理财富的能力。“商”原本指计算，后引申指一种计算方式的结果，再引申指某种能力。其次，语义指词语组合形成的字面意义，例如：“牛角尖”指牛角锐利的末端，“钻牛角尖”比喻不值得为之费心或无现实意义的问题。语义反映人类的思维过程和客观实际，所以语义被认为是变化多端、难以描述的东西。认知科学认为，语义以层级网络的形式存储在人类的心理词典中，以这种语义网络表示人类知识。不同母语背景的人心理词典所存储的语义网络是不一样的。例如，英语中的“logos”很难在汉语中找到对应的词翻译，同样汉语“关系”一词也无法在英语中找到对应的词。

语义是否等同于“意义”？在英语中，“意义”（meaning）是由动词“mean”派生出来的，而“mean”涉及的范围不仅是词句的含义，还可以是说话者的主观意图、价值、自然界事物的客观联系等。而汉语中“意义”也与“意思”常常混合一起。例如：

（1）A：“你这是什么意思？”

B：“没什么意思，就是觉得你不够意思。”

A：“你这人真有意思，怎么就没有觉得不好意思？”

（2）这点小事，那是“毛毛雨”啦！

第一例中“意思”多指意图或价值，也可指义气，如“不够意思”；“不好意思”是一个短语词，指难为情。第二句“毛毛雨”指小问题，“毛毛雨”一词与客观现象或事物的联系，又被称为“指称意义”（referential meaning）。“毛毛雨”指蒙蒙细雨时，反映的是名词性成分或体词性成分在客观世界所代表的现实内容。弗雷格指出，指称是意义，但是意义不仅是指称。指称实质是词语与事物之间的一种关系，即指称关系，需要由指称语（name）、所指对象（refrent）构成。如果把指称等同于意义，并且认为除指称外，没有别的意义了。这种观点俗称为“指称论”（referential theory）。然而，并非所有词语都具有指称意义，比如虚词，此外还有同一个概念可以有不同名称，例如“金星”与“启明星”，“牛人”与“大咖”。因此，弗雷格等人认为“意义”包括指称（指称）和认知（认知意义）。例如：“‘毛毛雨’是什么意思？这一句中“毛毛雨”就是一种认知意义。指称意义是在语言运用中产生的。语言运用中的体词成分具有不同的指称意义，包括有指（referential）和无指（non- referential）、实指（identifiable）和虚指（non- identifiable）、定指（definite）和不定指（indefinite）、专指（specific）和泛指（non- specific）。有指表示体词性成分所联系的事物在客观现实中有明确的实体，如没有明确实体则是无指。如果体词性成分所联系的事物在语境中有具体所指对象则是实指，没有具体所指对象则是虚指。如果体词性成分所联系的事物在语境中属于已知信息，那么这个体词性成分属于定指。如果属于未知信息就是不定指。如果体词性成分所联系的事物在语境中指涉特别的所指对象，那么这个体词性成分属于专指。如果不指涉特别的所指对象，则是泛指。

语义等同于“含义”吗？从语言哲学角度，含义指词语或句子所包含的意义。请比较下列句子，注意句中名词的指称意义。例如：雪白、白纸、白玫瑰。形容词“白”对应“雪”“纸”“玫瑰”等具体的事物，同时说明了这些事物具有“白”的特征，我们把“雪”“纸”“玫瑰”称为“外延”，“白”称为“内涵”，“外延”和“内涵”是由穆勒提出来的。外延是含义对应的一切对象，内涵是含义所反映出指称对象的本质属性的总和。

二、语义单位

1. 义　素

义素是最小的语义单位，也叫区别性语义特征，是义位的组成部分，例如："母亲"含有"女性""血亲""长辈"等义素。对一个词中同一义项内部语义要素的分解的方法叫作义素分析。义素分析法致力于寻找并描写某个语义场中某个词语或一组词语的核心义素以及附加义素。

2. 义　位

义位又称义项，是一种语言系统中能够独立运用的最小的语义单位，是由词汇形式表示的独立的、概括的、固定的语义单位。在辞书中，一个词目有多少个不同意义就有多少个义项。

3. 义　丛

"丛"指聚集，义丛是一种义位聚集的语义单位，用于承载短语的语义。根据短语语义结构是否固定，义丛又可分为固定义丛和自由义丛。例如："make joint efforts""be committed to""the Internet""齐心协力""大上海"等，具有固定的意思，且只有一个意思，就是一个义丛。又如："头脑风暴"既指精神病患者的精神错乱状态，又用于指一种激发智力产生新观念或创新设想的方法；"出租汽车"也有两个义丛，一是用于出租的汽车，一是指出租汽车这件事情。

4. 表　述

表述是用于反映句子意义组合的一种语义单位，一个句义就是一种表述。例如："他的饭很难吃"，可以表示"他煮的饭很难吃""请他吃饭很难""让他请吃饭很难""替他办事情很难"等，那么这句话就有四种表述。

5. 义　域

义域是指词的一个义位的意义范围和使用范围。

三、语义学

语义学（Semantics）研究词语以及词语组合形成的字面意义的一门学科。"Semantics"一词借用自法语"Sémantique"，由词根 Sēme（符号）派生而成。从研究对象和研究范畴来看，语义学分为语言学的语义学（Linguistic Semantics），逻辑学的语义学（Logical Semantics），哲学的语义学（Philosophical Semantics），普通语义学（General Semantics）。1897 年，法国语言学家布雷阿尔《语义学初探》出版，标志着现代语义学正式诞生。莫里斯在《符号理论的基础》中把符号学分为句法学、语义学、语用学。他认为句法学只研究符号之间的关系，不考虑符号的意义及其与行为的关系，语义学研究符号在各种指代关系中的意义，语用学研究符号在其出现的行为中的来源、使用和作用。语义学作为一门新兴的学科，是语言学的一个分支，有着自己独立的理论和研究方法，着重从社会和历史的角度去探讨语词意义、语词意义变化的原因和规律、词与词之间的语义关系、语义与句法结构的关系等。

在中国，语义学与传统“小学”中的训诂学密切相关。在欧洲，语义学的发展与修辞学、语文学有关系。随着历史比较语言学的兴起，早期语义学主要研究语义变化的类型、方式和原因，即注重于从历时层面考证个别词意义的演变或孤立的追溯单个词的演变过程。20 世纪初，语义学吸收了哲学、心理学、社会学等学科的研究成果，使语义研究取得了辉煌的成绩。20 世纪 30、40 年代，受到结构主义语言学的影响，语义学开始从共时层面观察词语之间的语义关系。德国语言学家特雷尔通过有关表知识语义类词语的意义变化研究，提出了著名的语义场（Semantic Field）理论。20 世纪 80 年代，形式语义学（Formal Semantics）设想能用一种精确的方式将自然语言中模糊、歧义、不准确的语义描述出来，提出了“意义可以通过逻辑形式语言以真值条件的方式得到描述”“语言可以作为计算系统来描述”等假设。随着形式语义学发展，20 世纪 90 年代形成了认知语义学（Cognitive Semantics），与形式语义对语言命题的真值看法不同。认知语义学认为，语义是人类经验的概念化，语义的本质是隐喻性的。

四、语义与语法的关系

语义关系指词语在语句结构中体现出来的意义，属于语法意义。例如：

①“书”：“装订成册的著作”。——（词汇义）

②“晴”：“东边日出西边雨，道是无晴却有晴。”“晴”，表面上指天气，实则指感情。——（言语义）

③“买的书”中“买”和“书”有修饰限定和被修饰限定的关系意义。——（句法义）

④“买书”中的“书”和“买的书”中的“书”为“买”的受事。——（语义义）

（1）结构主义认为，语义和语法是相互影响的。

1965 年乔治·米勒（George A. Miller）在“语法的心理研究”一文中，通过抨击行为主义心理语言学，阐述了语义与语法的关系：

言语的意义不等于所指对象，语义体现了语言符号之间复杂的相互关系。语句的意义不是组成语句的词的意义的线性总和。句法层次结构、语法成分关系、句子之间的组合关系等等，都无法用词义和联想来说明。句法结构影响句中词与词之间的语义关系组合。句子的数目无限、可以表达的意义也无限。

例如："来客人了"和"客人来了。"这两个句子，作为行为动词"来"的发出者都是"客人"，用语法结构不容易说清楚。"客人"在动词"来"的后面，表示对出现了的新情况进行的描述，"客人"在动词"来"的前面，表示对按计划进展的事件的描述。

语义结构被认为是一种隐性语法关系。显性语法关系指通过层次分析法分析出的线性结构序列，是一种连续的直接结构成分。而隐性语法关系可以是连续性的，也可以是非连续性的。例如：

① 张三喝了一杯香香的咖啡。

② 张三香香地喝了一杯咖啡。

③ 一杯咖啡被张三香香地喝了。

"张三"与"喝"存在着直接的语义关系，即"施事-动作"，"香香的"与"咖啡"也存在着直接的修饰关系，而"香香地"与"张三""咖啡"也存在着间接的语义关系。学者们认为隐性语法关系主要体现在语义角色关系、语义指向关系、指称照应关系、语义隐含关系等四个角度上。

（2）逻辑语义学认为，句法结构和语义结构是一一对应的。

从逻辑学角度出发，美国逻辑学家蒙塔古认为自然语言和形式语言（人工语言）在本质上没有区别，都可以做精确的数学描述，而句法学、语义学和语用学应属于数学的分支。蒙塔古在语义学的观点是：把动词分为外延动词和内涵动词，外延动词的宾语必定是有外延的名词词组，例如"吃""喝"等；内涵动词其宾语可以是只有内涵而没有外延的名词词组，例如"找""爱"等。然后，通过翻译规则把自然语言中的句子译成内涵逻辑，然后根据内涵逻辑做语义解释，即通过函数关系来反映语言单位的语义之间的联系。

（3）词汇—语法认为，语义空间包含在句法空间里。词汇—语法是系统地描写特定语言的共时机制，对语言教学、词典编撰和语言工程进行实验性的归纳。从形式化的描写入手，目的在于描写自然语言的分布结构和转换条件。法国语言学家莫里斯·格罗斯提出"词汇—语法模式"，哈里斯以其分布及转换模式构建形式化句法学。词汇—语法认为构建语法必须从动词入手，并应该对动词逐一进行描写，确定动词使用时的具体规则。

第二节 词 义

词义（Sense）是客观事物或现象在人们头脑中的概括反映和主观评价，即人们对客观事物现象的认识。这种认识用语言形式表现出来，就是词义。实质上，词义反映了语言词汇系统中的词与词之间的语义关系。例如："狗""red"的词义并不是指具体的哪一条狗，或哪个事物属于红色，而是对定义进行的说明。词义是指词的意义，包括词汇意义和语法意义两部分，即词的内容。词义通常指词汇意义，即狭义的词义。

一、词义的构成

利奇（Geoffrey Leech）在《语义学》中提出“词义”可以分为七种类型，即概念意义、内涵意义、风格意义、感情意义、联想意义、搭配意义、主题意义。概念意义（Conceptual Meaning）是语言表达的最基本的意义，是客观事物或现象在人们头脑中的概括反映。例如：man——“男性”“成年男子”“男子”；花——“被子植物”“生殖器官”“由花冠、花萼、花托、花蕊”组成。因而概念意义又称为理性意义，或指称意义，是人们对所指对象的区别性特征的概括性认识。理性意义的作用是区别不同的事物现象，它反映事物现象的共同特征以及与其他事物现象的区别。从词义是否具有区别特征的角度，词义可划分为理性意义和附加意义两种。利奇认为，内涵意义、风格意义、感情意义、联想意义、搭配意义、主题意义都是附加在概念意义上的。

附加意义是附着在词的理性意义之上的主观评价，是词语体现出来的联想意义或色彩意味，主要表现为感情色彩、语体色彩、形象色彩三个方面。一是感情色彩：褒义色彩表现的是对词义反映对象的肯定、赞许、喜爱的态度，贬义色彩表现的是对词义反映对象的否定、贬斥、厌恶的态度。例如，形容女性的词语中“inconstant”“frail”带有贬义，而“gentle”“compassionate”具有褒义色彩。二是语体色彩：口语语体和书面语语体是语言中两种最基本的语体。如果一个词语只用于或经常用于某种语体之中，就会带上这种语体的色彩。口语风格一般显得通俗活泼，书面语风格一般显得庄重典雅，不带任何语体色彩的词语是通用词语，它们通用于口语和书面语如表 4-1 所示：

表 4-1　口语词汇与书面语词汇对比表

口语词汇	书面语词汇
结实	坚固
遛弯	散步
拉扯	抚养
口语词汇	书面语词汇
底子	基础
聊天	交谈
寻思	考虑

三是形象色彩。词的形象色彩是指由词内部的组成成分所引起的对事物视觉形象或听觉形象的联想。以形象示义，注重形象描绘，例如：“面包车、鸭舌帽、喇叭裤”，语言描述得越具体，细致，呈现的表象就越清晰、明确。

二、词义的特征

词义是对现实现象的概括反映，概括是词义的一个重要特点。词义的概况性具有以下三个特征：

（1）词义对现实现象的概括具有一般性（与具体性相对）。

在分类过程中，人们所着眼的是一类事物内部所具有的带有普遍性和一般性的特征，而忽略了具体的一个一个的事物所具有的特殊性和个性。具体的事物虽然千差万别，但如果名称相同，它们就是一种东西。如：现实世界里的鸟没有两只是完全一样的，它们可能在种类、颜色、形状、大小、习性、野生还是家养等方面存在差别，而汉语统统用“鸟”这个名词来概括表示。“鸟”这个词的意义可以不管这种动物的种类、颜色、形状、大小、习性、野生还是家养等种种特殊性和复杂性，而只概括地反映所有鸟共同具有的一些特征，以便把它和虫、鱼、兽等其他动物区别开来。例如《现代汉语词典》（2007 年版）对“鸟”的解释是：“脊椎动物的一纲，体温恒定，卵生，嘴内无齿，全身有羽毛，胸部有龙骨突起，前肢变成翼，后肢能行走。一般鸟都会飞，也有的两翼退化，不能飞行。如燕、鹰、鸡、鸭、鸵鸟等都属于鸟类。”

关于词义的一般性有以下三点需要注意：

① 强调词义具有一般性，并不否认语言有必要的手段表达人们对具体事物的特殊性或个性的认识，如：语言可以用复合词或词组来表示对事物的进一步分类或直指某一个体，“狗、秋田犬、忠犬八公”等即是如此。

② 在某一具体词的词义所指称的事物范围内，有典型的样本和非典型的样本之分。例如对理解汉语“鱼”的词义来说，“鲤鱼、鲈鱼”等是词义所指称的典型，而“娃娃鱼、鲸鱼”则不是一个典型。

③ 词义的概括可以把特殊的、复杂的东西变成一般的、简单的东西，这在复合词所表示的意义中更加清楚。许多复合词可以对一个活动或一个场景做出概括。“挂失”这个词概括了一种活动：“遗失票据或证件时，到原发的单位去登记，声明作废。”“偷声：形容暗地小声说话。”指概括一种方式。“偶尔：事理上不一定要发生而发生的；间或，有时候。”指概括一种状态。

（2）词义对现实现象的概括具有模糊性（与明确性统一）。

所谓词义的模糊性是指通过概括而形成的一般的、简单的东西，本身往往带有一定的模糊性，词义的指称只有一个大致的范围，没有明确的界限。

（3）词义的概括性还表现为词义对于具体语言社团的全体成员具有全民性（与主观性统一）。

语言实质上只表达普遍的东西，但人们所想的却是特殊的、个别的东西。社会中的人群由于阶层、性别、年龄和社会分工的不同而使语言社团产生不同的分支，这就允许不同的人对同一个词的词义有各自独特的理解。然而词义里面往往保留全社团认可的普遍的东西，而舍掉了某一社会分支或个人对词义的特殊的个别的看法。

总之，词义对现实现象的反映是一种抽象的、概括的反映，而一般性、模糊性和全民性则是这种概括的三个重要的表现形式。

三、词义的演变

英国浪漫主义诗人华兹华斯《咏水仙》，这样描写到：

A poet could not but be gay（诗人遇见这快乐的伙伴）

In such a jocund company（又怎能不感到欢欣雀跃）

I gazed - and gazed - but little thought（我久久凝视-却未能领悟）

What wealth the show to me had brought（这景象所给带给我的精神至宝）

在 18 世纪，“gay”一词指朋友，伙伴；到了 20 世纪 50 年代，成为监狱俚语，《牛津英语词典》将其定义为“一个美国的委婉语”，而“gay”作为同性恋的解释源于监狱俚语。又如，法语“panier”本义指面包篮子，现在指篮子或筐。英语“fee”最初指“动物、牲畜”，与德语“Vieh”同源，而今指“报酬、收费”，“Vieh”指“牛”。以上例子可见，词义随着时代的发展而发生变化但是有些词的词形没有改变。这种词形不变而词义随着时代的发展而发生变化的现象称为词义演变。

词义演变是指词形不变而词义随着时代的发展而发生变化。一个词的意义可以概括反映一类对象，也就是说只有一个义项，这类词叫单义词。一个词的意义也可以概括互相联系的几类对象，也就是包含几个互相联系的义项，这类词叫多义词。

一个词在刚产生的时候往往是单义的，而后在使用中，其他有关联的意义也逐渐由它来表达，单义词也就逐渐转变为多义词。多义词的多个义项中，最初的那个意义叫本义。多义词的其他意义都是直接或间接地从本义衍生出来的，这些后来衍生出来的意义叫派生义。例如“手”的本义是“人体上肢前端拿东西的部分”，派生意义有：（1）拿着（人手一册）；（2）用手（手抄本、手写体、手推车）；（3）亲手（手笔、手稿）；（4）小巧而便于用手操持的（手枪、手鼓）；（5）量词，用于技能、本领（他真有两手）；（6）擅长某种技能或做某种事的人（吹鼓手、棋手）。

多义词的多个意义中，总有一个是基本意义，又叫中心意义，它是在语言长期使用过程中固定下来的、最常见、最主要的意义。基本义与本义不同，基本义是就多义词各个意义之间的关系和使用频率而言的，而本义则是就多义词各个意义产生时间的先后而言的。由于确定二者的依据不同，词的本义和基本义可能是一致的，也可能不一致。如“牛”的本义和基本义都是指一种哺乳动物，“铁”的本义和基本义都是指一种金属。而“汤”的本义是“热水、开水”，“赴汤蹈火”“扬汤止沸”里的“汤”就是这个意义，基本义却是“烹调后汁儿特别多的副食”；“取”的本义是“割取耳朵”，现代的基本义却是“拿到身边”。

词由单义发展为多义有两个主要原因。首先，客观对象之间的各种联系是词语多义化的现实基础。客观对象之间的联系有相关性和相似性两类。相关性是说词义所反映的客观对象并不是孤立存在的，而是同周围的其他客观对象互相联系、互相依存的。相似性是说不同的客观对象可能具有某些相同的或相近的特征，通过这些特征，它们之间可以建立起某种联系。

其次，词语的多义化是语言经济原则的必然产物。用数量有限的语音形式去表达数量庞大且不断增加的意义，就必然会出现一个语音形式表达多个意义的多义化现象。这样，让一个词兼有几项意义而不必另造新词，照样可完成交际的任务，这就节约了语言的单位。

根据词义演变的结果，词义演变可归纳为词义扩大、缩小和转移三种情况。

1. 词义扩大

词义扩大指一个词的意义所指范围由小变大，其结果是词义变得丰富了。实质上，词义扩大是词的概念内涵减少，外延扩大。词义扩大主要是实词词义扩大，例如："book"本义是书，但在"book of an opera"中却用的是另一个义项"歌词"，意思是"一个歌剧的歌词"。词由单个意象变为多个义项。又如"江""河"原专指长江、黄河，现指所有的内陆水域，概念意义外延扩大。虚词也存在着词义扩大的现象，例如："because"在古英语中主要引导原因及原因从句，连接了事件间直接的因果关系，表示"因为"，陈述已然的客观事实，例如：Because I know you well and love you well，Leave shall you have to court her at your pleasure；而现代英语中，"because"引导的原因小句的语义弱化，具有很强的主观解释性。例如：I came to see you，because you have always been charming to me.

2. 词义缩小

词义缩小与词义扩大相反，指一个词的意义所指范围由大变小，内涵增加，外延缩小的结果。实词词义的缩小分为由泛指到特指、由整体到部分、由一般到个别三种情况。例如："朕"先秦指代"我"，后专用于帝王的专称。英语"fowl"与"bird"同义，本指鸟、禽类，现在只指"鸡"。又如古汉语的"可怜"这个词，白居易《卖炭翁》中"可怜身上衣正单，心忧炭贱愿天寒"用的是"值得怜悯"的意思，而在白居易的《暮江吟》中"可怜九月初三夜，露似珍珠月似弓"中"可怜"是"可爱"的意思。如果读书不求甚解，就会产生误会或曲解原意。

3. 词义转移

词义转移指随着社会的发展，词的本来的意义逐渐消退而被新的意义所取代。例如："世界、实际、如实、正直、毕竟、心眼、本行、出现、烦恼、单位、现在、用心、真理、真空、刹那、安心、导师"等词原出自佛教典籍，现已演化成为全民习用词语。英语"erudite"一词，由动词"erudite"（驯化、去野性）派生而来，而形容词"erudite"现在只表示"博雅""博学"之意。

四、词义派生的方式

词义的派生有现实的基础，派生义和派生它的那个意义所指的事物的某一方面特征有联系，这种联系就是词义派生的现实理据。派生意义产生的途径就是一般所说的引申。引申大体上可以分成隐喻和换喻两种方式。

1. 隐　喻

隐喻反映的是不同现实现象之间的相似关系。莱考夫在《我们赖以生存的隐喻》（Metaphors We Live By）一书中将隐喻分为三类：结构隐喻（Structural Metaphor）、方位隐喻（Orientational Metaphor）、实体隐喻（Ontological Metaphor）。常见的相似关系有形状相似和结构相似两种类型，一般是以较具体的意义为基础来构建较抽象的意义，在不同的意义领域之间建立起相似关系。例如，汉语“入门”的原意是“进门”，从这个意义引申出“学习的初步阶段”的意义，这是因为“读书学习”可以分为若干阶段，这和进门的阶段有相似的地方，这两个领域在内在结构上相似。又例如“碟”原本指“一种盛食物的器皿”，现在可指“飞碟”“光盘”等，这是一种形状上的相似。汉语“节骨眼儿”中“眼”指人或动物的视觉器官，引申指事物的关键所在。“泉眼、炮眼、针眼”中“眼”又引申指“小洞、窟窿”。英语“whale”指鲸鱼，当表达“a whale of a cricketer”时，想到的是与鲸鱼有相似性质或关系的能力，意识是了“一位不起的板球运动员”。

2. 换　喻

换喻反映的是两类现实现象之间存在着某种相关关系，这种相关在人们的心目中经常出现并且固定化，因而可以用指称甲类现象的词去指称乙类现象。换喻有以下几种常见类型：

A、工具—劳动者：例如“笔杆子”指“写作者”。bureau[法语]：1、毛布—2、（铺毛布的）办公桌—3、（有办公桌的）办公室—4、（办公的）厅、局

B、材料—产品：例如英语“pen”（原意是“羽毛”）指“羽毛做的笔”。iron：1、铁—2、熨斗[材料—产品]

C、地名—产品：例如“茅台”指“茅台镇”，又可以指此地出产的“茅台酒”。“china”：1、中国 2、（中国的）瓷器[产地—产品]

D、地点—机构：例如“白宫”指“美国总统府”，又可以指“美国政府”。

E、部分—整体：例如“新手”指“做某事或从事某一行业的新人”。

第三节　义位的聚合和组合

词的每个意义称为义位。义素是构成义位的最小意义单位，即义位的区别性特征。

它是由分解义位得到的比义位低一级的语义单位。通过不同词之间的对比，根据它们词义的共同特点或关系划分出来的类，称为语义场。语义场是语义的类聚，属于同一义场的各词义有共同的义素，表明它们同属于一个语义场；又有一些不同的义素，表明词义彼此之间的区别。

一、义位的聚合

一个词由单义演变成多义，同一词形的单义词与多义词称为词内聚合。涉及词与词关系的可称为词外聚合。语义场探讨词外的聚合关系，涉及词义间关系的词外聚合大致有，同义关系、反义关系、包含关系。例如：

同义关系：等义词（麦克风与扩音器、土豆与马铃薯）、近义词（通常与经常、古怪与怪异）。

反义关系：绝对反义词（动与静、真与假）、相对反义词（春与秋、高山与平原）。

包含关系：上位词与下位词（动物与牛、语音与辅音）。

1. 同义词

按词义的异同可以形成词义的两种不同的聚合。词义相同、相近的词聚合在一起，便是同义词。同义词在词义聚合上有共同的特点，是同一概念的关系即它们之间的义素是相同的，同义词有两种：一种是意义完全相同，也称等义词，如—大夫-医生、维生素-维他命、电话-德律风”，一般是借用方言词或外来词的结果，数量很少。一种是意义相近，称近义词，如：

看[+用眼、+往一定方向]

见[+用眼、+往一定方向、+有结果]

望[+用眼、+往一定方向、+向远处]

瞻仰[+用眼、+往一定方向、+崇敬地]

要构成同义词，不同词语的词义所概括反映的对象必须是相同的，或者是基本相同的，因而指称某一大类事物的词和指称这一大类事物中的某一小类的词不能构成同义词，如“衣服”和“衬衣”，“fruit”和“apple”；指称事物整体的词和指称整体中的某个部分的词也不能构成同义词，如“房子”和“房间”，“hand”和“finger”。

同义词之间的细微差别：

第一，理性意义基本相同。有的同义词的词义所概括反映的对象只是基本相同，它们所指的范围并不完全重合，如：

a. 书[+装订成册的著作、±集合体]

书籍[+装订成册的著作、+集合体]

b. 保护[+不使受损害、±用武力]

保卫[+不使受损害、+用武力]

c. 改善[+改、±进一步、+善]

改进[+改、+进一步、+善]

第二，附加色彩有所不同。例如“顽强”与“顽固”在感情色彩上不同，前者有赞许之意，后者则表示厌恶。“遛弯”与“散步”则表现在语体色彩的不一样。

第三，搭配意义不同。有一些同义词，由于它们的固定搭配关系而产生了区别特征，这就是它们的搭配意义，如“发扬”与“风格、作风”搭配，“发挥”与“作用、优势”搭配。

等义词是一种特殊的同义词，语言中等义词大多是借用方言词或外来词的结果。“同义关系”不同于词义的“上下位关系”和“包含关系”。词的多义关系和同义关系之间有纠缠。语言中多义词的各个意义差不多都可以和别的词的意义构成同义关系。如“老”可以和“死”“陈旧”“火候大”“长久”等构成同义词。同义词意义的细微差别，往往会影响到词的搭配习惯。正确运用同义词，能准确地反映事物之间的细微差别，还能避免用词重复，使语句富于变化，增强语言的表达效果。

2. 反义词

反义词就是意义相反的词。客观世界存在的矛盾对立现象反映在词汇里，就构成了反义词。不属于同一个意义领域的词不能构成反义关系，如“大”和“低”、“长”和“小”等。

反义词的意义相反，是以逻辑上的矛盾关系和反对关系为基础的。矛盾关系是指两个概念的外延没有交叉，并且它们的外延之和等于它们的种概念（上位概念）的外延，如“男人”和“女人”的外延之和等于其种概念“人”的外延，“本地”和“外地”的外延之和等于其种概念“所在地”的外延。处于矛盾关系之中两个反义词，肯定一方必然否定另一方，否定一方必然肯定另一方，非此即彼，没有中间状态存在，这是绝对反义词。反对关系是指两个概念的外延没有交叉，并且它们的外延之和小于它们的种概念的外延，这是一种“是 A 则非 B，是 B 则非 A”的关系，通俗地说是在语义对立中间留下空白，可以插进别的词。如“深”和“浅”都指深度，但中间还有一个“不深不浅”的意义；“高”和“矮”都指高度，但二者之间还隔着一个“不高不矮”的意义。

一个词可以有不止一个反义词，如“高”有两个反义词“低”（从上到下的距离）和“矮”（高度）；“老”是一个多义词，在“年岁大”上和“少”构成反义关系，在“陈旧”上与“新”构成反义关系，在“食物因烹饪时间过长而口感不好”上和“嫩”构成反义关系。Hard 也是一个多义词，在“硬的”这一义项上，和 soft 构成反义关系，在“困难的”这一义项上，和 easy 构成反义关系。

反义词在语言中的积极作用是多方面的。首先，利用反义词可以帮助我们在编纂词典时确定多义词的义项，辨析同义词之间的细微差别。如“骄傲”有“谦虚”和“自卑”两个意义明显不同的反义词，从而可以确定“骄傲”有“自大”和“自豪”两个义项。两个同义词如果各有不同的反义词，二者之间的意义差别是显而易见的。其次，反义词的运用可以突出矛盾的对立面，增强语言的表现力。老舍笔下的骆驼祥子，一心想有自己的一辆车，“在他赁人家车的时候，他从早到晚，由东到西，由南到北，像被人家抽着转的陀螺”，最后他才“赚出那辆车”。作者用了“早晚、东西、南北”三对反义词，把祥子的“一切挣扎和困苦”都刻画出来了。

3. 上下位词

上下位概念指从词义指称范围划分，在词汇中有些词语的所指范围较大，包括另一些词语的所指范围，例如“水果”的所指范围包括了“香蕉”“苹果”“蓝莓”等。指称范围大的词被称为上位词，指称范围小的词被称为下位词，具有这种指称范围关系的词语，就是上下位词语。上位词语的词义是上位概念，下位词语的词义则是下位概念。

4. 类义词

类义词指包含共同的类属义素义位的词语。例如：服饰类，有“唐装、礼服、上衣、裳”等；气象类，有“风、运、雨、雪”等。类义词之间具有同一类属的关系。具有共同类属义素的义位的聚合，就是类义聚合。

二、义位的组合

（一）词语的搭配

1. 词语搭配在词义选择上的限制

一个合格的结构，在词语组合上不但要合乎语法结构规律，还要合乎词义组合规律。如：

月亮 读 面包	他 读 书
[-人] [-可读]	[+人] [+可读]

前一例是语义上违反动词要求的错误组合，后一例是语义上合乎动词要求的正确组合

2. 在词语组合中确定词的义项

多义词义项的选择要从这个词与其他词的组合中来确定。如“走”在“走西口”中用了基本义[+用脚、+向前移动]，在“走棋”中其语义特征是[+用手、+挪动]，在“走亲戚”中是[+探望]，在“走味”中是[+变质]。run 与 boy、dog 组合时意义是用脚移动，与 salmon（大麻哈鱼）组合时是游动，与 oil、water 等组合时是流动，与 motor 组合时是运转，与 bus 组合时是行驶，与 nose 组合时是分泌液体。

3. 词语搭配与词义的组合习惯

指词语的组合要受到搭配意义的限制。如“肥”与“胖”分别有不同的搭配对象，“肥”通常不用来指人，“胖”通常只用来指人。tall 和 high 都指“高”，但凡是有生长能力的动物或植物都用 tall 而不用 high，如 tall man，tall tree. 而对没有生长能力的东西只能用 high 不能用 tall，如 high mountain. 这种组合只是受习惯的制约，难以从语义上总结出规律来。

（二）词义与环境

词义在语言实践中只有言语表达时所显示的那种具体意义（言语意义），而没有语言体系中一般的、抽象的意义（语言意义）。如“请吃鱼！”中“鱼”是已经烧熟了的；“养鱼”中“鱼”则是活鱼。

即使这种具体的言语意义在语境中也会有这样那样的变化。就其变化的模式看，主要有如下两种：

（1）反义。语言中有些词有感情色彩，但这些词义的褒贬并不是固定不变的，在特定的语境中，有些词会改变它原来的感情色彩。

（2）转义。在特定的语境中一个词由原来的意义转为另一种新的但又不是完全相反的意义（否则就成了反义了）。

（三）言内意外

用概括的一般的词语来表达特殊的个别的事物现象，有时自然也难免会在要表达的意思上留下一些空白，这就是“言不尽意”。而在语境中，人们表达思想感情往往受到说话的对象、说话时的处境、说话者的身份等因素的影响，在表达思想感情时，往往不直说而采取迂回曲折的手法，在语言结构上故意留下一些空白让对方回味、补充。如《三国演义》中曹操错杀吕伯奢一家的悲剧。虽然意在言外，但这个“意”是明确的。因为语境在其中起了补充说明的作用，离开了语境，这个意义就变得不可捉摸了。因而这种言语现象实际上仍是词义在语境中的一种变化形式。

言内意外现象是词义在语境中的变化形式，典型的情形是语义双关。而语义双关并不局限于词义，句义也是。唐代诗人朱庆余有一首诗《闺意献张水部》是这样写的“洞房昨夜停红烛，待晓堂前拜舅姑。妆罢低声问夫婿，画眉深浅入时无?”在字面上看，这首诗的意思是非常简单，写的是新婚妻子向她丈夫询问自己化的妆是不是时髦得体。实际上不是这样的，在做这首诗之前，朱庆余已经向张水部献上了一份自己的诗作，请他帮助推荐，现在是借用这首诗来问张水部自己的诗作是不是合乎应试的要求。日常生活中人们并不是任何时候都是有话直说，有的时候委婉含蓄比直说效果更好。朱庆余便很得此道，这样既风雅又得体，而且双方也都能心领神会。

如果一个语言形式含有两种或两种以上解释，并产生了词义不明确、句法不固定、层次不分明或指代不明等影响语言信息传递的不良效果，那么这种语言形式就存在歧义。歧义主要是由多义词和语言单位组合造成。组合产生的歧义又有语法组合的歧义和语义组合的歧义两种。语义双关属于积极的语言运用效果，而歧义则影响语言表达和运用。

第四节　语义分析方法

一、语义特征分析

（一）语义特征分析法的由来与发展

“语义特征”（semantic feature）这一概念是1955年由布龙菲尔德提出，目的是挖掘隐藏于语言形式下语义层的深层次信息，用于解释造成歧义的原因。六十年代开始被语言学家引入语言学领域。八十年代汉语语法研究领域里开始采用的一种语法分析方法，最早见于朱德熙先生的《“在黑板上写字”及相关句式》一文。

语义特征不具有语音形式，而指一组语义相关的词内部相异的语义要素。它是通过对一组在语义上有关联的词语进行对比，从相关义位中分解出来的取出了相同义素之后的相异的最小的语义单位。语义特征分析法考察在某个组合位置上出现的一组词所共同具有的某个有区别特征的义素，这一组词的语义特征可以是一个，也可以是少数几个。义素分析法主要用于辨析同义词、反义词和词典编撰。由于获取义素途径不同，义素分析法又分为传统义素分析方法和新义素分析方法。而新义素分析方法也称为“词义成分-词义构成模式分析方法”和“概念要素分析方法”。义素分析法主张将词义分解为义素，并用义素的结合来说明词义，而且词义除了词汇意义外还有语法意义。把语法意义作为一种义素，使新义素分析方法不同于传统义素分析。

（二）语义特征分析法的类型

变换分析的局限性促使语义特征分析法在汉语语法研究中的运用。词的一个义项可以分解为指称意义、附加意义和使用范围，语义特征分析法的精密之处在于它要进一步对词的指称意义进行分解。例如：

（1）院子里放着四方桌。　　　　　　（2）院子里演着梆子戏。

例（1）（2）实际上代表了两种不同的句式，例（1）用[A]式表示，例（2）用[B]式表示，这是通过变化分析法所证实的。但是，例（1）（2）格式相同为什么会代表不同的句式？造成“NPL + V + 着+ NP”这一句式歧义的原因何在？变化分析法回答不了这个问题，这需要运用语义特征分析法来回答。现在重温一下[A][B]两式的例句：

[A]	[B]
院子里放着四方桌。	院子里演着梆子戏。
台上坐着主席团。	门外正在敲锣鼓。

“NPL + V + 着 + NP”之所以分化为[A][B]两种句式，关键在动词。[A]式里的动词“放、坐、站、躺、蹲、写、挂、贴、刻、钉、绣、戴”虽然各自表示的具体意义不同，但含有共同的语义成分，那就是都含有“附着于某物”的意思，把“附着于某物”看作这些动词所共同具有的语义特征，以区别于其他动词，并标记为[+附着]。看[B]式里的动词“演、敲、下、跳、打、放、映、上”等，都不具有[+ 附着]的语义特征。如果把[A]式里的动词记为 Va，把[B]式里的动词记为 Vb，这两类动词的差别就在于：

Va [+ 附着]　　　　Vb [- 附着]

正因为 Va 具有[+ 附着] 的语义特征，所以[A]式可以变换“四方桌放在院子里/主席团坐在台上”，把这种句式用[C]式表示；Vb 不具有这种语义特征，所以[B]式不能变换成[C]式。由于引进了语义特征分析，把动词按句式分为更小的类，我们就有可能将[A]、[B]两式从格式上加以分化：NPL + Va[附着] + 着 + NP 和 NPL + Vb[附着] + 着 + NP

（三）语义特征分析法的优点与局限

语义特征分析法的优点在于：第一，义素分析可以准确掌握、解释、理解语义。例如“鲸”，旧释义为大海鱼也，这就在共同义素上出现错误，鲸应该是“哺乳动物”。第二，义素分析可以突出地显示词义之间的异同及联系。

语义特征分析法的局限在于：一方面，义素分析法具有很大的主观性，如义素的选择在数量和构成方面可能会因人而异，因分析目的而异。另一方面，义素分析法目前还停留于几种词类，如名词、动词、形容词等词的分析中，还没有普及到所有类型词的分析。

二、论元结构分析法

（一）论元结构分析法的由来与发展

论元结构也称语义关系（semantic relations）、配价结构（valences construction），按照句法理论的传统，动词的主宾语称为论元（argument）。动词与论元间的语义关系称为论旨关系（thematic relation）。例如：“妈妈洗衣服。”“妈妈”“衣服”就是动词“洗”的论元，主语与动词、宾语与动词的语义关系称为论旨关系。论旨角色理论可追溯到公元前 500 年至公元前 400 年的梵语语法，波尼尼用“格”形式表明句子中名词（或名词组）语义的某些特征。论旨关系的确定与句法有关，每一个论旨角色必须指派给一个论元。“妈妈”（施事）、“衣服”（受事）被称为论元（论旨角色，θ-roles），动词“洗”所拥有的论旨角色的集合被称为“洗”的论元结构。

传统语文学中，“格”指某些曲折语中的名词和代词的形态变化，表示名词和代词在句子中同其他词之间的关系。而语义格是由美国语言学家菲尔墨提出，并创立了格语法理论。格语法理论是以谓词为中心，揭示句子中的名词/代词同谓语动词之间的及物性关系。目前汉语用于语义分析的比较通行的格系统主要是由鲁川、林杏光先生研究而成的。“格”指名词跟动词组成语义结构时所担当的语义角色，如：施事、受事、与事、工具、处所、时间等。把名词跟动词之间的语义关系（格关系）研究清楚，有助于说明动核结构的下位区分和句型或句式的更细密的区分，也有助于分析句法结构在实际使用中的变化和复杂化。

（二）动词与名词的语义关系

动词与名词的语义关系可分为：

（1）施事：句子中动词表示的动作行为的发生者或状态的主体。

（2）受事：句子中动词动作行为、运动、变化等的承受者。

（3）与事：动词所表示动作行为的间接对象。表示给予、索取、服务类的动词常带与事。

例如：他（施事）给 我（与事）一本书（受事）。

（4）工具：施事实施动作行为所凭借的工具。例如：他用毛笔写字。

（5）结果：动作行为所产生的结果，即在动作发生前没有此事物或结局，由于动作行为产生了此结果，是从无到有。例如：小张写了一封信。

（6）方位：表示动词动作行为发生、出现的处所、位置等。例如：妈妈在家里给女儿准备嫁妆。

（7）时间：表示动词动作行为发生的时间。例如：我们明天电话联系。

（8）目的：动作行为所要达到的目的。例如：民工们正在排火车票。

（9）方式：动作行为发生的方式。例如：老师口头交代了今天的任务。

（10）原因：引起动作行为的原因。例如：她出嫁前还要哭嫁。

语义是实词进入句子之后词与词之间的关系，是一种事实上或逻辑上的关系。在实词和实词的语义关系中，动词和名词的语义关系是最重要也是最常见的一种实词之间的语义关系，但语义关系不只限于动词与名词之间的关系，也可以是名词与名词之间或成分与成分之间的关系。例如：“那本书的封面被撕坏了。”“那本书”和“封面”有领属关系，即“封面”是属于“那本书”的。

（三）论元结构分析法的运用

由实词与实词组成的句法结构中，总是同时存在着两种结构关系，即句法结构关系和语义结构关系。在这个句法结构中，实词总是同时扮演着两种角色，即同时充当句法成分和语义成分，这就是结构成分性质的二重性。例如：

昨天	我	在教室里	给校长	写了	一封	信。
状语	主语	状语	状语	谓语	定语	宾语
时间	施事	处所	与事	动作	数量	受事

句法结构的成分为句法成分：主语、谓语、述语、宾语等，成分之间的结构关系是主语—谓语、述语—宾语等。语义结构的成分为语义成分：动作行为、性质状态、施事、受事、工具、处所等，结构关系为动作—受事、施事—动作等。句法成分之间的句法关系是可变的，而语义成分之间的关系则是相对稳 定的。

例如：① 小张写好了论文。

② 论文小张写好了。

③ 小张把论文写好了。

在句法结构中，直接成分之间具有句法关系和语义关系，而间接成分之间只有语义关系而没有句法关系。例如：

我们　目前　需要　进口的设备　（直接关系、内部关系）

主语　谓　　　　语　　　　　　主谓关系

　　状语　　中心语　　　　　　偏正关系

　　　　动语　　宾语　　　　　动宾关系

　　（间接关系）　定语　中心语　偏正关系

　　（外部关系）

施事　　　　动作　　　　受事

句法结构关系和语义结构关系之间不是一一对应的，可分为一对多和多对一两种。例如：

一对多：

① 来客人	述宾	动作行为 + 施事
② 写文章	述宾	动作行为 + 结果
③ 写毛笔	述宾	动作行为 + 工具
④ 吃米饭	述宾	动作行为 + 受事
⑤ 吃食堂	述宾	动作行为 + 处所
⑥ 买电影票	述宾	动作行为 + 目的
⑦ 打双打	述宾	动作行为 + 方式
⑧ 起五更	述宾	动作行为 + 时间

多对一：

① 喝了啤酒	述宾关系	动作+受事
② 啤酒喝了	主谓关系	受事+动作
③ 喝的啤酒	定中关系	动作+受事
④ 把啤酒喝了	状中关系	受事+动作
⑤ 啤酒给喝了	被动式主谓关系	受事+动作

名词在句中充当什么成分，取决于句中的位置，而语义则取决于和动词的关系，与位置无关。

（四）语义指向分析法

1. 语义指向分析法的由来与发展

吕叔湘先生在《汉语语法分析问题》中第一次提出了“指向”这个概念，第一次明确“语义指向”这一术语的是刘宁生先生，在《句首介词结构“在……”的语义指向》一文中。语义指向理论用于探寻句法和语义之间的对应规律，如状语、补语在句中语义指向，歧义句句式分化等。例如：

他美美地吃了一顿饭。

状语“美美地”可以语义指向谓语，形容“吃”的状态，用语义指向分析是：“美美地”语义指向“吃”，或“吃”是“美美地”语义指向。又如：

他在火车上写字。

可以理解为“他在火车里坐着写字”，也可以理解为“他把字写在火车上”，由于语义组配关系的成分多项，导致歧义。动作“写”可以与“他”“字”“火车上”发生语义联系，这些语义联系可以共存，即“他”“字”与“写”同时发生在火车上。

语义指向反映句法上的动态的语义联系，由指向成分和被指向成分共同构成的语义指向结构体，以体现句法成分在语义平面上的动态指归性。在一定的语言环境里，只能跟一个成分存在语义组配关系的成分是单向成分，能跟两个以上成分存在语义组配关系的成分是多项成分。

2. 语义指向成分优先选择与约束原则

通过各种优先选择条件和约束原则的作用，使成分的语义指向在实际语言中得到具体化。这些优先选择条件和约束原则有三个方面，语境约束原则、语义制约原则和邻近选择原则。

（1）语境约束原则。

语境约束原则分为句内语境制约、句际语境制约和言外场景制约三种。句内语境制约是通过构成句子的各个成分在语义上的整合，使多项成分的语义指向得以明确。句际语境制约是通过上下文语句间的语义及表述上的关联性，使多项成分的语义指向明得以明确。言外场景制约则考虑到言谈过程中时间、空间以及参与角色之间的非语言因素的作用，使多项成分的语义指向得以明确。

（2）语义制约原则。

语义制约是由句子相关成分的语义约束来限制多项成分，使其语义指向明确。例如："张伯伯看望被丈夫打伤的春桃。"句中的"丈夫"语义指向成分只能是春桃，不可能是张伯伯，这是受语义约束限制的影响。

（3）邻近选择原则。

邻近选择原则是指不涉及语用或非语言因素作用的情况下，有多个语义指向的成分往往倾向于指向结构层次上离它最近的一个。例如："秀英看望被丈夫打伤的春桃。"句中"丈夫"语义应该指向"春桃"而不是"秀英"，因为"被丈夫打伤的"是作为定语描述"春桃"，句中"秀英"与"丈夫"这两个词不在同一个句法结构层次上。

思考与练习

一、选择题

1."宽银幕"的"宽"和"心宽体胖"的"宽"是（　　）。

A. 多义词　　B. 同音词

C. 同形词　　D. 兼类词

2. 从词语间的语义关系来看，"初赛""复赛""决赛"这几个词语存在（　　）。

A. 上下位关系

B. 类义关系

C. 顺序关系

D. 整体—部分关系

3. 以下各组词语，感情色彩一致的一组词是（　　）。

A. 赃款 小人 宣传 马虎

B. 英雄 杰作 牺牲 竞赛

C. 善良 贤惠 奉献 泰斗

D. 败类 巴结 煽动 结果

4."文科—理科—工科—医科"这一组词属于语义场中的（　　）。

A. 类属义场　　B. 顺序义场

C. 关系义场　　D. 同义义场

5. 人们说"中午请你吃饭"，其实不能精确地说出"中午"到底是几点到几点，这说明此一具有（　　）性。

A. 模糊　　B. 文化　　C. 民族　　D. 概括

6. 下面哪个选项不是语境对词义的影响（　　）。

A. 语境使词义多样化　　B. 语境使词义具体化

C. 增加临时性意义　　D. 词义选择性

7. 下列选项中宾语语义角色是工具的是（　　）。

A. 涮火锅　　B. 漆桌子

C. 存活期　　D. 盖房子

8. “上帝”“天堂”“妖怪”“神仙”等词的词义是（　　）。

A. 不反映现实现象

B. 反映现实现象

C. 没有现实根据

D. 对现实现象的歪曲反映

9. 下列属于互补反义义场的一组是（　　）。

A. 黑—白　　B. 高—矮

C. 粗—细　　D. 动—静

10. 下列没有歧义的一项是（　　）。

A. 反对的是他　　B. 她走了一天了

C. 只有他知道　　D. 喜欢我的老师

11. 下列句子中，与“霜叶红于二月花”所表示的语义一致的是（　　）。

A. 没想到他儿子已经有那么高了

B. 这么说吧，我完全不同意你的看法

C. 他差不多还有二十分钟就到了

D. 我又白跑了一趟

二、填空题

1. 语言的意义可以分为两类，由词的语法关系产生的意义叫（　　），人们对现实现象的反映以及由此带来的人们对现实现象的主观评价，叫作（　　），简称（　　）。

2. 以现实现象做基础，不涉及人们主观态度的词义是词的（　　），它是词义的核心部分。

3. 词义对现实现象的反映是一种抽象的、概括的反映，而（　　）、（　　）和（　　）则是这种概括性的三个重要表现形式。

4. 语句的意义除了由词义的组合表现出来的意义以外，还有一部分是由（　　）补充确定的。

5. 从语义类型来看，“荷叶上滚着水珠”中的宾语属于（　　）宾语。

6. 汉语中的“伯父、叔父、舅父、姑父、姨父”，在英语组只用 uncle 这一个词来表示。这说明词义是具有（　　）。

7. 从语义类别看，“他摔得满身烂泥”的补语属于（　　）。

8. 词义的演变包括词义的扩大、缩小和（　　）。

9. 双宾句中动词带两个宾语，指物的宾语叫远宾语，又叫（　　）。

10. 多义词派生的方式主要有隐喻和（　　）两种

三、名词解释

1. 语义场

2. 引申义

3. 语义指向

4. 上下义词

5. 言内意外

6. 词义

四、简答题

1. 说明语素义相加基本等于词义的词。

2. 说明词义的民族性。

3. 谈谈语义特征在对外汉语教学中的应用。

4. 举例说明反义词的不平衡现象。

5. 谈谈你对现代汉语语义分析的理解

五、分析题

1. “老张有辆奔驰很得意”“老张有条宠物狗很聪明”两个句子都没有歧义，而“老张有个女儿很骄傲”则有歧义，请根据上述短语的语法语义特点予以　　解释。

2. 分析“活了二十年了”“死了二十年了”“放了二十年了”三个句子中的数量短语“二十年”分别做什么成分？所表示的语法意义是什么？

3. “对我来说，汉语很难学” 和“在我看来，汉语很难学”有区别吗？

4. 用义素分析法分析“餐厅、酒店、食堂、饭馆。”

5. 分析下面三个短语在结构和语法意义上的异同及原因。

（1）吃了一个梨。

（2）送了我一本书。

（3）省了我一笔钱。

6. 对下列现象进行语言分析

一个记者街头采访：

问一位路人：你幸福吗？

路人说：我姓符。

记者问：你为什么幸福？

路人说：嗯……因为我爸姓符。

练习题参考答案

一、选择题

1 ~ 5. ACCAA　　6 ~ 10. AADDC　　11. C

二、填空题

1. 语法意义　词汇意义、词义
2. 理性意义
3. 一般性、全民性、模糊性
4. 语境
5. 施事
6. 民族性
7. 情态补语
8. 转移
9. 直接宾语
10. 换喻

三、名词解释

1. 语义场是语义的类聚，既有共同义素又有区别义素的一组词语的相关语义聚合为一个语义场。通过不同词之间的对比，根据它们词义的共同特点和不同特点划分出来的。属于同一义场的各词义有共同的义素，表明它们同属于一个语义场；又有一些不同的义素，表明词义彼此之间的区别。

2. 引申义是词的转义主要是通过引申和比喻两种方式产生的。在基本义的基础上经过推演发展而产生的意义是引申义。如"跑"的基本义是"两只腿或四条腿迅速前进"，继而推演为"为某种事而奔走""物体离开应该在的位置"等意思。

3. 语义指向指句法结构中甲成分与乙成分有语义联系及语义所指的方向。例如："他美滋滋地炸了一盘花生米/他炸了脆脆的一盘花生米"中"美滋滋"指向"他"，"脆脆的"指向花生米。

4. 上下义词即词义的上下位关系，指词义反映的现象之间具有包含和被包含的关系，上位义更具有概括性，所反映的现象比下位义更多。比如，"人"是"男孩"的上位词，"人"和"男孩"就属于上下义词。

5. 实际话语及其中的语句自身都是有字面意义的，这是"言内"意义，除了言内之义以外，有许多话语或语句还传达一些字面意义以外的意义，这种现象就是所谓的"意外"，即真正的意图在字面意义之外。但任何言外之意都是建立在言内之义的基础上的，所以合称为"言内意外"。"言内意外"既是消极的"言不尽意"的结果，也是积极的"言不尽意"的一种表现。

6. 词义是指词的意义，包括词汇意义和语法意义两部分，即词的内容。词义通常指词汇意义，即狭义的词义，词义具有概括性、模糊性和民族性。

四、简答题

1. 词义等于语素义的直接组合：这一般出现在由两个或两个以上语素构成的词中。如：高大，又高又大；国策，国家的基本政策；研制，研究制造；双休日，指星期六和星期天两个双休日。

两个同义语素组合成词，其语素义基本重合，词义与两个语素义相近。两个语素原来的意义相同或相近，共同表达一个同原语素的意义相同或相近的意思。如：种类、道路、偷盗、意义、声音、缺乏等。种类，两个语素“种”和“类”在这里的意义相同，共同表达一个相同的意思；偷盗，连个语素在这里的意义相同，共同表达一个相同的意思；宏阔，宏伟辽阔。

两个反义语素组合成词，其语素义并列保留，词义是两个语素义相加。牝牡：牝是雌性的兽，后也指雌禽，牡是雄性的兽，后也指雄禽。组成并列复合词后，词义仍保留语素义，是两个语素义的相加，指雌雄两性的兽和禽。

对简缩语素而言，这部分词可直接还原，因而可直接由语素义推倒词义。北大：北京大学；拆装：拆卸和安装。利用缩略法构造出来的新词跟原来的词语只有形式上有区别，在意义上基本没有差别，人们初次接触使用这类新词时就易懂易用，剔除赘言，保留了有效的交际中必不可少的成分。

2. 同类事物，在不同民族的语言里用什么词、用几个词来表示，可以不同，词义概括的对象范围也可以不同，它体现了词义的民族性。例如：汉语用“哥哥、弟弟、姐姐、妹妹”表示同一父母所生的子女，而英语只用 brother 表示“哥哥或弟弟”，用 sister 表示“姐姐或妹妹”。另外，还有在附加色彩上显示民族性，汉语中的狗可以表示贬义，如：人模狗样、走狗、疯狗之类的词，而英语中则表褒义，如：lucky dog 等。

3. 语义特征是语义范畴的一种。范畴化、类别化是最初的形式。对于“形式化”可以这样理解：对象—范畴化——符号化—数理化—可操作化。语义特征分析法指从语义特征的角度分析义位的方法，是现代语义学的重要分析方法和重要范畴。语义特征分析法借助于结构语言学的对比性原则，将一组义位放在一起进行对比分析，从中寻找出共性义素和互有差别的义素，这样既可以看到同组义位之间的联系，也可以看到它们之间的区别。

4. 反义义场中的词总是成对的，但是两个词之间的语义范围、使用频率并不相等，这样就形成反义词的不平衡现象。

有些由形容词构成的反义词，两个词“～不～”这个格式反应不一样。如“厚—薄”，一般提问题说“厚不厚”。例如冰层，不知厚薄时一般问：“冰层厚不厚？”回答可以是：“厚，有三尺厚”；也可以说：“薄，只有两寸。”只有在设想或担心其薄时，才问“薄不薄”。回答时只能说“薄”或“不薄”。在“有多～”这样的格式中，一般情况下说“有多厚？”只有在已知为薄时才说：“有多薄？”在“有[数量]～ ”这样的格式中则只能用“厚”不能用“薄”，如“有三尺厚”，不能说“有两寸薄”，甚至已知为“薄”时也可以说“薄，只有两寸厚”。

5. 语义分析是语法研究中的一种方法，主要是指对句子进行语义分析。句中词语与客观事物（符号与内容）之间也有一定关系，这种关系是属于语义的，人们分析一个句子，通过句法分析，可以找出句中词语在句法结构中分别充当什么成分，可以了解句子的层次结构，可以得出句型，但析句并不到此为止，如果不根据句法分析的结果，进一步了解句中的语义关系，即通过句法层面深入到语义层面对句子进行语义分析，那么还不算完成了析句分析。

五、分析题

1.“老张有辆奔驰很得意”中的“得意”是人才能发出来的动作，所以语义指向“老张”。“老张有条宠物狗很聪明”，“聪明”虽然既可以修饰“老张”，也可以修饰“够”，但是老张的聪明与是否有小狗并没有因果关系，所以“聪明”只能指向小狗。而“老张有个女儿很骄傲”，“骄傲”可以有两个语义指向，第一个是“老张”因“女儿”而感到骄傲，第二个是“老张”的“女儿”很骄傲。

总的来说，是搭配和语义指向问题导致句子有歧义。

2.“二十年”是补语，“活”是动作持续的时间，比如“这只狗活了二十年了”，是指这只狗一直持续活着的状态有二十年了。“死”是动作结束到现在的时间，比如“这只狗死了二十年了”，是指死之后的时间持续了二十年，而不是死这个动作持续二十年。“放了二十年”有歧义，可以表示两种意思，既可以指动作持续的时间，如“这部电视剧一直在电视上播放，已经放了二十年了”，也可以指动作结束后到现在的时间，如“这坛酒在酒窖里已经放了二十年了”。

3. 二者有区别。“对我来说，汉语很难学”主要强调“汉语很难学”这一情况，并且“难学”这件事只关涉到“我”，跟其他的人无关。

“在我看来，汉语很难学”主要强调“汉语很难学”这一主观看法是“我”的，“难学”这件事的关涉对象不一定是“我”，也可能是别的汉语学习者。

4.（1）“餐厅、酒店、食堂、饭馆”的共同特征是：指在一定场所，公开地对一般大众提供食品、饮料等餐饮的设施或公共餐饮的地方。

（2）“餐厅、酒店、食堂、饭馆”的区别特征是：“餐厅、食堂、饭馆”都只能提供餐饮服务，“酒店”可以为客人提供短期住宿，在提供住宿之余，亦为住客提供餐厅、游泳池、或照顾幼儿等服务。一些酒店亦提供会议设施，酒店的宴会厅还可以举行婚礼及舞会等活动。

（3）相应的义素为：场所、餐饮、住宿

	场所	餐饮	住宿
餐厅	+	+	-
酒店	+	+	+
食堂	+	+	-
饭馆	+	+	-

5. 从语法结构看，第一个句子是动宾结构，第二个是双宾结构，第三个有两种可能。从语义上看，第一个短语，是动作与对象之间的关系，第二个短语是动词语与直

接宾语和间接宾语之间的三角关系，别人送书给“我”，书有个转移过程。第三句中，如果钱本来不是我的，可以理解为双宾结构，但如果钱和我本身就有领属关系，则为一般的动宾结构。

6.“幸福”和“姓符”的同音是造成记者和路人分歧的主要原因。一方面说明语音有其局限性，另一方面也说明汉字具有分化同音词、消除歧义的作用。

第五章 词汇分析

词汇是语言的重要组成部分，对外汉语教学尤其注重词汇的用法研究。语言的基本语法规则是以大量的词汇作基础的，语法依托词汇而得以存在。本章主要理解词汇的内涵与类别，以及词汇学概况；着重理解词汇形成途径，与如何对词汇进行精密的描写。在语法部分，着重分析词的内部结构形式，即构词法。在词汇部分，重点研究用什么方法创造新词。

第一节 词 汇

一、词汇的内涵

词汇（vocabulary）是语言要素之一，是词的集体的概念，是语言符号的聚合体，被喻为用于组成言语（造句）的建筑材料。但不会说“今天我学了十个汉语词汇”。因为，词汇是一种语言里所有的词和固定短语的总和，其特点有以下三点：

（1）一种语言中所有的词和所有的相当于词的作用的固定结构的总汇。

（2）词汇是特定时间段内使用的所有词语。

（3）词汇有形式和意义两个方面。（语音是词汇单位的物质形式，语义是词汇的使用前提，语法是词汇的使用规则。）

二、词汇的类别

从词汇内容分，词汇可以分为基本词汇和一般词汇；从词汇使用频率分，词汇可以分为常用词汇和非常用词汇；从词汇来源上分，词汇可以分为同源词和借用词；从词的概念意义类型上分，词汇可分为实义词和功能词；从词汇研究对象和范围上，词汇分为语言的词汇和言语的词汇。基本词汇是语言的基础，也是一般词汇形成的基础。从语言演变过程看，一般词汇反映社会的发展变化，因此常处于不断变化之中，语言中的新词新语往往先出现在一般词汇中，然后个别成分再进入基本词汇中，从而促进基本词汇的发展，例如：电脑、邮箱、世界等词语，由新词被广泛使用转为一般词汇。

1. 基本词汇

基本词汇是词汇系统中全民常用的，也是词汇中最主要的、最稳固的部分，它和语法一起构成语言的基础。基本词汇反映的是人类对自然界及自身认识的一些基本概念，意义明确，为一般人所共同理解，并且使用频率高、生命力强，是日常交际中不可缺少的。例如汉语中“日、月、人、父、母、兄、弟、眼、耳、鼻、上、下、左、右”等。

基本词汇具有全民常用性（All national character）、稳定性（Stability）、能产性（Productivity）、多义性（Polysemy）、搭配能力强（Collocability）等特点。其中，全民常用性、稳固性和能产性是其三个基本特点。第一，全民常用性，指基本词汇的使用范围广、使用频率高、意义明确。它不受行业、地域、阶层、性别、年龄、文化程度等因素的制约和限制，凡是使用同一种语言的人，都在日常交际中频繁地使用它们，例如：代词“我、你、他、她、它”。第二，稳固性，指基本词汇中的词的发展变化是非常缓慢的，有的甚至千百年来一直没有发生变化。例如《诗经·君子于役》中“君子于役，不日不月。曷其有佸（húo）？鸡栖于桀，日之夕矣，牛羊下括。君子于役，苟无饥渴！”中的“不、牛、羊、鸡、日、月、下、饥渴”等词没有消失，也没有发生根本变化。第三，能产性，指具有较强的构词能力。例如：汉语中“动”有动静、动员、动摇、动用、动力、运动、发动、劳动、启动、转动；“大”有大家、大量、大全、大多、大伙、伟大、扩大、宏大、广大、放大等。在基本词汇中，这些能和很多别的语素一起构成别的新词的词，是基本词汇的核心，被称为根词。如“山、水、人、电、打、学、苦、酸、大、美”等，一般都是单音节词。又如英语的 water 是根词，可构成许多新词，如 watercourse（水渠）、waterer（给水器）、waterfall（瀑布）、waterfowl（水鸟）、watergate（水门）、waterglass（水杯）、waterhead（水源）。

特别注意的是，基本词汇的三个特点中，全民常用性是稳固性和能产性的前提，但是并非所有的基本词都具有以上三个特点。特别是不能把能产性作为辨别基本词和非基本词的唯一条件。

基本词汇的内容包括：表示自然现象和常见事物的词；表示生产和生活资料的词；表示亲属关系的词；表示人体器官的词；表示方位和时令的词；表示数目的词；表示常见的行为动作的词；表示常见的形状的词等八个方面。

2. 一般词汇

不属基本词的词语，都属于一般词汇。一般词汇要么缺乏全民性，要么缺乏常用性，要么缺乏稳固性。一般词汇类型主要有：专业术语（Terminology）、方言词（Dialectal words）、行话（Jargon）、古语词（Archaisms）、俚语（Slang）、隐语（Argot）、新造词（Neologisms）、外来词（foreign word）以及书面语词（Written word）。

一般词汇的特点主要有数量大，具有灵活性和非全民性。第一，数量大，指一般词汇中的词其数量大大超过了基本词，人们要想描绘复杂的事物、表达细微的思想感情，要想在不同的领域顺利地进行交际，就必须掌握大量的一般词汇中的词。例如："备课、听课、评课、讲授、自习、考试、补考、替考、题型、板书、教案"等词属于一般词汇。第二，灵活性，指一般词汇能够敏锐地反映社会发展变化的情况。一般词汇中的词处于经常的变动状态中。随着社会的发展，一些旧词消亡了，一些新词产生了，在社会变革和动荡的年代尤其如此。例如"×控"，从"游戏控""萝莉控"到"手机控"；"×吧"中，从"网吧""酒吧"到"水吧""书吧"等，紧跟时代步伐，反映人们的生活状态。第三，非全民性，指不同的行业、地域、年龄、性别、文化程度的人，在使用一般词汇时是有差异的。例如："鸡贼（小气）、打漂儿（无职无业）、炸了庙（惊愕，急眼）、点儿背（运气不好）"是北京土话，"大世界（很多）、水蟹（很笨）、伦镇（调皮）"是粤方言钦廉片的土话。

基本词汇与一般词汇的区分，是相对于一定的历史时期来说的。不同的历史时期，其基本词汇的面貌有所不同。"眉、目、舌、冠、裳、履、食、饮、卧、善、佳、吾、汝、尔、毋、未、焉、乎、耳、哉、皇上、朝廷、进谏"等，是古代汉语的基本词，现在或不能独立成词，或不常用，不是现代汉语的基本词。另一方面，现代汉语中的不少基本词是古代汉语中所没有的，或是由一般词汇中的词变来的，如"广播、电影、电灯、干部、加工、民主"等。所以，基本词汇与一般词汇是可以互相渗透、互相转化的，其间没有截然分明的界限。汉语词汇的发展也与社会的发展历程相应。例如，甲骨文中渔猎畜牧类词汇数量要超过农业词汇，《国语》中农业词汇要大大超过畜牧业和渔猎业词汇，农作物如"菜、粢、稂、莠、菽、蔬、黍、谷、稷"等，农具词汇如"鉏、夷、斤、斸、耒、耜、耞、芟、镈、耨、刈"等，关于农业生产活动场所的词如"仓廪、田、沟、仓、渠、场、廪、畴、陆、阜、陵、墐"等，与农业有关的动作行为的词如"垅、舂、耕、垦、耦、耰、种"等。汉语词汇系统经历了以单音节为主变为以多音节为主的变化过程。《说文解字》共收字 9 353 个，一个汉字一般相当于一个词，而《中华字海》收楷书汉语单字约 86 000 个，这些数目表明了在社会发展的推动下词汇不断丰富的过程。无论是出现过多的同音词，还是多义词出现过多的义项，都会影响到语言交际，这就要求当时的汉语调整自身，调整的结果有两种：一种是通过词汇的双音化创造新词；另一种是通过语音系统的复杂化来增加音节的数量创造新词。

三、词汇的范围

从词汇的范围观察，词汇可分为一种语言中所有的词和所有的相当于词的作用的固定结构的总汇。词汇的单位包括词和相当于词的作用的固定结构。词是语言中最小的能够独立运用的音义结合的单位。功能上，语素是构成词的基本单位，词是造句单位。在汉语中，大部分词是双音节形式，而语素大部分是单音节形式，单音节形式的语素，只有成词语素是词。

在汉语中，相当于词的作用的固定结构主要是熟语，包括成语、惯用语、谚语、歇后语以及专门用语等。固定结构的词汇结构定型，意义完整，在功能上相当于词，但在语法上是不可分析的。结构定型（structural stability）指不能任意变动或调换构成成分、不能任意改变构成成分的顺序、不能任意增减成语的构成成分。意义完整（semantic unity）指用整体来表现一定的意义，而不是其字面意义的简单相加。例如："show the white feather"表示恐惧之义，而与"feather"毫无关系。"red tape（繁文缛节）"是固定结构，而"red tapes"是短语（或词组）。

成语是人们长期以来沿用的、意义凝练、结构稳定、形式简洁的固定短语。汉语成语的数量相当可观，上海辞书出版社的《中国成语大辞典》（1987 年版）共收 17 934 条，其中较为常用的大约有 3 000 条。汉语的成语来源主要有神话寓言，例如愚公移山、精卫填海、刻舟求剑、自相矛盾等；有历史故事，例如完璧归赵、图穷匕见、草木皆兵、请君入瓮等；有诗文语句，例如文质彬彬、学而不厌、发号施令等；有口头俗语，例如不干不净、儿女情长、狼子野心"等。汉语的成语在语音上绝大多数为四个音节，节奏明快，匀整对称，体现了汉民族的语言文化心理。

在英语中，相当于词的作用的固定结构的总汇也被称为习语，可称为"idioms"或"variations of idioms"，注重其风格和修辞特征。在不同的上下文中，同一习语显示出风格上的差异，从而蕴含不同的表达需求。例如"clean up"，"John kept at the job until he cleaned it up"，在口语中"clean up"表示"约翰坚持工作直到他清理干净"；"The company cleaned up in real estate"，在俚语中"clean up"表示"公司赚了很多钱"。在英语中，部分习语具有语音协调的押韵效果，例如押头韵"chop and change"，押尾韵"toil and moil"。

根据习语的句法功能，英语的习语分为名词性习语、形容词性习语、动词性习语、副词性习语和句子式习语。例如：

Jack of all trades（万事通）——名词性习语

beyond the pale（令人反感的）——形容词性习语

put a spoke in one's wheel（破坏计划）——动词性习语

tooth and nail（竭尽全力）——副词性习语

Nothing venture，nothing have（没有冒险，没有收获）——句子式习语

在英语的习语中，存在着某些固定结构可以增加、删减、换位、替代、缩略等形式，而语义没有发生改变。例如：

in good condition = in condition（删减）

from one's heart = from the bottom of one's heart（增加）

day and night = night and day（换位）

a stitch in time saves nine = A word in time saves nine（替代）

the last straw = It is the last straw that breaks the camel's back（增加）

In any event = IAE（缩略）

惯用语是一种短小定型的习惯用语，形式上以三音节为主。它通俗浅显，形象生动，具有鲜明的口语色彩，例如打游击、吹牛皮、钻空子、开绿灯、穿小鞋、挖墙脚、靠边站。惯用语一般具有两层含义，一层是字面意义，而另一层通常是比喻、引申意义或文化含义，例如：“走后门”，比喻用不正当的手段达到某种目的；“抬轿子”，比喻为有权势的人捧场。

汉语中惯用语与成语的区别：其一，成语多为四字格，惯用语多为三字格，四个字以上的极少；其二，成语凝固性更强，不能扩展，不能更换成分；惯用语有的可以，例如：吹牛皮（吹牛）——吹牛气——吹大牛——这个牛皮可不敢吹；其三，成语比较典雅，书面色彩重；而惯用语比较通俗，口语色彩浓；其四，成语含义丰富，多带有典故性，惯用语含义单纯，中间一般不含有典故；其五，惯用语则多产生于现当代；其六，成语褒义、贬义、中性的都有；惯用语多为贬义的，只有少数是中性的，褒义的极少。

歇后语前一部分是比喻或说出一个事物，像谜语里的谜面，后一部分像谜底，是其真意所在。两部分之间可以有间歇，间歇之后的部分常常不说出来，让人猜想它的含义，所以叫歇后语。例如：“哑巴吃黄连——有苦说不出”“墙头上睡觉——翻不过身来”等。歇后语主要分为喻意型歇后语和谐音歇后语。喻意型歇后语的前一部分是一个形象的比喻，后一部分是对这个形象比喻的合理解释，字面义就是直接说明实际意义，例如“竹篮打水——一场空”“擀面杖吹火——一窍不通”。

谚语指口语形式的言简意赅的短句或韵语。它主要来源于劳动人民生活实践经验，具有口语性强、通俗易懂、内容广泛等特点。例如，反映农事劳动“谷雨有雨好种棉”“高地芝麻洼地豆”“谷雨前后，种瓜点豆”，体现生活经验“一回经蛇咬，三年怕草绳”“家人说话耳旁风，外人说话金字经”等等。

四、词汇学

（一）词汇学的概念

词汇学是对某一种语言的词汇（lexis）的研究。19 世纪末到 20 世纪初，随着传统哲学的现代转向，出现了现代语言学。到了 20 世纪 30 年代，产生了现代语义学。现代语言学的转换生成语法标准理论把词汇学视为语义学的一个分支，到了生成语法的管约理论把词汇学视为语言学两大分支之一，即词汇、语法。由此可见，现代词汇学在语言研究中的重要性越来越突出。

现代词汇学注重词汇系统中词汇单位和词义系统（结构）的组合研究，即语素的语义组合、义位组合、义丛组合的规则，以及义位、词位的共时变化和历时演变。现代词汇学吸收了语言哲学关于语言要素、结构、功能、类型、意义等问题的哲学阐释，摒弃了词义的指称说。它认为，词义的研究是动态的、微观的、精细的和科学的。同时，受到数学、计算机科学、信息论、控制论的影响，现代词汇学具有计量特征和形式特色，即研究结果包含多种大量的统计数字和图表公式。

（二）词汇学的研究对象及分支

词汇学（lexicology）一词来自希腊语的词素："lexi"和"logos"；前者的意思是"单词或短语"，而后者此处的意思是"知识门类"。"词"是词汇学研究的中心。词汇学需要对"词"的形式和意义进行分析，因此，词汇学需要分析词形、词形及其组成部分的意义，以及词的来源。

a. 词源学（Etymology）：研究单个单词的含义，起源和历史及其发展。

b. 历史词汇学（Historical lexicology）：从历史的角度研究词汇的发展。

c. 成语学（Phraseology）：主要处理集合表达和习语。

因此，词汇学又可被定义为语言学的一个分支，主要研究某一种语言中词的起源、发展、结构、含义和应用方面信息处理等问题。

第二节　汉语造词方法

语言的词汇是语言系统中最活跃的部分。词汇的发展反映了社会的变化和发展，例如因特网、多媒体、纳米、光盘、遥控等词的使用；也折射出社会的经济和政治的情况，例如双赢、互动、自考、扩招、充电、日记门等；还反映了某一种语言的文化特征，例如五世纪初，来自日耳曼尼亚的盎格鲁、撒克逊、朱特三个部落入侵了英国，而英语的诞生及成形过程中，词汇主要来自这三个部落的方言词汇。词的创制，即造词方法的运用，促使语言中词的数量急剧增加。任学良撰写了第一部汉语造词法专著《汉语造词法》，明确指出造词法"研究用什么原料和什么方法创造新词"。造词着眼于词的历史形成，偏重分析词义和造词目的，构词着重分析词的结构形式和组成成分之间的关系。

一、造词来源于造词原则

什么是新造词？首先在"新"，反映了一个词从无到有的过程，也说明一个词得到社会使用的时间大约在 20～30 年。汉语近 20 年以来出现大量的新造词，它覆盖范围广，不仅反映了科技、经济、文化生活的迅速发展，也极大地丰富了现代汉语词汇系统，增强了语言的表现力。例如：

科学技术：因特网、多媒体、纳米、光盘、遥控；

关于社会生活：双赢、互动、前卫、投诉、炒鱿鱼、沙发；

关于教育学习：家教、自考、扩招、充电、网络大学、幕课；

文体娱乐方面：走秀、蹦迪、收视率、追星族。

其次，新造词不等于生造词，新词要符合汉字规范化的要求。如“品尝”和“体味”不能缩减成“尝味”，“支撑”不能说成“撑支”。

汉语新造词的特点：（1）谐音转写词，例如“海龟（海归）、海带（海待）、粉丝（fans）”；（2）以双音节词为主，但三音节也逐渐增多，例如“铁公鸡、一溜烟、老油条、深水狼、马后炮”等；（3）常用仿造、模因方式造词，偏正式构词能产性最高，如：白领——蓝领、粉领、金领、灰领；楼脆脆——楼歪歪、楼倒倒、楼薄薄”。2006—2010年度新词各音节数统计如表 5-1 所示：

表 5-1　2006—2010 年度新词各音节数统计

年份	新词总数	单音节数	双音节数	三音节数	四音节数	五音节以及以上
2006	165	1	55	51	43	15
2007	405	0	87	154	113	51
2008	418	4	70	192	120	32
2009	555	5	107	279	107	57
2010	597	0	106	326	126	39

（4）新词消退快，新词常常反映当年独有的社会现象，自然会随着社会情势的变化而消失；有的新词语在当年出现的频次也不高，属于昙花一现的“偶现”词语，如：吊瓶、蓝瘦香菇等。

二、造词方法

造词活动和人们的认识、社会发展紧密联系。在新词产生的过程中，人们创造多种多样的方法为事物命名，这些命名方法统称为造词法。

1. 摹声法

摹声法是指用人类语音形式模拟某种声音，从而创造新词的方法，如：咚咚、哗哗、哐啷等。

2. 加缀法

加缀法是指在原有单音节词基础上，附加虚化词缀成分。在汉语中，通过在原有词后添加儿化音或者“头”“子”，在原有的词前添加“阿”等虚化词缀成分，使新词带有表示小的、亲切的语义，如：扣——扣儿、尖——尖儿、帽——帽儿、婆——阿婆、凳——凳子。

3. 说明法

说明法是指在原词的基础上，从事物情状、性质、领属、用途、数量等方面进行注释说明，使词义更加明确、清晰。如：菊——菊花、角——三角、叶——树叶、鱼——武昌鱼等。

4. 比拟法

比拟法指运用比喻、拟人方式形成新词，如：笑面虎、蚕食、纸老虎、瓜分等。

5. 简缩法

简缩法指把词组形式通过简缩成词的方法。如越南语中“Việt Nam độc lập Liên minh（越南独立同盟）”简称“Việt minh（越盟）”、汉语中“新华通讯社”简称“新华社”。

6. 双音法

双音法以文言词为基础，通过添加语音，或者增加语义，形成新词。文言词属于古语词，是在古代语言或某个历史时期中使用、现在很少使用或只在特殊场合使用的词语，例如“目、足、首”等。双音法有两种形式：

（1）在文言词基础上增加语音，形成完全叠音或部分叠音，如：姑——姑姑、弟——弟弟、空荡——空荡荡等。

（2）在文言词基础上，通过词义之间相关或词义相反方式引申增加语义，如：刻——刻画，传——传记、传承，开——开关、笔——笔墨、朋——朋友等。

第三节　词汇计量统计

词是组成句子的基本单位，通常只有在对词进行分析的基础上，才能进一步做其他处理。计算机中关于自然语言的知识很大一部分以机器词典的形式存储，只有以词为单位才能直接应用这些知识根据词的形态特征结构，可把语言分成三大类：（1）分析型语言。词基本上没有专门表示语法意义的附加成分，形态变化很少，如汉语；（2）屈折型语言。用词的形态变化表示语法关系，一个形态成分可以表示若干种不同的语法意义，词根或词干跟词的附加成分结合得很紧密，如英语；（3）黏着型语言。词内有专门表示语法意义的附加成分，一个附加成分表达一种语法意义，一种语法意义也基本上由一个附加成分来表达，如日语。不同类型的语言，其词处理方法的差异很大。汉语分词的关键在于好的分词算法和好的分词词库。

一、自动分词

自动分词是把没有明显分界表示的字串自动切分为词串，包括标点符号、数字、数学符号、各种标记、人名、地名、机构名等。一般分词经历从字符串→词串→词性标记串→词义表示串的过程。例如：

我们在教室上课。

我们 在 教室 上课。

基于规则的方法一般需要事先由人工建立好的分词词典和分词规则库。汉语自动分词有正向最大匹配法（MM 法）、逆向最大匹配法（RMM 法）和双向匹配法。

正向最大匹配法是从左到右，从长到短的顺序进行匹配，如："str"表示字符串的代码，"len"表示长度

str=幼儿园地节目

Len=6

不匹配

Len=5

str=幼儿园地节

不匹配

Len=4

Str=幼儿园地

不匹配

Len=3

str=幼儿园

匹配

逆向最大匹配法是从右到左，从长到短的顺序进行匹配。例如：

Len=6

Str=幼儿园地节目

不匹配

Len=5

Str=儿园地节目

不匹配

Len=4

Str=园地节目

不匹配

Len=3

Str=地节目

不匹配

Len=2

Str=节目

匹配

两种单项的分词方法缺点是匹配比较费时，算法时间复杂度高，分词正确率不太高。MM 法最后切分结果：幼儿园 地 节目；RMM 法的切分结果是：幼儿 园地 节目。双向匹配法是对同一个字符串分别采用 MM 法和 RMM 法进行切分处理，如果能够得到相同的切分结果，则认为切分成功，否则认为有疑点。这时可以采用上下文信息，根据切分歧义规则库进行排歧，也可以进行人工干预，选取一种切分为正确的切分。

分词的作用有两个，首先，便于基于统计，即计算字与字间、词与词间的同现频率。其次，处理如何切分歧义。

二、词长计算

德国心理学家和语音学家蒙采拉特（Paul Menzerath）在研究词和音节长度的关系时发现：随着一个词所含音节数的增加，这些音节的平均长度会减小。他将此种现象概括为“整体越大，部分越小”，这显然是一种函数关系。“一种语言结构越长，则构成它的部件（成分）越短”，即：部件尺寸是结构尺寸的函数。

1. 频　次

频次又称频度，指在一个样本中，某个标志出现的总次数。

2. 词　长

用音节数来进行计算，即一个单词的音节数。如汉语中，一个音节对应一个汉字，因此，词长也就是一个词语中所包含的汉字数。

3. 平均词长

在一个文本中，所有的音节数与总的次数之商：

$Lw=Ns/Nw$

Ns 表示文本的音节总数，汉语中即为文本的总字数，Nw 表示文本的总词数。

在美国英语中，词长（音节数）以两个音节的单词最多，词长为一个音节的单词数量比词长为两个音节的单词数量少，它们的词长随着音节数的增加而增加。可是，词长为两个音节以上单词，它们的词长则随着音节数的增加而减少，两个音节以下的词长数量分布与两个音节以上的词长数量分布截然不同。例如：录制一群大学生口语，语段中单音节类符共计 111 个，形符 4 224 个；双音节类符共 212 个，形符 1 872 个；三音节和四音节词类符分别为 4 和 10，形符是 178 和 24。那么这个语段的平均词长约为：

$X1=(1\times4224+2\times1872+3\times178+4\times24)/(4224+1872+178+24)\approx1.3651$

思考与练习

一、选择题

1. 下列各组词全部属于基本词汇的是（　　）。

A. 手大 陛下 地壳　　B. 风 花 雪 月

C. 喜欢 爱 摩登 雷达　　D. 农具 铁犁 买卖

2. 下列各组中的成分都是词的是（　　）。

A. 的 鬼 该　　B. 令 拒 啤

C. 又 霹 客　　D. 莉 据 俩

3. 下列各组词中的成分都是词组的是（　　）。

A. 白布 黑板　　B. 青菜 眼熟

C. 骑马 金牙　　D. 都好 难过

4. 下列各项中，按“词根+词根”方式构成的是（　　）。

A. 阿妹　　B. 忽然　　C. 说法　　D. 石头

5. 下列各组中的成分都是外来词的是（　　）。

A. 手机　沙拉　　B. 模特　卡拉 OK

C. 中巴　超市　　D. 激光　因特网

6.“美化”“艺术性”属于（　　）。

A. 单纯词　　B. 复合词

C. 派生词　　D. 缩略成词

7. 区分词和语素主要是看（　　）。

A. 是不是音义结合体　　B. 能否独立运用

C. 有无意义　　D. 能不能用扩展法

8. 下列各项中属于连动词组的是（　　）。

A. 该来了　　B. 学会了

C. 想玩了　　D. 去玩了

9. 下列各组中，两个词组都属于动宾关系的是（　　）。

A. 感到快乐 联系工作　　B. 利用时间 准确答复

C. 讲究卫生 调查研究　　D. 寻找机会 审问清楚

10. 下列各组中，两个词组都属于偏正关系的是（　　）。

A. 飞速发展　抓住不放　　B. 建设速度 控制人口

C. 经验丰富 刚刚拿走　　D. 极力推荐 热情接待

11. 朋友、人民、学校用的构词方法是（　　）。

A. 转化法　　B. 缩略法

C. 复合法　　D. 派生法

12. 下列语素中属于自由语素的是（　　）。

A. 选　B. 第　C. 呢　D. 们

13.“不入虎穴，焉得虎子”属于（　　）。

A. 谚语　B. 成语

C 歇后语　D. 惯用语

14.“呆账”“托运”属于（　　）。

A. 科技用语　B. 行业用语

C. 成语　D. 隐语

15. 英语“worker”中的“er”是（　　）。

A. 构词语素　B. 构形语素

C. 虚词语素　D. 词根语素

二、填空题

1. 基本词汇是词汇的核心部分，具有___性、___性、___性、____性。
2. “手、软件、水、电视、民主、吃、批评、大”中属于基本词汇的是______。
3. 根据词义派生的方式，派生又分为两种：一是______，二是______。
4. 词汇是一种语言中所有的______ 和_____等固定用语的总汇。
5. 词语的组合一方面要受到_____的支配，另一方面要受到______的限制。
6. 词的词汇意义包括词的_____和______。
7. 研究语言符号的意义一般都以_____作为基本单位。
8. 语言词汇中除了_____以外的词构成语言的______。
9. 熟语分为两类：_____和______。
10. 古语词包括_______和______。
11. 词汇单位有两种：一种是______，另一种是_____。
12. 根据语素在词中的作用，可以把语素分为______、_____、_____。
13. 根据词的结构类型，可以把词分为单纯词、合成词。其中合成词又包括____、_____、_____。
14. 固定短语的特点是 ______ 和 ________。
15. “房间”的构词方式是合成词中的______。
16. 联绵词主要有____、____两种形式。
17. 语义场可分为______、顺序义场、关系义场。
18. 词义演变的途径有三种：词义的扩大、词义的缩小和_______。
19. 义项是词的________。只有一个义项的词是______，具有两个或两个以上义项的词是_______。
20. 同义词主要有两种类型，一是________，二是______。

三、名词解释

1. 词汇意义
2. 基本词汇

3. 词汇
4. 一般词汇
5. 词的中心意义
6. 单义词和多义词
7. 词义的附加色彩
8. 引申
9. 换喻
10. 语素

四、简答题

1. 举例说明词语搭配受哪些方面的影响。
2. 基本词汇有哪些主要特点?
3. 举例说明多义词和同音词的区别。
4. 举例说明词汇的发展变化主要体现在哪些方面。
5. 举例说明如何区别词的概念意义和附加意义。
6. 简答短语和词的异同。
7. 区分基本词汇和一般词汇有什么意义?
8. 词义发展变化有哪几种原因?

五、分析题

1. 试分析“为什么他没来”与“他为什么没来”的差别。
2. 如何区别叠音式单纯词和重叠式合成词?指出下列词语各属于哪类?
星星、猩猩、蝈蝈、哥哥、渐渐、嬷嬷。
3. 指出下列复合式合成词的类型。
痛快　造假　革命　照明　人民
牛奶　大寒　功用　司令　雪白
解剖　美好　石林　丝毫　无论
4. 指出下列的双声词、叠韵词、音译词。
仓促　灿烂　沙发　孑孓　恍惚　婆娑　铿锵
扑克　涤纶　秋千　踟蹰　拮据　婀娜　腼腆
5. 区分字面形式相同的词根语素和词缀语素。(在词缀下画横线表示)
(1)老粗 老汉 老伴 老板 老虎 老乡
(2)独子 矮子 养子 胖子 裤子 鱼子
(3)头儿 女儿 婴儿 个儿 画儿 健儿
(4)砖头 工头 苦头 山头 劲头 里头
(5)偶然 猛然 果然 居然 欣然 必然
(6)个性 党性 可读性 男性 记性
(7)电气化 焚化 美化 冰消雪化

六、论述题

1. 论述义的基本特点。
2. 结合实例论述句子的意义是由哪些内容构成的。
3. 论述义素分析法的优点与局限。
4. 论述理性意义、非理性意义与同义词的关系。
5. 简述惯用语的结构特点以及惯用语与成语的区别。

参考答案

一、选择题

1～5. BACCB　　6～10. CBDAD　　11-15. CABBA

二、填空题

1. 全民、常用、稳固、能产
2. 手、水、吃、大
3. 引申义、比喻义
4. 词、成语
5. 语法规则、语义条件
6. 理性义、色彩义
7. 词
8. 基本词汇、一般词汇
9. 通用熟语、专用熟语
10. 历史词、文言词
11. 词、固定短语
12. 词根、词缀、词尾
13. 复合式、派生式、重叠式
14. 结构定型、意义完整
15. 中补
16. 双声、叠韵
17. 类属义场
18. 词义的转移
19. 理性意义的分项说明、单义词、多义词
20. 等义词、近义词

三、名词解释

1. 词汇意义是指同词的语音形式结合在一起时，由人们对现实现象的反映以及由此带来的人们对现实现象的主观评价。

2. 基本词汇是词汇体系的基础和核心，标志着与人们世世代代的日常生活有密切

关系的词的总汇叫基本词汇，具有全民常用性、稳固性、能产性等特点。

3. 词汇是指一种语言中所有的词和成语等固定用语的总汇。

4. 一般词汇是指词汇中基本词汇以外的词的，其特点是变化迅速，缺少历史稳固性。

5. 词的中心意义是指在词的意义中占据中心地位的意义。

6. 一个词的意义可以只概括反映某一类现实现象，也可以概括反映相互有联系的几类现象，前者叫单义词，后者叫多义词。

7. 词义的附加色彩是指人们对现实现象的主观态度和情感，从而给词义加上了一层附加色彩的一种社会现象。这就叫作词义的附加色彩。

8. 引申是指派生意义产生的途径。引申大体可分为隐喻和换喻两种方式。

9. 换喻是指反映两类现实现象之间存在着某种相关关系的比喻。

10. 语素是语言中音义结合的最小语言单位，是不能独立运用的构词要素。根据语素在词中的不同作用，可分为词根、词缀、词尾三类。

四、简答题

1. 词语搭配受以下三个方面的影响：

（1）词语的搭配首先要受语法规则的支配。如只能说“我买书”，而不能在“我”的位置上换上“种”，在“买”的位置上换上“花”，在“书”的位置上换上“低”，变成“种花低”。

（2）词语的搭配也要受到语义条件的限制。如“他是个伟大的叛国者”就不能搭配，而只能说“他是个伟大的爱国者”。

（3）词语的搭配还要考虑社会的使用习惯。如一般说“一匹马”，而不说“一匹牛”“一头马”。

2. 基本词汇的主要特点有：

（1）稳固性。如“上、下、山、河、花、草、牛、羊、人、事”等，千百年来一直为不同政治体制、不同的社会制度服务。

（2）能产性。基本词汇是构造新词的基础，新词大都是由基本词汇派生出来的。如以“水”这个基本词为基础，就产生了大量的词：“水表、水库、水母、白水、墨水”等。

（3）全民常用性。使用频率高，流行地域广，不受地区、阶级、行业、文化程度等条件的限制，为全民所共同理解，共同运用。

3. 多义词和同音词的区别在于：

（1）多义词是指具有两个或两个以上义项的词，语音、字形相同，意义不同但互相联系。如“宽”的义项：横的距离大，如“马路很宽”；使松缓，放宽，如“心宽了一半”；不严厉，如“对他要从宽处理”。这几个意义之间就是相互联系的。

（2）同音词是语音相同而意义之间并无联系的一组词，是多音词现象。如“别”的义项：别离，如“别了我的母校”；卡主或绷住，如“别上发卡”；不要，不用，如“别闯红灯”。这几个意义之间没有联系，只是语音形式相同。

4. 词汇的发展变化主要体现在以下几个方面：

（1）新词的不断产生，如“网络”“影碟”“手机”等就是近年来产生的新词。

（2）旧词的消亡和发展。一些旧词退出了日常交际舞台，逐渐消失，如“交际花”“乡试”“姨太太”等。一些旧词逐渐地缩小使用范围，如“妻子”“可怜”“舅”“份”等。一些旧词又获得了新义，如“改革”“明星”“工程”等。一些曾退出了交际舞台的旧词又重新启用，如“股票”“破产”“拍卖”等词。

（3）词义的发展变化。很多专业术语，如“起飞”“辐射”“反馈”等，原都是单义词，如今已进入一般领域，成为多义词。

（4）词的声音形式的发展变化，如儿化词、轻声词的不断出现，异读词的重新规范。

（5）构词法的变化。如近年来，缀加法的兴盛、字母词的崛起。

5. 词的概念意义和附加意义的区别在于：

（1）词义中表达概念有关的意义叫作概念意义，又叫理性意义，如“花”，可供观赏的种子植物的有性繁殖器官，有各种形状和颜色。

（2）词除了概念意义还有附加意义，也称色彩意义。它附着在词的概念意义之上表达人或语境所赋予的特定感受，如“叛徒”“走狗”等词都包含了说话人对有关事物的厌恶、贬斥的感情。“狮头鹅”“云海”等词都反映出一些词的形态特征。

6. 短语和词的异同。

（1）结构上：

同：短语和词的基本结构都是一致的，结构成分之间都有联合、偏正、动宾、正补、主谓等关系。

异：① 短语结构不紧密，可以扩展；词一般不能扩展。

② 短语内部的组合有语序和虚词两种手段；词内部语素的组合则只有语序一种手段。

③ 短语大多不只包含两个词，两个层次；词绝大多数是由两个语素构成，只有一个层次。

（2）功能上：

同：短语和词都有名词性的，动词性的和形容词性的，它们在性质上是相同的，功能上也相当，可以充当同一句子成分。

异：① 短语的功能是构成句子；词的主要功能是组成短语。

② 短语则只有相当于实词功能的语类，没有相当于虚词功能的语类；词有实词和虚词之分。

7. 区分基本词汇和一般词汇的意义在于：把基本词汇同一般词汇区分开来，一方面能正确地了解基本词汇在词汇系统中与一般词汇的关系和不同的地位，从而更好地了解语言词汇材料的稳固性和变动性；另一方面能正确地认识它们，掌握它们，以促进语言词汇的健康发展。

8. 词义发展变化的原因有以下三种：

（1）词所标志的事物、现象本身发生了变化。例如："车"，从指"两轮中贯以轴，轴上承舆以任载"的以马为动力的陆上交通运输工具，发展到指"以电、汽油等为动力"的电车、火车、汽车等。"车"的基本义指"陆上的交通运输工具"，虽没有变化，但内涵丰富多了。

（2）由于科学技术的进步，人们对事物认识的提高，引起了词义的深化。例如："云"，《说文解字》说是"山川气"，深化为科学的说法是"在空中悬浮的由水滴、冰晶聚集形成的物体"。

（3）人们循着事物之间的相似性、相关点把词用来指与原意有某种联系的新事物、新认识，从而引起了词义项的增加或减少。例如："铁流"，由"流动的铁水"去指称"战斗力强的队伍。""皮毛"，由"带毛的兽皮的总称"去指称"表面的知识"。

五、分析题

1. 这两个句子的差别可以从形式和内容两个方面来分析。

（1）从形式方面来看，两个句子都是主谓句，但是"为什么"在第一个句子中做整个句子的状语，在第二个句子中做谓语中心语的状语。

（2）从内容方面来看，句子中的疑问代词一般都读重音，是句子意义的核心。这样不容易看到上面句子的意义上的差别。从话题角度也可以看到它们的差别。"他为什么没来"中突出话题对"他"的疑问，而"为什么他没来"突出对"没有来"的原因的疑问。

2. （1）叠音式单纯词由一个语素构成，重叠式合成词由两个语素构成。所以要确定题目中的词的 AA 式词属于哪一类，关键是要确定其中的 A 是不是最小的音义结合体，是不是一个语素。以"星星"和"猩猩"为例。"星"是有音有义的。"猩"是有音无义的，所以"星"是语素，"猩"不是语素，是音节，也就是说，从构词方式看，"星星"是重叠式合成词，"猩猩"是叠音式单纯词。

（2）猩猩、蝈蝈、嬷嬷属于叠音式单纯词。

星星、哥哥、渐渐属于重叠式合成词。

3. 题目中复合式合成词的类型如下：

痛快（偏正） 造假（动宾） 革命（动宾） 照明（中补） 人民（联合）

牛奶（偏正） 大寒（偏正） 功用（联合） 司令（动宾） 雪白（偏正）

解剖（联合） 美好（联合） 石林（偏正） 丝毫（联合） 无论（偏正）

4.

（1）双声词：仓促 孑孓 恍惚 铿锵 秋千 踟蹰 拮据

（2）叠韵词：灿烂 婆娑 婀娜 腼腆

（3）音译词：沙发 扑克 涤纶

5.

（1）<u>老</u>粗 <u>老</u>汉 <u>老</u>伴 <u>老</u>板 <u>老</u>虎 <u>老</u>乡

（2）独子 矮子 养子 胖子 裤子 鱼子
（3）头儿 女儿 婴儿 个儿 画儿 健儿
（4）砖头 工头 苦头 山头 劲头 山头
（5）偶然 猛然 果然 居然 欣然 必然
（6）个性 党性 可读性 男性 记性
（7）电气化 焚化 美化 冰消雪化

六、论述题：

1. 词义是人们对现实现象的反映以及由此带来的人们对现实现象的主观评价。词义的概括性是词义的一个重要的特点。词义反映现实，不是像照镜子那样直接反映客观事物，而是经过对同类事物的特征的分析、综合、归纳把形形色色的客观事物的本质特点和事物与事物之间的区别特征抽象概括出来，进行归类，形成概念，再结合一定的语音形式反映出来，形成词义。例如“苹果”这个词的意义，不是表达具体的红苹果，黄苹果，甜苹果，酸苹果，大苹果，小苹果，而是对各种各样类别的苹果的共同特征的概括。词义的概括性具体表现在一般性、模糊性、全民性三个方面。

（1）词义的一般性指词义是从特殊的具体的对象事物中抽象出来的，舍弃了个别的具体事物的特点，反映的是同类事物的共同特征，一般性的特点。比如“灯”，它指的是照明用具，没有具体指明什么灯，这里反映的就是事物的一般性。

词义的模糊性。词义是概括反映客观对象的，不是对客观现实的细致反映，而是大致反映，因此就决定了词义具有模糊性的特点。

（2）词义的模糊性指人们认识中产生的关于客观事物的边界、状态的不确定性，例如“早—中—晚、大—小、轻—重”等词的意义，它们的义界是模糊的，不清晰的，因而这些词义就具有模糊性。

（3）词义的全民性指词义反映的现实现象是一个社会集团的全体成员的共同认知，没有阶级、阶层之分，比如“爸爸、妈妈”这样的词的意义，地主、资本家和农民、工人阶级都可以理解。

2. 句义由五部分组成：

（1）词义。词义是指词的语音形式所表达的内容，包括词的语法意义和词汇意义。例如对“报纸”“黑板”的语法特点加以概括可以得出“名词”的语法意义；对该类词的语法作用进行概括可以得出“主语”“宾语”等的语法意义。

（2）语法结构关系义。词语在一定的语法结构中形成的互相关系就是语法结构关系，由这种关系所赋予的意义就是语法结构关系义。主谓结构表示陈述关系，偏正结构表示修饰限制关系，动宾结构表示支配关系等。例如“他在黑板上写字”就是主谓结构，表示陈述。

（3）语义结构关系义。语义结构关系义是指词语在组合中产生的语义上的关系所赋予的意义。如动作的施事和受事关系，事件的结果和原因关系等。例如“他在黑板上写字”中“他”是施事，“字”是受事。

（4）语调义。语调义是反映说话人使用句子的目的和说话人情绪的意义，包括陈述语气、疑问语气、祈使语气等。例如“他在黑板上写字”是一个陈述句。

（5）语境义。由环境补充确定的意义是语境义。例如“春色满园关不住，一枝红杏出墙来”这两句诗形象鲜明，构思奇特。它的句义就是由语境体现出来的意义。

3. 义素分析法也叫语义特征分析或语义成分分析，是把同一语义场的一群词集合在一起，从义素的角度进行分析、对比与描写，找出其共同义素或区别义素。

优点：

（1）义素分析可以准确掌握、解释、理解语义。例如旧字典解释“鲸”为大海鱼也，这就在共同义素上出现错误，鲸应该是“哺乳动物”。

（2）义素分析可以突出地显示词义之间的异同及联系。

局限：

（1）一方面，义素分析法具有很大的主观性，如义素的选择在数量和构成方面可能会出现因人而异，因分析目的而异的情形。

（2）另一方面，义素分析法目前还停留于几种词类。如名词、动词、形容词等词的分析中，还没有普及到对所有类型词的分析。

4. 词语的理性意义、非理性意义与同义词的关系是：

（1）词语的意义包括理性意义和非理性意义。与概念相联系的意义是词的理性意义，非理性意义是附着在词的理性意义之上的，又叫作词义的附加色彩，主要包括形象色彩、感情色彩、语体色彩等。同义词包含等义词和近义词，题目的同义词主要指近义词。近义词指意义并不完全相同的具有同义关系的词语，比如“愉快—高兴”“发挥—发扬”。

（2）近义词之间的细微差别主要表现在两个方面。一方面是近义词之间的差别可以表现在词的理性意义上，而理性意义上大差别会影响近义词的用法。比如“成立”和“建立”都具有“开始存在”的意义，但是“成立”侧重于组织、机构等的出现，而“建立”还可以适用于一些抽象的事物，如政权、伟业等。

（3）另一方面近义词之间的差别也可以表现在非理性意义即附加色彩上，比如“果断”和“武断”都具有“有主见地做判断”的意思，但是“果断”具有褒义色彩，“武断”具有贬义色彩。

5. 惯用语的结构特点以及惯用语与成语的区别在于：

（1）惯用语的结构特点：

① 以动宾结构、偏正结构为主。例如动宾结构：走过场、说大话、打圆场、扣帽子、泼冷水等；偏正结构：敲门砖、冤大头、保护伞、拦路虎、耳边风、绊脚石、恶作剧等。

② 其他如主谓关系：鸟兽散、鬼画符；并列关系：假大空、短平快等。

（2）惯用语与成语的区别是：

① 惯用语多为三字格，成语多为四字格。比如随大流—随波逐流；开倒车—倒行

逆施；放空炮—坐而论道。同为四字格时，惯用语多为 1+3、3+1 式，如扯–老婆舌、打–落水狗，眼皮子–浅；成语多为 2+2 式，如海底–捞月、过河–拆桥。

② 在语源上成语多有出处，惯用语均无出处。

③ 语义上成语有褒有贬，惯用语贬多褒少。

④ 在风格上成语庄重典雅，惯用语活泼直白。

⑤ 在结构上成语定型凝固，惯用语灵活自由。

第六章 语用分析

语义学部分讨论过话语的意义有很多种，但未曾涉及一种考虑到语境因素的意义。例如，英语“How are you”，为什么不能译为“怎么是你”，“How old are you”也不能理解成“怎么老是你”；汉语“这次考试差不多及格”与“这次考试差点及格”，两个句子句义相同，但是使用的语境和表达的交际意图不同。在不同的语言交际环境下如何理解语言，话语的交际过程、话语的交际原则、制约话语交际的各种因素都有哪些，怎样对话语进行准确的理解，怎样准确而又得体地进行表达，这些是语用学所涉及的内容。

本章主要认识语用和语用学，了解语用学的主要理论，主要介绍言语行为理论、会话含义理论、关联理论、礼貌原则、模因论等。

第一节 语用与语用学

语用指在交际环境下语言的运用和理解，即语言形式在具体语言环境中的实际运用和意义。例如，“今天是星期天”用于以下不同的对话场景，说话人的意图（the Speaker's intention）或话语意义（utterance meaning）不一样。

（1）丈夫：我去办公室啦。

妻子：老公，<u>今天是星期天</u>。

（2）丈夫：看一下有没有足球比赛。

妻子：喂，<u>今天是星期天</u>！

（3）父亲：今天哪儿也不想去。

女儿：老爸，<u>今天是星期天</u>。

第一句，妻子话语意思是提醒丈夫，星期天不用去办公室；第二句，妻子话语除了提醒还有强调，星期天不是看有没有足球赛；第三句，女儿话语意思是想要求父亲，星期天应该出去。从结构主义语言学到转换生成语法，人们着重关注语言结构，重视语言能力的描写。随着学科的发展，语言学家认识到，语言作为人类最重要的交际工具，不能只研究语言结构，而忽视研究语言运用。

一、语用学的内涵

美国哲学家莫里斯（Charles William Morris），现代符号学创始人之一，指出，语用学（Pragmatics）是研究符号与其释话人之间的关系的科学。他在《符号理论基础》（1938）一书中，首先使用了“语用学”这个术语。莫里斯认为，符号学包括符号关系学（即句法学）、语义学和语用学三个部分。巴尔·希勒尔（Bar Hillel）在莫里斯和鲁道夫·卡纳普（Rudolf Carnap）研究基础上，建议语用学研究的具体对象是语言中“I”“here”“now”一类的指引词语（Indexical expressions）。虽然，希勒尔把语用学的研究对象具体化，但是语用学的研究并不仅限于对指引词语的分析。

例如：“John broke the glass.（约翰打碎了玻璃杯）”、“The glass was broken.（玻璃杯被打碎了）”、“The glass got broken.（玻璃杯给打碎了）”，这三个句子使用的具体语境是不一样的，不知使用语境便无从得知确切的意义。又如，汉语中经常会用“吃了吗？”或“上哪儿去啊？”等作为打招呼时的用语，但是如果直接翻译成英语“Have you eaten yet?”和“Where are you going?”用于与不了解中国文化的英国人打招呼，他/她就会感觉很奇怪甚至不高兴。因此，语用学指研究在不同语境中话语意义的恰当地表达和准确地理解，寻求并确立使话语意义得以恰当地表达和准确地理解的基本原则和准则。

二、语用学的研究分支

从语用学的研究方法划分，语用学领域的研究可分为纯语用学（又称形式语用学）、描写语用学和应用语用学三大类。从语用学的跨学科视角划分，语用学研究可分为对语言本身的语用研究和语用学跨学科研究两类。对语言本身语用问题的研究一般称为语用语言学，研究语言结构及其语用意义之间的关系，主要指对相同或相似的语言结构在语境不同的情况下所具有的不同语用功能的研究。从语言本身研究语用有助于我们对语言的本质、语言结构和语言运用规律的理解。

与语言学的其他学科相比，语用学的特点是对语言的使用作动态的研究，这种动态性使其不可避免地要与其他学科发生联系。一方面，语用学可以从其他学科中寻找理论依据，指导语用学研究，如认知语用学就是运用心理学、心理语言学和认知科学的理论来指导交际中的语用推理研究。比如，用于指导成年人失语症患者恢复语言能力的交际疗法就是语用学理论在心理语言学研究中的运用。另一方面，语用学的研究方法或成果也可以指导其他学科的研究，如语际语用学的研究成果对外语教学就有很重要的指导价值。例如，跨文化语用学研究的是人们使用第二语言进行跨文化交际过程中出现的语用问题。特别是言语行为的语用研究，主要涉及人们在跨文化交际中能否用第二语言正确地表达或理解该语言的言语行为。比如：

“Have you got a watch?”这句话，如果发生在发生在陌生人之间，一般表示“请求”，表示请求对方告诉自己时间；如果发生在熟人之间，可以表示询问对方是否有手表。

宏观上，语用学与句法学、社会语言学、心理语言学、符号学、人类文化学、民俗学等学科都有密切关系。微观上，语用学着重对语言的动态描写和多种语言对比研究。随着功能语言学和语用学的发展，语言的形式与功能之间的关系开始引起人们的注意。语用与句法之间互为影响、互为制约。从共时的角度看，同一语用功能可以通过不同的句法结构表达；同一句法结构也可以表达不同的语用功能；不同的语用环境需要不同的句法结构与之相适应；从历时的角度看，现在的句法结构和规则是以往语用因素语法化的结果。

三、中国的语用学研究

20 世纪 70 年代末 80 年代初，中国外语界学者开始引进语用学理论。1979 年，许国璋就选译了奥斯汀（Austin）的《论言有所为》（*How to do things with words*）。胡壮麟（1980）最早向国内全面介绍了语用学的对象和方法、各个语言学派对语用学的评论、语用学和其他学科的关系，以及语用学规则。沈家煊把列文森（Levinson）《语用学》（1983）一书的各章先后译成汉语，内容涉及指示现象、会话含义、言语行为、预设和会话结构，发表在《国外语言学》1986 年第 1 期至 1987 第 2 期，并且把荷恩（Horn）《语用学理论》（1988）一文译成汉语，发表在《国外语言学》1991 年第 2 期和第 3 期上。

胡裕树和范晓（1985）最早提出了汉语语法研究三个平面的理论， 即句法、语义和语用。这里的语用指的是跟句法有关的语用因素，主要有：主题和述题、重心和焦点、语气、口气、评议性成分和句型或句式变化。他们认为，三个平面各有其形式和意义。语用意义是指词语或句法结构在实际运用中所形成的语用价值或信息，这种信息往往体现说话人的主观意向。表示语用意义的形式称为语用形式， 语用形式主要是语序的、虚词的，也有其他形式如语音、韵律等。句法和语义结构中的成分与语用成分之间密切相关，语用平面的信息最终由某些句法或语义成分来承载。三个平面的观点正成为研究汉语语法的新模式，它对汉语语法学的影响超过了结构主义以后任何西方语法流派的影响。

第二节　言语行为理论

言语行为理论（Speech Act Theory）是第一个完整的重要语用学理论，创始人为英国牛津大学哲学教授奥斯汀（John Langshaw Austin），标志性作品是他 1955 年在哈佛的讲座后成书的 *How to Do Things with Words*（《以言行事》）。他的学生塞尔（John

Searle）的博士论文《言语行为——一篇语言哲学论文》进一步助推言语行为理论。

20 世纪 30、40 年代奥斯汀宣称有两种句子类型：施为句（preformatives）与叙事句（constatives）。他把 I promise 这样的词语叫作程式用语（ritual phrases），在适当的条件下，说出这些程式用语就是在实施某种行为。例如当你拥有某样东西时说 I give，你就把这东西给了别人；当你有权力发号施令时说 I order，你就发出了一个命令等。

奥斯汀用了三个例子：

I name this ship the Queen Elizabeth.

I give and bequeath my watch to my brother.

I bet you sixpence it will rain tomorrow.

它们不"描述"或"报道"或"断言"任何东西，不存在"真假"，说出这样的一句话就是实施一种行为，或实施一种行为的一部分。与此相对，那些有真假的、起描述作用的句子，奥斯汀称为"叙事句"（constatives）。

随着研究的深入，奥斯汀发现很难而且也没有必要区分施为句和叙事句，因为每个句子都可以用来实施行为。当一个人说话时，他实际上同时完成了三种行为：第一种行为是言内行为（locutionary act），说话人移动发音器官，发出语音，并按规则将它们排列成合格的有意义的语句。第二种行为是言外行为（illocutionary force），表明说话人意图，为什么要这样说。第三种行为是言后行为（perlocutionary act），涉及听话人听话以后的事后效应。例如：甲对乙说"Morning!"，其言内行为是甲对乙说了一句话语 morning，指早晨到中午这段时间。其言外行为是说话人甲给乙打招呼，属于问候行为，向乙示好，意欲保持或改善两人之间的关系。其言后行为是改变世界：如果甲乙两人关系正常，这句话语旨在维持或巩固甲乙之间的关系；如果甲乙两人之间有过摩擦，那么通过这句话语可能导致关系好转或者乙不接受甲的示好而关系继续恶化。这三种行为中，言内行为和言外行为跟说话人有关系，而言后行为跟听话人有关。至于听话人是否按照说话人的意图去取效，各种可能或许都存在。

塞尔在《言语行为》中曾强调适合条件中的必要条件，也就是说，只要所说的话是意欲实施某种言语行为的，这句话就可以用来实施该行为。这种观点强调说话人的意图，跟格莱斯的非自然意义是一致的。如果谈话有什么规律的话，每个人说话都有目的，应该是一条很重要的规律。要理解一个人的话，就是要找出其目的，即找出说话人说话的意义。塞尔下面例句中的间接指令之所以表面上是疑问句、陈述句，但实际上却是祈使句，就在于说话人的目的是要把它们用作祈使句：

A：That's the telephone.

B：I'm in the bath.

A：Ok.

该例中，A 使用的是陈述句，"电话响了"这是字面意义，是言内行为，宣称一个事实，一个耳朵正常的人都知道"电话响了"这样的事实。所以，在上下文中，陈述句的字面意义被否定，听话人开始考虑说话人的意图，也就是 A 的言外意义，原来该陈述句不仅只陈述事实，还有祈使句的意思，是让 B 去接电话。A 的言后行为有两方面，一是听话人 B 满足说话人 A 的说话意图，去接听电话；二是 B 拒绝说话人 A 的命令。再看听话人 B 的反应，B 同样使用了一个陈述句，言内意义是“我在洗澡”。B 的回答似乎是不关联，实际上听话人 B 的回答这个陈述句不仅陈述了一个事实，而且说话人 B 的意图是拒绝接电话：因为我在洗澡，所以我不可能接电话。除了有“拒绝”功能外，还实施了命令的功能：你去接电话！A 的回答“OK”满足了 B 的言后行为，实现了 B 的交际目的。

第三节　会话含义理论

会话含义理论（The Theory of Conversational Implicature）由牛津哲学家格莱斯（Herbert Paul Grice）在 20 世纪 50 年代到 80 年代提出并形成，其中一个重要的部分是提出了会话参与者都会遵守的一般原则：使会话参与者的话语在其所发生的阶段，符合其参与的会话所公认的目标或方向，并且在适当的时间说出，格莱斯称之为合作原则（cooperative principle），如下：

会话准则

（1）适量准则（the Maxim of Quantity）

让你的话语提供当时所需的适量的信息（不少）。

不要让你的话语提供超出所需的过量的信息（不多）。

（2）质量准则（the Maxim of Quality）：尽量说真实的话语。

不说你认为是错误的话。

不说你缺乏足够证据的话。

（3）关系准则（the Maxim of Relation）：说相关的话语。

（4）明晰准则（the Maxim of Manner）：说清楚明白的话。

避免表达含混不清。

避免话语歧义。

力求简洁。

力求有序。

合作原则和会话准则虽然使用的都是祈使句，但却是对人们实际所作所为的描述，是所有人或大多数人遵循的，不是规范性的，不是告诉人们该怎么做，所以有各种违反上述准则的情况。例如：一个人可能偷偷地、不显山不漏水地违反上述四准则中的某一个或多个准则。他可能既退出合作原则，也退出其准则。他可能明说、暗示或使这一点变得清楚：他不愿意如准则要求的那样进行合作。他可能面临冲突：他无法遵守第一条适量准则（提供当时所需的适量的信息）而同时不违反第二条质量准则（对所说的话要有足够的证据）。他可能公开无视某准则：公开不遵守某准则。

例如：A：Where does C live?

B：Somewhere in the South of France.

格莱斯认为 B 的回答信息量不够，不能满足 A 的要求。违背了适量准则的第一细则：让你的话语提供当时所需的适量的信息。但人们认为 B 又是遵循了合作原则的（当你参与一段会话时，你所说的话应该符合当时情景的要求，并且在适当的时间说出）。所以 B 故意违反是因为他意识到提供更多的信息就会违反质量准则的第二细则：不说你缺乏足够证据的话。因此他隐含他不知道 C 住在哪个城市。这是格莱斯的解释。除此之外，还可以理解为：B 违背的是明晰准则的第一细则“避免表达含混不清”，产生的会话隐含为：B 知道 C 住在南方哪里，但是不愿意告诉 A。此时需要补充的语境信息为：A 有很麻烦的事情找 C，或 C 告诉过 B 不要告诉任何人他的住处等。

违反适量准则第一细则的极端例子为 War is war 这种同义反复（tautology）。格莱斯认为在明说的层面上，这种句子是完全没有信息量的，因此违反了适量准则，但在隐含的层次上，它却意义丰富，但取决于语境。如：有人伤心于战争的残忍时作为安慰的话语，表明战争的特点就是残忍。

例如：A 和 B 在谈论他们共同的朋友：在银行工作的 C。

A：How is C getting on in his job?

B：Oh quite well，I think；he likes his colleagues，and he hasn’t been to prison yet.

就适量准则而言，B 的回答前半部分就满足了 A 的问询。“他喜欢他的同事”可以理解为是前半部分的理由，就已经违背了适量准则第二细则。因为格莱斯说：如果 A 想知道命题 P，B 不仅说了命题 P，而且还提供了证据，证明确实是 P，那么他就违背了适量准则第二细则。尽管有似乎表示并列的“and”连接，后面“C 还没进过监狱”就更是违背了适量准则的第二细则：不要让你的话语提供超出所需的过量的信息。这一故意违背准则就产生了会话隐含含义（implicature）。与字面含义“C 还没进过监狱”不同的隐含含义可能是：C 是容易受钱财诱惑的人；C 可能有贪污受贿之嫌；C 离进监狱不远了等。

格莱斯讨论的违反质量准则第一细则（不说你认为是错误的话）的例子都是传统的修辞格。第一种是反语（Irony）。如：X 把 A 的秘密泄露给了 A 的竞争对手，在 A 和他的听众都明了这一点的情况下，A 说 X is a fine friend。很显然，字面意义跟 A 的说话人意图是不一致的。但听话人认为 A 在话语里是合作的，结合语境推导出 A 的话语是反面意义。

第二种是隐喻（Metaphor）。如：“You are the cream in my coffee.”该句很明显犯了分类错误，人怎么可能是 cream 呢？所以它要表达的不可能是字面意义，而是隐含意义。说话人通过隐喻把 cream 的一些特征映射到听话人身上，就推导出 You are my pride and joy；再结合后面的 in my coffee，通常来说 coffee 里面不加 cream 的，那么 You are my pride and joy 与 in my coffee 一结合，进一步的意义推导 pride and joy 失败。结合语境 in my coffee 推导出来的就不再是 pride and joy，而是反语 You are my bane。当然，现在一些人的口味变了，喜欢和咖啡加奶油，那么语境也就随之而改变，意义的推导也就因人因时代而发生变化。

另一种是夸张（Hyperbole）。如：Every nice girl loves a sailor.这句话语的错误在于全称词汇 every 表示无一例外，这是说话人知道的。尽管说话人明知在逻辑上是错误的，但他为了确保语境效果，故意牺牲质量准则第一细则，来夸大“sailor”是的魅力，似乎所有“nice girl”都喜欢，是万人迷。语用隐含是：Many girls love silors。

违反质量准则第二细则（不说缺乏足够证据的话）的例子格莱斯认为不太好找，只是说人们常使用 It may be the case that...或 I’m not shur but...这样的句式来限制。又如：

许三多戳着，尉官训话，再没理也得这么戳着。齐桓对地上的包踢了一脚，绝对不是轻踢：“行李？”

成才：“对。”

齐桓：“你有权评价上级问话的对错吗？”

这语气即使连许三多也为之气结。

成才面色通红：“是！”

（兰晓龙，《士兵突击》2007：260）

该例中，成才的“对”是“对，是行李”的意思，齐桓的“对错”是士官对尉官的评价“正确”的意思。他的问句“行李？”补充完整以后是“这是行李吗”，士官成才应该回答“是”或“不是”，而不是“对”。齐桓也知道成才的“对”是表附议，相当于“嗯”，虽然没有足够证据证明成才的“对”是“对错的对”，但他多少觉得“对”似乎有点评价的作用，有别于违反质量准则第一细则（不说认为是错误的话），所以故意违背质量准则第二细则（不说缺乏足够证据的话）而说出有点证据但又缺乏足够证据的话，从而产生会话隐含：你没有权利对上级问话进行评价，强调军队的上下级关系，我想找碴，你得受着。虽然齐桓用的是问句，但其语用功能不表询问，这是无须回答、语力超强的反问句式。所以下一话轮中成才的“是”是对前一话轮中自己的“对”的修正而不是对毗邻问句的回应，同时标点符号的变化与“面色通红”不仅表明成才语气的强弱，还表明心里不服但欣然接受的态度。

关于违背关系准则，格莱斯举了一个高雅的茶会的例子，A 和 B 进行如下谈话：

A：Mrs. X is an old bag.

B：The weather has been quite delightful this summer，hasn’t it?

B 完全不顾及 A 的会话内容，从对 Mrs. X 的评头论足中直接跳转到谈论天气，明显违背关系准则，从而产生会话隐含意义。具体的隐含意义得视具体情况，结合语境“高雅茶会”产生的隐含为“B 认为不应该背后说人坏话”“A 和 Mrs. X 关系不错，B 不能对 Mrs. X 进行负面评价”“人多嘴杂，B 担心自己的评价会被人听见后传到 Mrs. X 那里”等。

违反明晰准则第一细则（表达含混不清）经典的例子是父母在学龄前孩子们面前的对话：

A：Let's get the kids something.

B：Okey，but I veto I-C-E-C-R-E-A-M-S.

B 不直接说 icecreams 而是把字面分开一个一个地蹦出来，是故意让自己的表述对学龄前儿童来说含混不清、不明就里，而 A 却能立即推导出 B 的语用意图：icecreams 是孩子们的最爱，但是对孩子健康不好，一旦清楚明了地说出 icecreams，孩子们势不得到死不休，所以为了避免麻烦，故意表达含混不清。

格莱斯对违背明晰准则第二细则（避免话语歧义）例子为：Never seek to tell the love，Love that never told can be。这是一个四向歧义：其中第一个 Love 既可以指“爱情”也可以指“爱人”。“Love that never told can be”可以是“无法诉说的爱”，也可以是“不能说出来，一旦说出来就将不复存在”。

假设占领了信德（巴基斯坦一地名）的英国将军向本部发一电报，只有一个拉丁词汇 Peccavi，其英译为 I have sinned（我违抗了命令），也可以译为 I have Sind（我占领了信德）。这一话语歧义的 trigger 是同音异义字（homophone）造成的。理解的过程需要通过语境来语用消歧，看那个将军是否有违背命令以及话语产出的意义是否和受话人有关联。类似的例子如在酒店里 waitress 看见客人有一道鱼没有动，结账时想知道原因就问：How do you think of the fish? 客人的回答是 Long time no /si:/。同音异义的不同产出，既显示了客人的幽默，又显示了客人的教养，还不动声色地表达了自己的不满：long time no sea（not fresh）。

违背明晰准则第三细则（力求简洁）的例句也可以用上面违背明晰准则第一细则中的 icecreams 一例来说明。也就是说，明晰准则第一细则和第三细则在一定程度上有一定的重叠。不够，格莱斯的例句很能说明这一点，他的例句是评论家用而 Miss X produced a series of sounds that corresponded closely with the score of *Home sweet home* 不是用 Miss X sang *Home sweet home* 来评论 X 小姐的演唱。尽管两句话语的字面意义（Miss X 演唱了歌曲 Home sweet home）是一致的，但通过故意违背明晰准则第三细则（力求简洁）来形成隐含意义：Miss X 唱的 *Home sweet home* 不在调上。

对于违背明晰准则第四细则（力求有序），格莱斯没有例句。后来西方的学者给出的例句 They got married and had a baby 和 They had a baby and got married 来论证，中国学者给出的例句是：“屡战屡败”和“屡败屡战”。这些例句都难以例证违背明晰准则第四细则而产生会话隐含，因为这类例句的共同性特点是语序问题，他们不是无序，而都是有序。各自的有序对应客观世界的现实存在，都是处于明说的字面意义阶段。例如《红楼梦》第七回焦大醉骂小主人：

蓉哥儿，你别在焦大跟前使主子性儿。别说你这样儿的，就是你爹、你爷爷，也不敢和焦大挺腰子呢！不是焦大一个人，你们做官儿，享荣华，受富贵？你祖宗九死一生挣下这个家业，到如今不报我的恩，反和我充起主子来了。不和我说别的还可，若再说别的，咱们红刀子进去白刀子出来！

“红刀子进去白刀子出来”，不是单纯句法层面的错误，而是故意违背明晰准则变得无序，从而产出隐含意义：焦大命运的倒转和贾府时运的倒转。

昔日，焦大和贾家老太爷是过了命的兄弟，当年把老太爷从死人堆里背出来，有吃食自己舍不得吃，留给老太爷吃，自己饿得不行去偷吃；有水自己舍不得喝留给老太爷喝，自愿喝马尿。看似是忠仆和主人的关系，实则是兄弟情谊；而目前老太爷没了，自己老了，深夜被派别人不愿意干的活而被逼喝马尿，在贾府的地位也每况愈下，这是焦大个人命运的反转。

就贾府而言，当年老太爷戎马倥偬、九死一生而打下的盛极一时的贾府也由盛转衰，儿孙们知恩不报、扒灰的扒灰、养小叔子的养小叔子、蝇营狗苟、荒淫无道。这就是词槽填空“红”与“白”错位的言外之意。

第四节　关联理论

威尔逊（Deirdre Wilson）和斯波伯（Dan Sperber）认为格莱斯所有的会话准则可以用一条关联原则来代替：说话人已经为实现关联最大化尽了最大努力。

首先，他们认为格莱斯的适量准则（让你的话语提供当时所需的适量的信息；不要让你的话语提供超出所需的过量的信息）非常模糊，没有说明如何判断信息量足够、不够或过量。而关联原则不但可以把适量准则纳入其中，而且还能使它们更准确。在关联论看来，适量准则是多余的。

其次，关于格莱斯的质量准则（不说你认为是错误的话；不说你缺乏足够证据的话），威尔逊和斯波伯认为也存在很多问题。为了确立话语关联性，听话人必须从一系列假定为真的前提中做出有效推理，而说话人为了实现关联最大化，通常情况下也必须讲真话，提供足够的证据。因此，威尔逊和斯波伯认为在大多数情况下，关联原则包含质量准则。

再次，关于格莱斯的关系准则（说关联的话语），威尔逊和斯波伯认为这显然属于他们的关联原则。

最后，关于明晰准则（避免表达含混不清；避免话语歧义；力求简洁；力求有序），威尔逊和斯波伯认为“避免含混不清”可以从关联原则派生出来，如果说话人表达晦涩，听话人就可能无法对所表达的命题做出判断，所以，表达含混不清就违反了关联准则。既然听话人通常会选择最具话语关联的解释，“避免歧义”就毫无意义。威尔逊和斯波伯认为“力求简洁”至少是表述错误（misstated），因为如何判断简短，是根据词数、音节数、短语数还是句法或语义复杂程度没有详加说明。

《关联：交际与认知》出第二版时（1995 年），威尔逊和斯波伯的认知关联原则为：

第一关联原则：人类认知倾向于追求关联最大化。

第二关联原则：每一个明示交际行为都传递一种假定：该行为本身具有最佳关联。

其中，第一条与认知有关。第二条与交际有关。第一关联原则是第二关联原则的基础，并可预测人们的认知行为，足以对交际产生导向作用。“认知关联原则”和“交际关联原则”分别对应于“最大关联性”和“最佳关联性”。所谓“明示”就是明确表示做某事的意图。

在《关联：交际与认知》第一版中，威尔逊和斯波伯区分了最大关联和最佳关联。最大关联就是话语理解时付出尽可能小的努力而获得最大的语境效果，而最佳关联就是话语理解时付出有效的努力之后所获得的足够的语境效果。

就认知而言，威尔逊和斯波伯沿用了进化论的观点，认为人类的认知往往与最大关联相吻合；就交际而言，威尔逊和斯波伯关注的是听话人应期待的是什么样的关联才算合理。第一关联原则是模糊的、笼统的，但这不要紧，因为它所导致的结果，特别是第二关联原则是明确的、重要的。所以他们的最佳关联假设为：

A. 明示刺激具有足够的关联性，值得听话人付出努力进行加工处理。

B. 明示刺激与说话人的能力和偏好相一致，因而最具关联性。

威尔逊和斯波伯关联论所关注的是有意交际或意向性交际，那些“无心插柳柳成荫”的交际故事不是关联论关注的重点。关联论关注的核心问题是交际与认知，它不以规则为基础（rule-based），也不以准则为标准（maxim-based），而是基于如下观点：话语的内容、语境和各种暗含，使听话人对话语产生不同的理解。但听话人不一定在任何场合下对话语所表达的全部意义都理解，他只用一个单一的、普通的标准去理解话语。这个标准足以使听话人认定一种唯一可行的理解，这个标准就是关联性。因此，每一种明示的交际行为都应设想为这个交际行为本身具有最佳的关联性。

关联论认为，交际中语言的产出和理解有两方面：编码和解码，以及明示和推理。编码和解码过程是明示和推理的主要依据，理解并非只限于解码，推理才是主要的。听话人的理解并非绝对可靠，因为听话人理解的意义不一定就是说话人意欲表达的意义。正因如此，关联论认为言语交际可能成功，也可能失败。但是，由于交际都带有目的，交际双方总会力图消除误会，尽可能达到不同程度的相互理解。

关联论主张“明示-推理”的交际模式，威尔逊和斯波伯认为这种交际必须满足三个要求（1）吸引听话人的注意力；（2）将听话人的注意力指向说话人的意图；（3）显示说话人的意图。

威尔逊和斯波伯认为“明示”和“推理”是交际过程中的两个方面。从说话人的角度看，交际是明白无误地示意的“明示”过程：说话人明白无误地表达出自己的意图。从听话人的角度看，交际又是听话人从说话人的明示信息中推断出说话人意图的“推理”过程。例如：

A：Is there any shopping to do?

B：We’ll be away for most of the weekend.

会话中 B 明说了“周末不在家”，想通过这句话明白无误地向 A 传达他的意图：不用到商店买东西了。这就是言语交际中的说话人明示。当 A 听到 B 这么说，就从 B 提供的话语信息中推导出 B 隐含的意义：不用到商店买东西。问题是 A 是如何推导出 B 的隐含含义的呢？因为即使 A 以“周末不在家”作为语境假设，作为推导的前提，A 也无法确定 B 是否想到商店买东西。B 的明示话语给 A 提供了推导的认知环境，A 从这个认知环境中获得自己的语境假设，并推导出 B 话语中的种种语境隐含：

（1）If we are away for the weekend，then we won’t need food.

（2）If we are away for the weekend，then we won’t be able to go shopping.

（3）If we don’t go shopping，then we won’t have any food on our return.

语境隐含经过推理获得的语境效果是：根据上述语境隐含（1），A 得知 B 不想到商店买东西；根据上述语境隐含（2）和（3），A 可能会认定 B 的意见是要去一趟商店。由此看出，说话人话语的明示过程实际上是为听话人提供一个推理的认知环境。关联论认为，所有的推理，甚至包括通过猜想而形成的前提，都是有理有据地演绎过来的。

最大关联性和最佳关联性到底有什么区别？如果说关联性是产出效应跟投入努力之比，从字面上看，“最大”应该等于“最佳”。然后威尔逊和斯波伯说“最大”不等于“最佳”。这两者属于不同的领域：认知领域和交际领域。人们在认知领域追求“最大关联性”，在交际领域追求“最佳关联性”。“认知”是人们对事物的认识，是对“知识”“信息”的探索。“交际”是人们之间的“交往”，你来我往地交换东西，交换的东西可以是情感，也可以是信息等。姜望琪等认为“最大关联性”和“最佳关联性”的区别实际上是看问题角度的区别。如果说最大关联性等于“产出与投入之比最大：产出的效应最大，投入的努力最小”，这时候我们采取的是听话人的角度。但相对于说话人，情形可能不一样。特别是对听话人是省力的，对说话人不一定也是省力的。所以威尔逊和斯波伯在最佳关联性假定里提出“要考虑说话人的利益，要考虑说话人的可能”在第二版时进一步修订为“要考虑说话人的能力和意愿”。这种考虑到说话人利益的最大关联性，在说话人能力和意愿允许范围内的最大关联性，就是威尔逊和斯波伯所说的“最佳关联性”。在这个意义上，把“最大关联性”叫作“听话人关联性”，把“最佳关联性”叫作“说话人关联性”。

第五节　礼貌原则

格莱斯提出了合作原则，解释了话语的字面意义和它的实际意义之间的关系，解释了会话含义是怎样产生和理解的，但它却没有解释人们为什么要违反会话准则以含蓄地、间接地表达自己。虽不能说人们违反会话准则产生会话隐含都是处于礼貌的需要，但是在不少情况下是如此。

杰佛里·利奇（Geoffrey Leech）在《语用学原则》一书把言外行为分为四大类：竞争类（competitive），和谐类（convivial），合作类（collaborative）和冲突类（conflictive）。

竞争类指语言的言外功能与社会目标相互竞争的言外行为，如命令、请求、要求、祈求等。这类行为本质上就是不礼貌的或失礼的。所以说话人在使用该类言语时要注意礼貌地使用语言以减少其非礼性。

和谐类的言外行为指在言语活动中，听话的一方是受益者的言外行为，本质上是礼貌的，如提供、邀请、祝贺、致意、致谢等。

合作类言外行为指以交换信息为主要目的的言语活动，如：声言、报告、宣布、传授等。该类行为要求交际双方高度合作，最大限度地遵循合作原则，并不过多牵涉礼貌问题。

冲突类的言外行为指言外功能与社会功能互相冲突的言外行为，如：威胁、指责、诅咒、责骂等。这一类言外行为本质上就是不礼貌的，没有礼貌可言。

那么，什么是礼貌？首先，礼貌是一方（自身/self）对另一方（他人/other）的态度。对指令类和承诺类与礼貌有关的言外行为的说话人希望听话人去做某事或说话人承诺为听话人做某事，牵涉到两个概念："惠（benefit）"和"损（cost）"，"惠"和"损"不一定是物质上的得失。一般而言，一方受惠另一方就受损，但也存在一方受惠而另一方未必受损的情况。常常是一方受的惠和另一方受的损成正比关系，一方受的惠越大，另一方受的损也就越大。请看如下例句：

（a）Clean the house for me!

（b）Buy me a stamp!

（c）Sit down!

（d）Have another cup of tea!

（e）Come and join us in the picnic!

在这一组祈使句中，从句子的言外功能来看，（a）和（b）多数情况下是指令，说话人受惠听话人受损；（c）可能是指令，也可能是提供，惠损视情况而定；（d）是提供，听话人受益；（e）是邀请，说话人受损听话人受惠。对听话人而言，从（a）到（e）惠减少损增大。对听话人而言，从（a）到（e）损减少惠增大。明白"惠""损"以后，根据惠损的程度就知道什么行为是礼貌的，什么行为是不礼貌的，什么行为跟礼貌无关。礼貌的程度跟他人受损的可能性或者说和自身受惠成反比。

利奇的礼貌准则如下：

1. 策略准则（Tact maxim），用于指令和承诺

（1）使他人受损最小。

（2）使他人受惠最大。

2. 宽宏准则（Generosity maxim），用于指令和承诺

（1）使自身受惠最小。

（2）使自身受损最大。

3. 赞扬准则（Approbation maxim），用于表情和表述
（1）尽力缩小对他人的贬损。
（2）尽力夸大对他人的赞扬。
4. 谦虚准则（Modesty maxim），用于表情和表述
（1）尽力缩小对自身的赞扬。
（2）尽力夸大对自身的贬损。
5. 赞同准则（Agreement maxim），用于表述
（1）尽力缩小自身与他人之间的分歧。
（2）尽力夸大自身与他人之间的一致。
6. 同情准则（Sympathy maxim），用于表述
（1）尽力缩小自身对他人的厌恶。
（2）尽力夸大自身对他人的同情。

话语的可接受性受语境社会因素的约束，在一定的语境中显得礼貌的话语，在另一语境中可能显得不够礼貌，也可能显得过分礼貌。不够礼貌固然会使话语不能被接受，但过分礼貌也同样会使话语不能被接受，具体例子如下：

1. 策略准则

Would it be possible for you to lend me your car?

Could you lend me your car?

Will you lend me your car?

Lend me your car!

You must lend me your car.*（星号表示不太为人接受）

2. 宽宏准则

You MUST have another sandwich.*（过分强硬，欠缺礼貌）

Do have another sandwich!

Please have another sandwich!

Would you like to have another sandwich?

Would it possible for you to have another sandwich? *（过于有礼貌，也不太为人接受）

Would you mind having another sandwich? *

3. 赞扬准则

You are the best cook in the world.

What a marvellous cook you are!

You are really a good cook.

You certainly know something about cooking.

4. 谦虚准则

A：What a bright boy you are! You always get full marks.

B1：Thank you. I have very good teachers.

B2：Thank you. The exam questions are not that hard.

B3：Thank you. But I'm not the only on in the class that gets full marks

B4：Yes，I am，ain't I?

5. 赞同准则

A：That dress she is wearing is beautiful，don't you think?

B1：Yes，absolutely.

B2：Yes，I couldn't agree with you more.

B3：Yes，I think so too.

B4：Well，I like the colour.

B5：I don't think it's beautiful at all.*

6. 同情准则

A：I lost my kitten last week and I still can' t get over it.

B1：It's most unfortunate that you lost your pet.

B2：I know what it is like. You have all my sympathy.

B3：I'm sorry to hear that.

B4：Never mind. You can find another one.

B5：So we won't be annoyed by that nasty little animal any more.*

在这六条准则中，最根本的一条是策略准则。因为策略准则用于指令，而指令是各种言外行为中最需要讲究礼貌，也最能体现礼貌的一种行为。

利奇认为礼貌理论尚未成型，即使是布朗（Penelope Brown）和莱文特（Stephen Levinson）的礼貌原则（1978）和瓦特（Richard Watts）（2003）以及他自己（2007）有关礼貌的研究都只属于礼貌理论建模阶段。现代礼貌理论研究之母罗宾·莱考夫（Robin Lakoff）在1973年和1990年分别提出两个三原则。布朗和莱文特1978年发展了面子概念，重心是"面子保全论（Face-saving Theory）"。假定参加交际的都是典型人（Model Person）：就是社会集团中具有正常交际能力的人。这种典型人具有两种特殊的品质：面子（Face）和理性（Rationality）。面子即个人在公众中的"个人形象"（the public self-image），分为消极面子（negative face）和积极面子（positive face）两类。消极面子指不希望自己的行为受别人的干涉、阻碍。积极面子指希望得到别人的赞同、喜爱。

布朗和莱文特认为许多言语行为本质上是威胁面子的，要么威胁说话人的面子，要么威胁听话人的面子。对面子威胁行为（Face Threaten Action，以下简称FTA）的大小的估算包含以下三个因素：

（1）说话人和听话人之间的"社会距离"（social distance，用D表示）。

（2）说话人和听话人之间的"相对权势"（relative power，用P表示）。

（3）特定的文化中，言语行为本身所固有的强加的绝对级别（absolute ranking of

imposition，用 R 表示）。

一个行为对面子的威胁程度取决于这三个因素，用公式表示为：

$W_x = D(S，H) + P(H，S) + R_x$

Wx 表示面子威胁行为的大小，D（S，H）表示说话人和听话人之间的社会距离，P（H，S）表示听话人相对于说话人所拥有的权势，Rx 表示在一种文化中面子威胁行为的强加级别。

例如：A1：Excuse me，sir，would it be all right if I smoke?

A2：Mind if I smoke?

这两句话具有同样的言外之意，假设说话人和听话人一个是上司，一个是雇员，他们之间的社会距离是常数，唯一的变量是相对权势 P，雇员问上司他是否可以抽烟，用 A1 的形式。反之，上司问雇员是否可以抽烟，则用 A2 的形式。

再如：A1：Excuse me，do you by any chance have the time?

A2：Got the time，mate?

这两句都用来询问时间，询问时间这一行为的强加程度不大。假设这两句话的说话人和听话人之间的权势基本相同，即 P 值和 R 值均为常数，那么剩下的唯一变量便是 D 值，即说话人和听话人之间的社会距离。如果两人是路上偶遇的陌生人，那么 D 值显然较大，因而 Wx 也较大，言语行为的威胁程度相对就大，于是说话人就选择 A1 这一语言形式。如果听话人和说话人是十分熟悉的朋友，社会距离就小，那么这同一言语行为对面子的威胁程度就小得多。因此，说话人只需选用 A2 这一形式。

顾曰国回顾了礼貌在汉文化中的历史起源，根据汉文化中的德、言、行的礼貌要求，对利奇的策略准则和慷慨准则进行修订，修订为四条礼貌准则：尊敬他人（respectfulness）、谦虚（modesty）、态度热情（attitudinal warmth）和温文尔雅（refinement），也有人将其总结为一句话：贬己尊人。他对利奇慷慨准则的重构让利奇明白了其 1983 年提出的模式的缺陷；而且顾曰国的平衡原则也让利奇等人认识到礼貌背后共同的本质因素之一是平衡。

利奇认为布朗和莱文特计算面子威胁（FTA）力量的公式 Wx=D（S，H）+P（H，S）+Rx 太过于简单。重述他在《语用学原则》中的两种方法看待礼貌：（1）语用语言礼貌尺度；（2）社会语用礼貌尺度。利奇的积极礼貌是恭维对方；而利用礼貌意欲缓和说话人对听话人的强加程度是利奇的消极礼貌。利奇认为他 1983 年根据言外之意功能把言语行为分成四类中的前两类与礼貌密切相关：竞争类和欢乐类都受制于消极礼貌。利奇在《语用学原则》中提出礼貌原则六准则，理解这些准则的通则为礼貌普遍策略（GSP）。即使是礼貌原则之外的讽刺和逗乐，都确实利用了礼貌原则，是根植于违背合作原则和礼貌原则的第二序策略。讽刺是假礼貌；逗乐是假不礼貌。决定礼貌的适当的度取决于其他值的度：说话人和听众之间的垂直距离；水平距离；损/益度等；社会权利/义务力量对比；圈里/外的差异。礼貌的语用语言面，礼貌的值主要通过不同的音素、句法和词汇资源来编码。虽然利奇基于垂直距离、水平距离和交换权重提出三维礼貌这一社会语用概念，但他也提到另外两个额外的因素让礼貌可能成为四维或五维现象。

利奇在 2014 年《礼貌语用学》中对“道歉”这一原型范畴的言语事件进行了分析。由如下五部分组成：（1）核心（head act）；（2）承认责任；（3）解释；（4）提供修复；（5）承诺忍耐。1～2 是道歉的主要构件，3～5 依情形选用。一个正式的道歉可以当成是一个原型，在典型性的顶端，区别于边缘区的道歉。所以道歉和请求在边缘区没有清晰的范畴。道歉是积极礼貌，其判断标准是加强化修饰词去检验，不同于消极礼貌使用模糊语和缓和语的检验法。分析道歉的本质得考虑语用语言侧面和社会语用侧面，大量道歉是由句型固定的公式性话语实施，有高度的语用化过程发生，弱化了道歉意义。英语通常使用 3 种主要的道歉策略：A、表达说话人 S 的悔意；B、寻求听话人 H 的原谅；C、使用施事话语等。然后详细分析了这三种道歉策略的语法接续和道歉程度、时间等维度以及道歉的社会语用侧面 5 参数：垂直距离，水平距离，损/益度，权利/义务，圈内/圈外。

利奇在 2014 年《礼貌语用学》中研究了言语事件“请求”中的礼貌。英语倾向更多使用与礼貌相连的间接请求。“请求”中的礼貌都是语用语言层面，而不涉及社会语用层面。他认为在请求和命令之间没有清晰的界限，而是从无选择到有选择的连续流。一些已经语用化/公式化了的请求，虽然语言上可以有顺从和拒绝，但实际上根本没有提供选择的机会，这是典型的消极礼貌，遵守了得体准则。请求和别的言语事件“建议、指导和要求”等也有模糊的界限。请求是 Bown & Levinson 礼貌模式中减少 FTA 的典范，但其强加程度的权重公式 Wx=D （S，H）+ P（H，S） + Rx 不能解决问题。而利奇在模式中使用的是水平距离、垂直距离和损益参数术语。利奇的兴趣在于追问为何一些策略在（语用语言）礼貌方面比另外一些要高，他认为策略范畴利用的是抽象的意义层面而不是形式。很多请求策略在词汇语法上是完整公式表达的省略式。利奇对语用修饰语感兴趣的是在积极礼貌或消极礼貌语境中的语用功能，对请求的回应可分为顺应回答或拒绝。

礼貌研究的一个新动向是研究不礼貌现象，探讨礼貌缺省，不礼貌，模拟礼貌的讽刺和模拟不礼貌的逗乐等。就意图和影响而言与礼貌是相反的，但利奇依旧关注礼貌解释。多数话语是礼貌缺省，外在礼貌连续流的中间：礼貌缺省在语用语言量表里是单向的：从礼貌缺省的 0 区开始单向向更礼貌的方向延展；而在社会语用礼貌量表是双向量表。利奇认为在理论架构不礼貌上去建构礼貌理论，重申礼貌作为交际利他未必是真正利他。

利奇还涵盖热门领域——中介语语用学和跨语言跨文化礼貌（以下简称 ILP），即当学习第二语言时，学习者如何获得礼貌这样的语用能力。研究 ILP 的典型范式是问卷、测试和角色扮演等，尽管有大量有关 ILP 的研究，但就礼貌现象的研究极少。在礼貌层级方面，二语习得者或外语学习者（ESL/EFL）对礼貌的区别比母语者（NS）更敏感，但有关礼貌研究的总体水平利奇不是很满意。利奇考虑到礼貌普通策略（以下简称 GSP）的潜在优势，就整体而言，ILP 的研究中还没有使用利奇的 GSP，除跨文化礼貌对比外。利奇的想法是：说话人不得不应对由 GSP 的各准则代表的限制的抗争。由于使用 GSP 的方法研究 ILP 的比较少，所以在一些跨文化语用研究中推荐使用 GSP 模式。

第六节　模因论

道金斯（Richard Dawkins）在《自私的基因》（*The Selfish Gene*）中认为处理基因外，还存在另外一个新的复制因子（the new replicators），他将该复制因子命名为模因（meme）。模因一词具有两个含义，一是“文化传播单位”，一是“模仿单位”。

根据道金斯的观点，模因是一个文化信息单位，那些不断得到复制和传播的语言、文化习俗、观念或社会行为等都属于模因。模因可以看作是复制因子，也可以看作是文化进化单位。

在模因论中，模因不但被当作“有生命的结构”，它还往往被描述成与电脑病毒相类似的“思维病毒”（viruses of the mind），可以感染其他人的大脑或者传染到其他人的大脑中。

模因定义的形成氛围有两个阶段：前期被认为是文化模仿单位，其表现型为曲调旋律、想法思潮、时髦用语、时尚服饰、搭屋建房、器皿制造等模式；后期的模因被看作是大脑里的信息单位，是存在于大脑中的一个复制因子。模因可以被看作是一些思想，它本身没有明确的目标或意图。在现实世界里，模因的表现型可以是语词、音乐、图像、服饰格调，甚至手势或脸部表情等。换言之，语词、技能和音乐等可以看作是大脑里模因的外在呈现，并通过感觉器官在个体之间相互传递，在接受者的大脑里留下副本，使模因能够不断得到复制和传播。

成功模因的特点：道金斯认为，模仿是模因的主要复制方式，有许多模因比模因库中的其他模因来得更成功，即能够在自我复制的竞争中获得胜利，而模因究竟能否复制成功要受到长寿性（longevity）、多产性（fecundity）、复制忠实性（copying-fidelity）这三个特点影响。

长寿性：指模因在模因库内存留很久，即模因能在纸上或人们的头脑中流传的时间很长。模因的寿命有长有短，有些模因可能长生不老，而有些模因昙花一现。因此，模因存在的时间越长，被复制的可能性就越大。

多产性：模因众多特点中最重要的一个因素，道金斯认为模因像基因一样也受两种类型的影响，一是利用模因宿主的交际与模仿能力进行复制，一是模因对外部世界产生的影响，即影响到模因的生存机会。第二种类型的影响有赖于当时的环境，而其中很关键的一部分很可能是复制因子库。总之，成功的模因必须保证自己能够不断得到复制，越受欢迎的模因，被复制的数量越多。有些模因虽然能在短时间内迅速得到大量的复制与传播，但不一定能存留很久。

复制忠实性：一般而言，模因复制越忠实，原版就越能得到保留。也即，复制的忠实性是指模因在复制过程中往往会保留原有模因的核心或精髓，而不是丝毫不发生变化。所谓的忠实并不等同于原原本本毫不走样，忠实只是一个程度问题。

模因在复制和传递过程中通常要经历四个阶段：同化（assimilation）、记忆（retention）、表达（exprression）和传播（transmission）。

同化：海利根（Francis Hyelighen）认为成功的模因应该能传染它的宿主，进入宿主的记忆里。假定一个模因呈现在一个新的可能的宿主面前，被呈现的模因要得到同化，就必须被宿主注意、理解和接受。“注意”是指模因载体的显著程度足以引起宿主的关注。“理解”意味着宿主能在自己的认知系统里重新将其呈现出来。新观点或新现象要得到宿主的理解，必须能够迎合宿主已有的认知结构，而且，也要宿主愿意或认真对待才行。

记忆：模因复制的第二阶段是指模因在记忆中的保留时间。根据定义可以知道，模因必须在记忆中保留一段时间，否则就不能称作模因。模因在记忆里停留的时间越久，通过感染宿主使自己得到传播的机会就会越多。和同化一样，记忆也是有选择性的，只有少数能够存活下来。记忆保留时间的长短取决于某个观点是不是很重要，重复的频率是多少等因素。

表达：模因若想传递给其他个体，必须由记忆模式转化为宿主能够感知的有形体，这个过程称为表达。表达可以是有意识的，也可以是无意识的。人们走路、办事、穿衣打扮等都可能是模因的表达。如果宿主认为某个模因不会引起别人的兴趣，或不知如何表达，或只想使之成为秘密，没有在自己的行为当中表现出来，那这样的模因就得不到机会进行表达。如果模因宿主深信某个模因相当重要，那么该模因就得到不断的表达。

传播：某个表达若想传递给其他个体，需要具备看得见、听得着的载体或媒介，如：书籍、照片、CD、网络等，它们应有一定的稳定性，以免表达的内容在传递过程中失真或变形。

道金斯的学生布莱克摩尔（Susan Blackmore）强调模仿对人类生存的极端重要性，指出模仿是人类自然而然拥有的一种能力，每个人一生都在模仿，人的一生就是模仿的一生。我们也许不会把模仿看作是多么聪明的办法，但经常有一种意想不到的聪慧藏在模仿中模仿涉及三个方面：（1）决定模仿对象，断定如何才算相同或类似；（2）从一个角度到另一个角度的复杂转换；（3）在身体上做出相应的匹配行为。

布莱尔摩尔强调模仿对模因传递的重要意义，指出容易被模仿的行为可能构成成功的模因，而难以模仿的行为则较难成为成功的模因。布莱尔摩尔和道金斯一致认为：模仿是一种复制或拷贝行为，正是模仿才决定了模因是一种复制因子，并赋之以复制力量。通过模仿从他人身上学到的每一样东西都可以看作是模因。

模因是通过模仿而得到传递的，就是说如果模仿行为发生了，那么就必然有某样东西得到了传递，而这东西就是模因。换言之，任何东西只要通过模仿而被传递，它就可以算作模因。所以，信息、观念、物质实体或行为等均有可能成为模因，但这并不等于说任何东西都是模因。

布莱尔摩尔认为以往有关文化的进化理论虽然试图解释文化进化的机制，但最终还是回到生物进化的意义上来说明文化进化的内在动力，而模因论则是从模因的角度来考察文化进化，将模因看作是一种独立存在的复制因子。这就意味着，模因选择驱动着观念的进化，而观念的进化以有利于模因的自我复制为重点，而不是以有利于基因的自我复制为重点。

布莱尔摩尔还认为，当某种思想或某种信息模式出现后，在它引导人们去复制它或别人对它重复传播之前，它还不算模因。我们的思想大都是潜在的模因，但如果不将这些模因表达出来，它们很快就会消亡，只有当这种思想或信息模式得到传播、复制，它才具有模因性。模因与模因之间如果相互支持，集结在一起，形成一种关系密切的模因集合，那就组合成模因复合体。

模因以模仿为基础，模因是信息传递的单位，模因和基因一起相辅相成，成为话语进化的驱动力。模因现象几乎无处不在，概括而言，有三样东西可以成为模因：想法、说法和做法，也即思想、言语和行为，简称思、言、行。

关于语言模因概念，语言本身就是模因，模因主要寓于语言之中。任何字、词、语句、段落、篇章等只要通过模仿得到复制和传播，都可以成为模因。例如：18 世纪欧洲浪漫主义诗人雪莱的“冬天来了，春天还会远吗？”受人欢迎，该结构“……来了，……还会远吗？”得到大量的模仿和传播：

物价涨了，加薪还会远吗？

小贝来了，辣妹还会远吗？

自贸区来了，幸福还会远吗？

斯宾塞·约翰逊（Spencer Johnson）所著的《谁动了我的奶酪》（*who moved my cheese*）成为畅销书后，书名衍生了很多语言模因：

Who moved my truth?

Who moved my love?

Who moved my cookie?

Who moved my data?

谁动了我的房价？

谁动了我的经济适用房？

患者，谁动了你的隐私？

语言模因的复制和传播有“内容相同形式各异”的基因型和“形式相同内容各异”的表现型两种传播方式。

布莱克摩尔在分析模因进化时指出，这类以传递信息内容为主的模因储存在大脑之中，可以比喻成基因型模因。“内容相同形式各异”的基因型复制和传播两种：相同的信息直接传递和相同的信息以异形传递。相同的信息直接传递，如：“鞠躬尽瘁，死而后已”；“高高兴兴上班去，平平安安回家来”，“双赢”等。相同的信息以异形传递，尽管在复制过程中出现信息的变异，与原始形式及其表面意义大相径庭，或者说信息在复制过程中出现模因的移植，但这些变化并不影响原始信息，复制出来的仍是复制前的内容，如“Bob is an idiot”，下面这一组选修都是其变形的模因：

（1）Bob is a genius.

（2）Bob is a mental prodigy.

（3）Bob is an exceptionally clever human being.

（4）Bob is an enormous intellect.

（5）Bob is a big brain.

又如，张三，以前叫小张；读博了，叫张博；做导师了，叫张导；后来升官了，叫张科、张处、张局、张主席；退休了，叫老张。这众多的称呼都是张三的模因变体，而指称是同一人，所以属于“相同的信息以异形传递”。

网络语言的异形传递往往与原始信息的发音相近似，如蓝瘦香菇（难受想哭），美眉=MM，770=亲亲你，7456=气死我了，8147=不要生气等。

除了上面的内容相同形式各异的模因基因型传播，还有形式相同内容各异的模因表现型传播。这种类型的模因采用同一的表现形式，但分别按需求表达不同的内容。形式相同内容各异的模因表现型传播又大致分为三种模式：（1）同音异义横向嫁接；（2）同形联想嫁接；（3）同构异义横向嫁接。

例如：“有痔无恐”是一种痔疮药的广告，该广告保留了“有恃无恐”原来的语言模因结构，以同音异义“痔”替代成语中的“恃”而横向嫁接到成语“有恃无恐”。同样，江铃汽车广告为：千里江铃（陵）一日还。这属于同音异义横向嫁接。

电视连续剧《爱你没商量》播出以后，使用“…你没商量”的相同结构但异义的模因特多，如：宰你没商量，套你没商量，罚你没商量，逗你没商量，骗你没商量，赚你没商量，吃你没商量，炒你没商量，迷你没商量，等等。大家耳熟能详刘禹锡的《陋室铭》，经过同构异义横向嫁接为《明星铭》：艺不在高，会炒则名；技不在精，会傍则灵；斯是明星，光焰耀人。英雄见屏幕，流氓生吧厅。出场靠红包，走穴数白银。可以闹绯闻，泼酒精，无纪律之乱耳，无道德之烦心。南刊大腕照，北传偶像名。观众云：何明之有？

思考与练习

一、选择题

1. 正式提出“语言学的语用学”这一概念的是（　　）。

A. 莱文森的《语用学》

B. 奥斯汀的《论言有所为》

C. 瑟尔的《言语行为》

D. 1977 年在荷兰出版发行的《语用学杂志》

2. 下列各项，甲和乙之间为预设关系的是（　　）。

A.（甲）他是经理助理—（乙）他不是经理

B.（甲）他的手机坏了—（乙）他有手机

C.（甲）他喜欢看小说—（乙）他喜欢看书

D.（甲）他在读大学—（乙）他在上大学

3. 下列各项，甲和乙之间为蕴含关系的是（　　）。

A.（甲）他又去网吧了—（乙）他去过网吧

B.（甲）他早就不吹笛子了—（乙）他吹过笛子

C.（甲）他什么时候看的病—（乙）他看过病

D.（甲）电脑的硬盘坏了—（乙）电脑坏了

4. 下列句子属于施为句的是（　　）。

A. 北京是中国的首都。

B. 上海房价今年又涨了。

C. 这件事绝对没有问题。

D. 台湾是个美丽的地方。

5. “桃李不言，下自成蹊”中“言”属于（　　）。

A. 语言系统　　B. 言语行为

C. 言语作品　　D. 内部语言

6. 人说话的动作属于（　　）。

A. 语言　　B. 言语

C. 言语行为　　D. 言语作品

7. 言语行为的理论是由（　　）在 20 世纪 50 年代提出来的。

A. 奥斯汀　　B. 赛尔

C. 瑟尔　　D. 格赖斯

8. 谈话体属于（　　）。

A. 书面语体　　B. 宣传语体

C. 文学语体　　D. 口语语体

9. “这是革命的春天，这是人民的春天，这是科学的春天”，这个句子是（　　）。

A. 反复句　　B. 对偶句　　C. 顶真句　　D. 回环句

10. 下列说法只有（　　）是正确的。

A. 1938 年，美国哲学家莫里斯首先提出语用学术语。

B. 英国哲学家奥斯汀提出“会话含义理论”。

C. 美国语言学家格赖斯提出“言语行为理论”。

D. 语言哲学家赛尔于 1954 年提出语用学的具体研究对象。

二、填空题

1. 语用学成为语言学的一门独立的新学科的标志是（　　）。

2.“语境”由波兰人类语言学家（　　）于 1923 年（　　）提出，他把语境分为（　　）和（　　）。

3. 会话含义是美国语言哲学家（　　）首先提出来的，它是语用学的核心内容。

4. 话语交际的过程分为：（　　）、（　　）、（　　）、（　　）。

5. 话语交际最重要的原则是（　　）、（　　）、（　　）。

6. 奥斯汀认为，语句有两层意义：（　　）、（　　）。

7. 言语过程分为（　　）、（　　）。

8. 会话结构一般分为（　　）、（　　）。

9. 会话含义是通过（　　）推导出来的。

10. 研究语用的科学就是（　　）。

三、名词解释

1. 语用
2. 语境
3. 焦点
4. 话轮
5. 话轮对
6. 相邻对
7. 预示序列
8. 已知信息和新信息

四、简答题

1. 简述什么是语用以及语用的性质。
2. 举例说明怎样区分“蕴含”和“预设”。
3. 举例说明什么是指示语。
4. 简要说明礼貌原则与合作原则的具体内容。
5. 举例说明语境对词义有哪些影响。
6. 举例说明借代有哪些常见类型。

五、分析题

1. 分析下列句子中的预设和预设触发语。

（1）小王的姐姐比她还要漂亮。

（2）小张的车比小李的更贵。

（3）老赵离婚以后戒了烟。

（4）老王出国的时候离了婚。

（5）小明怎么又生病了？

2. 论述焦点的概念，并分析下列句子中的焦点。

（1）这首诗连小孩都会背诵。

（2）张三从李四那里借来了这辆车。

（3）你刚才说谁来了电报?

（4）我给他的书是两本。

（5）一篇文章也没写。

3. 分析下列两个句子在不同的语境中有哪些不同的理解。

（1）我上课去了。

（2）小李在船上看到了他的朋友。

4. 分析下列对话中的“言内意外现象”。

（1）儿子：妈妈，我出去玩一会吧。

妈妈：明天就要考试了。

（2）甲：我猜今天一定能收到信。

乙：（指着甲空着的信箱）送信的刚过去。

5. 运用言语会话的“合作原则”和“礼貌原则”分析下列句中的幽默。

有个凡人询问上帝：“一百万年对您意味着什么?”上帝说：“就像一秒。”凡人又问：“一百万元对您意味着什么?”上帝答：“就像一分。”凡人说：“那您能给我一分钱吗?”上帝说："能，请等一秒钟。"

六、论述题

1. 试述礼貌原则与合作原则的关系。

2. 试述语言意义和语用意义的联系和区别。

3. 试述语用学和修辞学的区别与联系。

4. 为什么语境对于理解言外意义尤为重要? 请举例说明如何借助语境理解言外意义，并分析其中的规律。

5. 试述语境的主要内容。

参考答案

一、选择题

1～5. DBDCB　　　6～10. CADAA

二、填空题

1. 1977 年《语用学杂志》的创办

2. 马林诺夫斯基、《意义的意义》、文化语境、情景语境

3. 格赖斯

4. 编码和输出、传递、接收、解码和反馈

5. 合作原则、礼貌原则、接话原则

6. 命题意义、施为意义

7. 直接言语行为过程、间接言语行为过程

8. 总体结构、局部结构

9. 语用推理

10. 语用学

三、名词解释

1. 语用是指人们在一定的语境中对于语言的实际运用活动，特别是话语表达和话语理解等活动。

2. 语境指使用语言时的环境。分为狭义和广义两种：狭义的语境指书面语的上下文或口语的前言后语所形成的言语环境；广义的语境是指言语表达时的具体环境，既可指具体场合，也可指社会环境。

3. 从信息的角度看，句子中的新信息是说话者所传递信息的重点所在，是说话者认为受话者不知道，因此希望受话者特别关注的部分，这就是句子的“焦点”。

4. 话轮是会话局部结构中的最小单位，它指一个说话者在会话过程中从开始说话起直到停止说话或者被别人打断、替代为止所说的话。

5. 话轮对是由不同的交际者各自所说的两个或多个话轮交替组合构成的一个引答结构。

6. 相邻对是指两个人一前一后分别说出来，邻接的两轮话。

7. 预示序列可简称为预示语，它是说话人在以言行事之前用以探听虚实的一类话语。

8. 已知信息和新信息

从信息的角度看，句子中的新信息是说话者所传递信息的重点所在，是说话者认为受话者不知道，因此希望受话者特别关注的部分，这就是句子的“焦点”。已知信息使说话人认为受话者已知道的信息。信息理论的顺序为：已知信息引导出新信息。

四、简答题

1. 语用指人们在一定的交际环境中对语言的实际运用。语用包含了以下　性质：

（1）情境性。语言运用离不开具体的使用环境，包括上下文语境及言辞之外的各种主客体构成的言语环境。

（2）社会性。语言运用本质上是一种与他人密切相关的社会行为，是人与人之间以语言信息交流为主的社会交际。

（3）规约性。语言运用过程必须遵从语言使用的社会习惯和表达规则。

2.（1）预设：是指利用语言进行交际时双方所共知的常识或根据句子的语境推断出来的信息。预设的特点有以下三点：

① 预设决定于人们普遍接受的逻辑规律。

② 预设必须是客观真理。

③ 对句子进行提问或否定不影响预设的正确性。

（2）蕴含：两个句子中如果有一个对应的语言单位是上下位概念，这两个句子之

间的关系就是蕴含关系，含有上位概念的句子蕴含含有下位概念的句子。

3. 指示语是话语中跟语境相联系的表示指示信息的词语。指示语主要有：

（1）人称指示。人称指示是话语中关于人物人称的指示。最典型的是人称代词，又分第一人称指示、第二人称指示、第三人称指示。

（2）时间指示。时间指示是话语中关于时间的指示。在言语交际中，时间指示是以说话时刻作为参照点来计算和理解的。

（3）空间指示。空间指示是话语中关于处所、方位的指示。空间指示主要有：表示方位和处所的名词、副词、指示代词，具有位移意义的动词如“来”“去”“走”“离开”“到达”等。

（4）话语指示。话语指示又称语段指示、上下文指示，是用来指明话语中部分与部分之间关系的。由于言语交际是在一定的时间、空间中展开的，所以话语指示与时间指示、空间指示有密切关系，有些时间指示、空间指示同时也是话语指示。

（5）社交指示。社交指示是用来指明发话人和受话人之间，或发话人跟所谈及的人之间的社会关系的词语。

4.（1）合作原则：指在言语交际中，为确保交谈双方相互配合而遵守的语用规则，由美国语言学家格赖斯于 20 世纪 80 年代初提出来。合作原则的具体内容：一是质量准则（说真话）；二是数量准则（信息适量）；三是相关准则（跟话题有关）；四是方式准则（清楚、简洁、无歧义）。

（2）礼貌原则：指出于相互尊重的需要，交谈双方在言语交际中应该遵守的语用规则，由英国语言学家利奇等于 20 世纪 80 年代初提出，是对“合作原则”的一种补充。礼貌原则的具体内容：一是得体、慷慨（避免有损于他人，有利于自己的表达）；二是赞誉、谦逊（少赞誉自己，多赞誉对方）；三是一致原则（尽量减少与别人的分歧，增加与别人观点的一致点）。

5. 语境对词义具有匹配功能，定位功能，填补功能，生成功能等。

（1）匹配功能。词语要与特定的语境相匹配。词语搭配要受到现实现象之间的实际关系的制约，受到语义系列中其他成员的制约。此外词语的搭配还要考虑社会的使用习惯。

（2）定位功能。语境能消除话语的多义性和模糊性。在特定的语境中，词义便由一般的、概括的含义变为具体交际者表达和理解的具体含义。

（3）填补功能。语境能填补话语空白。

（4）生成功能。语境可以生成语言材料本身所没有的意义。

6. 借代，也叫换名，指的是不直说本名，而借相关事物的名称来代替本名的一种修辞格。借代可分为以下几种类型：

（1）特征标志代本体。如：你们这一车西瓜，也不必过称。

（2）部分代整体。如：两条腿哪跑得过四个轮子。

（3）专名代泛称。如：苏州的公安系统也涌现了一批李素丽。

（4）具体代抽象。如：枪杆子里面出政权。

五、分析题

1. 下列句子中的预设和预设触发语分别是：

（1）小王的姐姐比她还要漂亮。

预设：小王有姐姐。小王很漂亮。

预设触发语：比，还要。

（2）小张的车比小李的更贵。

预设：小李的车很贵。小张买车了。

预设触发语：比

（3）老赵离婚以后戒了烟。

预设：老赵离婚了。老赵离婚之前抽烟。

预设触发语：离婚

（4）老王出国的时候离了婚。

预设：老王出过国。老王结过婚。

预设触发语：时候

（5）小明怎么又生病了？

预设：小明已经生过一次病了。

预设触发语：又

2. 焦点是话语的表达重心。下列句子中的焦点分别是：

（1）这首诗连小孩都会背诵。

焦点：小孩

（2）张三从李四那里借来了这辆车。

焦点：李四

（3）你刚才说谁来了电报？

焦点：谁

（4）我给他的书是两本。

焦点：两本

（5）一篇文章也没写。

焦点：没

3. 下列两个句子在不同的语境中的不同理解分别是：

（1）我上课去了。

如是老师说的，指的是去给学生讲课；如是学生说的，则是指去听课。

（2）小李在船上看到了他的朋友。

这句话中，“小李”可以在船上，可以在岸上，“他”可能是指“小李”，可能是指说话人、听话人都知道的第三者。

4. 下列对话中的“言内意外现象”分别是：

（1）儿子：妈妈，我出去玩一会吧。

妈妈：明天就要考试了。

言外意义：妈妈的回答是不能出去玩。

（2）甲：我猜今天一定能收到信。

乙：（指着甲空着的信箱）送信的刚过去。

言外意义：乙的回答是甲没有信。

5. 合作原则”包括数量准则、质量准则、关系准则、方式准则。这则幽默违反了质量准则，说了自知虚假的话，上帝说能给这个凡人一百万元，但实际上他不会给的，这是有意违反合作原则达到含蓄的效果，也是出于礼貌的考虑，符合礼貌原则。礼貌原则包括 得体准则、慷慨准则、赞誉准则、谦逊准则、一致准则。这则幽默符合一致准则，减少双方的分歧，增加双方的一致。上帝最后的回答实际含义是：凡人不能等一百万年，上帝也不能给凡人一百万元。

六、论述题

1. 礼貌原则与合作原则的关系是：

（1）礼貌原则同合作原则是相辅相成的。就一般情况而言，话语交际必须既坚持合作原则又坚持礼貌原则，但二者也不是永远一致的。

例如：人家夸你文章写得好，中国人一般回答是“哪里哪里，才疏学浅，随便写写而已”，这是为了符合礼貌原则，但事实上却又违反合作原则中的质量原则，即回答者相当于说了假话。

（2）在一般情况下，如果合作原则和礼貌原则之间发生冲突，那么礼貌原则还是应该优先于合作原则的。因为只有在礼貌的前提下人们才可能进行正常有效的对话合作。当然什么时候礼貌原则优先，什么时候合作原则优先，还是要根据具体情况而定。一般性的人际交往或讨论无关大局的事，那么可能会礼貌优先。在重事实、讲效率的场合，人们常常会要求对方“有话直说”，遵循合作原则而不必拘礼，鼓励对方“别客气，有什么尽管说”就是提醒对方要坚持质量原则。

2. 语言意义和语用意义的区别和联系在于：

（1）语言意义：指语言系统中固有的意义，它是客观事物的特征及其事物之间的关系在使用某种语言的人们头脑中的概括反映。这种语义是由静态符号来表示的。

（2）语用意义；指人们在使用语言交际时，在语境中表现出的特定的，临时的意义和隐含意义。这种意义只存在于特定的符号系列中，通常附着在动态符号之中。特点：临时性，指只在具体语境中存在；具体性，指有特定所指对象；表达手段多元化，指可用各级语言单位表示，依赖语境和其他辅助交际手段。

（3）显然，语言意义和语用意义不是语义的两个种类，而是同一个种类的两种状态，即语义现象的具体和抽象两个范畴；这种分类是基于不同的分析原则，而不是基于不同的分析对象。

3. 语用学和修辞学的联系与区别在于：

联系：两者的中心问题都是语言运用。

区别：

（1）研究目的不同：修辞学要对语言运用的形式，判别好与不好的界限，注意力是修辞技巧。而语用学则是解释性的，它的目的是分析语言运用活动，建立意义解释理论，寻找语言运用的规律。

（2）理论基础不同：修辞学基础薄弱，基本上是一门纯经验的学科，而语用学理论基础雄厚。

（3）研究方法不同：修辞学主要采纳归纳的方法，而语用学不排斥归纳，但主要方法是理论解释和推理分析。

（4）研究兴趣和学科传统不同：修辞学以辞格、句子、词语的交际特色、语体风格为具体研究对象；而语用学以语境、指示词语、会话含义等为研究的具体对象。

4. 语境对于理解言外意义的重要性在于：

（1）话语交际都是在一定的语境中进行的。话语表达离不开语境，话语理解自然也离不开语境。言外意外的理解就更是如此，因为言外意外并非话语字面意义，因此，就更需要借助语境因素。例如："下雨了。"这句话在不同的语境中，可能表达不同的言外意义。在久旱无雨，庄稼枯黄的情况下，言外意义可能是"庄稼可有救了"；在讨论旅行日程安排时，言外意义可能是"旅行日程得推迟"；在盛夏酷暑时，言外意义可能是"可该凉快一下了"；在深秋时节，言外意义可能是"明天要冷了"。究竟是哪一种意义，离开对语境的把握，几乎是无法确定的。

（2）发话人是根据语境的要求来选取表达方式，从而理解言外意义，语境是帮助受话人确定话语的言外意义究竟是什么。

（3）在理解言外意义时，语境制约着言语片段，语境对于理解言外意义具有限定作用，调节作用，生成作用，确定作用和补足作用。

5.

（1）会话含义是由美国语言哲学家格赖斯首先提出来的，是语用学的核心内容，在言语交际中起着非常重要的作用。

（2）因为会话含义不是揭示了人们说了些什么，而是告诉人们说这句话可能意味着什么。例如：A."Why are you late?" B."Thousands of workers are on strike for their require payments." 如果从语义学上解释，它所提供的交际信息很有限，只是解决了人们说了些什么而无法解释这些话意味着什么，而从语用含意角度解释恰好能够解决这个问题。例子中的 B 说的话似乎答非所问，但是通过语用含义去理解，这句话显然是想说在来上班的路上罢工工人队伍耽误了准时上班的时间。

（3）会话含义不是解释同一词语有多少种意义，而是说明一个词语同时具有几个可能的非常规含义。同样一句话，由不同的人在不同的语言环境中说出来，能够产生不同的语意。例："Light，please!"如果在报告，人使用幻灯机做说明，这句话是常用的句子，它表明报告人要求"请关灯!我要使用幻灯机了"。如果报告人做完报告，这时讲这句话，他的意思应该是“请开灯，幻灯机用完了。”由此可见，一句话在不同语境之中，可以理解成不同的含义。因此，研究会话含义，在日常生活中多一些语用意识，这对减少误解和工作失误很有好处。

（4）会话含义的推导有助于组成广义的同义结构句群，丰富词语的释义，丰富我们的语言学习和语言理解。这些内容是语义学和句法学所无法替代和拥有的，语用学在语言学的研究领域里具有很大的实用价值。例如：

A、I want you to close the door.

B、Please close the door.

C、Can you close the door?

这里 A 和 B 是“命令或要求”，C 是一种“请求”，比 A 和 B 较有礼貌。

第七章 文字分析

文字是文字学研究的对象，同时也备受语言学的关注。文字的应用是动态的，文字书写的过程和结果相当于言语。因此，文字反映了言语的时代特点和言语使用者的个人色彩。通过本章学习，认识文字的定义、性质和类型，理解文字学与汉字学，了解汉字特点和发展历程，俗字的研究，以及中文信息处理。

第一节 文 字

距今约一万年左右，人类开始出现原始文字。借助文字的帮助，语言克服了时空限制。文字成了最重要的辅助性的交际工具。人类漫长的历史发展表明，先有语言，后又文字，至今仍存在着有语言而没有文字的民族。例如，15 世纪中叶前，朝鲜人有自己的语言，没有文字，书面语完全用汉字和汉文。公元 1444 年，创制正音文字，1446 年颁布实施《训民正音》，但汉字依旧在上层人士和知识分子中通行。直到 1894 年“甲午更张”后，李朝高宗发布敕令，立谚文为正宗文字。1910 年日本占领朝鲜半岛之后，汉字被彻底废除了。所以，语言是第一性的，文字是第二性的。

一、文字的定义与起源

讨论文字的起源和形成，需要先给文字下个定义。在汉语里，“文字”一词可以用来指一个个的汉字，也可以用来指记录某种语言符号的整个体系。语言文字学认为，“文字”有狭义和广义之分，狭义指记录语言的符号，广义指人们用来传递信息的、表示一定意义的土话和符号。

文字是记录语言的书写符号系统。文字的作用，可以从三个不同的层次来理解。首先，文字克服了语言在时间和空间上的局限性，扩大和完善了语言的交际功能。其次，文字通过书面语能更好地记录人类的文化活动（文字产生以前主要是口耳相传或唱诗）。最后，文字能促进思维的发展（文字使思维有了表象）。

文字产生以前人类使用实物记事和图画记事帮助记忆。实物记事的方法有结绳、结珠和讯木等。其中，结绳使用较为普遍。《易经》中说：“上古结绳而治，后世圣人易之以书契。"《周易集解》引《九家易》也说："古者无文字，其有约誓之事，事大，大其绳，事小，小其绳。结之多少，随物众寡，各执以相考，亦足以相治也。"结珠是用绳子把贝壳串起来，以不同颜色的贝壳来代表和区别不同的事物。讯木是在一根木棒上刻出各种花纹或符号，用来记事或传达命令。用图画来记载某些事情作为辅助性的交际手段，这比实物记事大大前进了一步。人们利用各种图形和线条对事物进行描绘，比实物记事简便、形象、明了。

图画记事虽能记述和传达事情的大意，但是由于各人的生活习惯和生活经历不同，同样一张图画并非人人都能看懂；同时，图画所表达的意义是不确定的，同一幅图画可以有多种解释。所以，图画终究不是传情达意的理想方法。随着社会生活的日益复杂，人们需要记录和传达的信息越来越多，为了便于区别和记忆，要求记下来的内容更加具体和确定。于是，人们通过长期的摸索，终于找到了一种办法，那就是在记事图画的基础上，简化图形，用经过简化的图形作为符号来代表语言中的词。这样就产生了人类最早的文字——象形文字，即文字起源于记事的图画。

在图画记事阶段，人们已经开始用抽象的图形或用象征等比较曲折的手法来表意了。例如：

古汉字：一　二　三　亖（一、二、三、四）

圣书字：　（划分、统治）

独立创造的文字体系的形成需要一个很长的过程。大家比较熟悉的独立形成的古老文字有汉字、古埃及的圣书文字、古代两河流域的楔形文字。文字在形成之初，会吸收少量的记号作为文字符号。例如，古汉字中"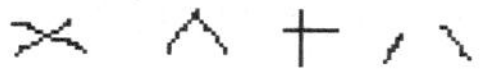"（五、六、七、八）。然而，随着需要记录的语言信息增加，借用某个字或者某种事物的图形作为表音符号，用来记录跟这个字或这种事物的名称同音或音近的词。这种记录方式在中国传统文字学上称为假借。例如，古汉语常用语气词"其"是借用音近词"箕"的象形字来表示，圣书字中"大"是用同音词"燕子"的象形字表示。裘锡圭先生指出，跟图画有明显界限的表意字和假借字的出现，标志文字形成过程正式开始。

二、文字的性质与类型

文字是记录语言的，因此每一种文字都必须适应自己所记录的语言的结构特点和语音特点。文字不等于语言，同一种语言可以采用不同的文字；不同的语言可以采用同一种文字。比较下列文字的特点：

您好！

안녕하세요!

Hello!

再见！

안녕히 계세요！

Bye!

 逐  射

文字是用“形”通过“音”来表“义”的。根据字符与所记录的语言的关系，把文字分为表音文字和表意文字。表意文字系统包括笔画、笔顺、偏旁和标点等；表音文字系统包括字母、字母顺序、拼写规则等。

从造字方法看，文字发展经历了表意、表音、表意兼表音（意音）三个阶段。第一个阶段：是由记事图画直接发展出来的象形的表意字，包括象形字和会意字。第二个阶段：表音字的出现，如用“其（箕）”代表第三人称代词，文字学上称为假借字。第三个阶段：表意表音字的出现，即两个字合一起，一个表音，一个表意，文字学上称为形声字。

文字发展到这一步，出现了三种不同类型的字形：表意字、单纯表音字（假借字）和形声字，这三种不同的字形共同构成了意音文字。世界上独立形成的古老的文字体系都是意音文字，如古埃及的圣书文字、古美索不达米亚早期的楔形文字、中美洲的玛雅文和中国古代的汉字都是这种类型的文字。

文字发展的另一个重要阶段就是完全表音化。语言中的音位是有限的，一般只有几十个。由音位组合而成的音节，数量也有限。如果能用适当的形式只记录语言中的音，就可以大大简化文字体系，这就是拼音文字。拼音文字可以分成两种，记录语言中音节的拼音文字就是音节文字，原则是一个字母记录一个音节；记录语言中音位的拼音文字就是音位文字，原则是一个字母记录一个音位。如果一个语言的音节结构比较简单，音节数量也比较少，并且语素的语音形式在长度上很少小于音节，那就比较适合用音节文字。书写日语的假名（包括片假名和平假名）就是音节文字，这是因为日语的音节结构比较简单，音节数量少，语素的语音形式通常不会只是一个音位。如果一个语音的音节结构比较复杂，语素的语音形式又往往可以只是一个音位，这时候使用另一种音位文字就比较方便。即使音节结构比较简单的语言，也可以用音位文字。音位文字是文字体系中最简明、最方便的文字，因为在这种文字体系中只需要几十个字母就可以拼写语言中的全部语素或词的语音形式。将字形与固定的读音挂钩，是文字发展过程中最重要的一步。

口语和书面语由于长期使用上的分工，形成了不同的特点。书面语是在口语的基础上形成的，是口语的加工形式，较为严谨规范。口语是第一性的，书面语是第二性的，书面语的变化要服从口语的变化发展。经过加工、规范的书面语，是书面语的高级形式，叫“文学语言”。书面形式的文学语言通过口头表现出来以后，就转化为口头形式的文学语言，如诗歌朗诵、新闻广播、话剧等。

三、文字学

文字学的学科体系包括个别文字学、比较文字学、普通文字学。汉语文字学是研究汉字的形体和形体与声音、语义之间关系的一门学科，属于个别文字学。

文字之学在汉代被称为“小学”。文字学以文字为研究对象，研究文字的起源、发展、性质、体系，文字的形、音、义的关系，正字法以及各别文字演变的情况。文字也是语言研究应该涉及的问题。文字是用于标记语言的，是在语言的基础上形成的，所以不存在不标记任何语言的文字。文字通过线条组成的形体使语言由听觉符号变成视觉符号。因此，文字的三要素是字形、字音、字义。

文字之学在汉代被称为“小学”。汉语文字学包括两大方面，即小篆以前的古文字学和隶书以下的近代文字学。西汉张敞“好古文字”，宣帝时美阳（今陕西扶风）出土古铜鼎，他曾释读其铭文。北宋金石学家吕大临著《考古图》十卷传世，是我国最早有系统的古器物图录，也被誉为古文字学第一本书。1906 年章太炎在《论语言文字之学》提出“语言文字之学”，标志着中国现代语言学的发端。1934 年唐兰在《古文字学导论》明确主张“文字的形体的研究，是应该成为独立的科学的”。奠定了现代文字学的基础。

文字学与语言学、考古学、历史学相互促进，相辅相成。谁也离不开谁。中国古代金石学分为古文字学和古铭刻学，前者后来归入语言学，后者归入考古学。

第二节　汉字学

许慎《说文解字》中，根据六书分析小篆的形体结构，建立了研究文字体系的方法，是中国也是世界上最早的一部最有创造性的字典，标识着汉语文字学已经建立起来。

汉语文字学学科内部的分支，包括古文字学、今文字学（近代文字学）、现代汉字学、文字学史。古文字学主要有甲骨文研究、殷周铜器铭文研究、战国文字研究、秦汉文字研究四个方面。从汉字历时演变来看，汉字形体发展演变经历甲骨文—金文—大篆—小篆—隶书—草书—楷书—行书。今文字学（近代文字学）主要对魏晋以后草、行、楷书研究，六朝唐宋以来俗字、简体字研究，以及近代方言字研究。现代汉字学主要研究现代汉字字量、字频、字序等问题，汉字简化、改革问题，汉字信息处理问题，以及现代汉字的形音义等问题。汉语文字学的发展大概可分为六个时期，即战国、秦汉、魏晋南北朝、隋唐、宋元明、清代。

文字学虽是以研究形体为主，但文字本身具有形音义三个方面，故而文字学与音韵学和训诂学关系紧密。不懂古音，不能理解谐声字和声旁在声音上的关系，也就不懂得文字的假借或通用在声音上的关系。清人因为了解古音，所以能理解假借，能讲明古书，发前人所未发。文字通假是汉以前古书中常见现象。反过来从谐声字和通假也可以考证古音。汉字中形声字占大多数，从文字形体上所标记的声符既可以推求声韵部类，也可以推求同一声符所含有的共同意义，为训诂学增添新的有系统的知识。同时，文字研究与音韵也有着密切关系。

一、汉字的特点

汉字与汉语的特点是相适应的。汉语语素以单音节为主要形式，一个语素用一个音节表示，虽然一个音节不是固定地表示某个语素，还有许多同音语素，但语素的单音节形式却是客观存在的事实，汉字也是记录音节的，一个汉字代表一个音节，也正好记录一个语素，与汉语语素的特点相适应。同时，由于汉字与语素基本上一一对应，而不固定地与某个音节挂钩，所以正好适应了汉语方言分歧的特点，使得汉字具有超方言的特性。

清代段玉裁在《说文解字注》中指出："析言之，独体曰文，合体曰字。统言之，则文、字可互称"。在汉字里，合体字可以从结构上进行分析，例如"花"拆分成"艹"和"化"，"残"拆分为"歹"和"戋"。合体字的各个组成部分叫作偏旁。有些汉字不能从结构上进行分析，例如"日""山"等，称为独体字。一般认为，"艹"和"化"是汉字"花"所使用的符号，又可称为"字符"，与文字作为语言的符号，是不同层次上的。各种文字的字符，大体上分为三大类，即意符、音符和记号。文字所代表的词在意义上有联系的字符是意符，在语音上有联系的是声符，音义皆无联系的是记号。拼音文字一般只使用音符，汉字则三类符号都使用。

拼音文字是按照字母的拼写阅读，用字母拼写起来的字的读音原则上要和语素或词的实际读音一致，拼音文字原则上要求一个字母一个读音，所以由字母拼写成的字的读音和语言中语素或词的实际读音距离比较近，如果实际语言中的语音变了，拼音字母和拼写规则也要跟着变。汉字在这方面有所不同，汉字的字形和汉语的读音不是直接联系的，或者说不能从汉字的字形中严格地确定一个字的读音，所以读音尽管变化了，字形也可以不变。此外，汉语音节数量远比语素的数量少，用不同形体的汉字记录，可以有效地区分同音词。和拼音文字相比，汉字和汉语的关系有几点特别的地方：（1）从字形上难以断定字的具体读音（声旁表音准确率低），如"张、帐、怅、苌、伥"，"长"就是上述这些字的声旁。（2）汉字往往可以通过字形确定义类（形旁表义决定了汉字是世界上少有的可以"看懂"的文字），如"姐、姑、姨、她"都因为字形中有一个"女"而可以断定这些字和女性有关。字形中可以确定义类的部分被称为形旁。不要因为有些汉字可以通过字形断定义类而认为汉字可以独立于汉语而称为一种独立的交际工具。汉字和其他拼音文字一样，每个汉字必须有确定的读音，并通过这种读音确定是语言中的哪一个语素或词，其字义才能确定下来。（3）汉字的形与音无严格的联系。汉字的古今差异和方言差异证明了汉字读音改变而字形可以不变的特征。

二、汉字的发展

文字的发展可以从两个不同的角度加以考察：一是语言记录文字的完备程度，一是造字的方法。世界上独立形成的古老的文字体系都是意音文字，即兼用表意、表音两种方法的文字。古埃及的圣书字、古美索不达米亚的钉头字、中美洲的玛雅文和我国的汉字都是意音文字。意音文字包括表意字、假借字、形声字三种字形。

现存秦到西汉文字研究以编纂学童识字书为主。班固在《汉书·艺文志》中记载："《史籀篇》者，周时史官教学童书也"。秦朝李斯《仓颉篇》、赵高《爰历篇》、胡毋敬《博学篇》，对推行小篆、统一文字起重要作用。汉代初年合为《仓颉篇》，四字一句，两句一韵，"仓颉作书，以传后嗣，幼子承诏，谨慎敬戒，勉力风诵，昼夜勿置"。东汉古文经家分析汉字构造，创六书说，为文字学的建立奠定了理论基础。虽然"六书"一词最早见于《周礼》，但汉代学者把汉字的构成和使用方式归纳成六种类型，总称"六书"。许慎《说文》以小篆为主，兼叙古籀，创立部首，据形系联，是首部字典，标识着汉语文字学的正式建立。明万历梅膺祚《字汇》12 卷，按楷书笔画合并部首为 214 部，以笔画多少排列，一部内字也以笔画数排列。明崇祯张自烈《正字通》收字多于《字汇》，注释增繁，《康熙字典》以之为蓝本。

现代汉字的属性特征表现在字量、字形、字音、字序四个方面。1988 年国家语委发布《现代汉语常用字表》3 500 字，《现代汉语通用字表》7 000 字。字形上汉字简化，整理异体字，整理印刷字形。构字法有七种形式，又称七书：独体表意字，如凹、凸、丫；会意字，如从、伐、困；形声字，如懊、疤、铜；半意符半记号字，如布、缸、桑；半音符半记号字，如球、诛；独体记号字，如日、月、水、矢；合体记号字，如射、杂、燕。审定字音，将古音、方言音、文白异读音进行规范，1985 年《普通话异读词审音表》审定 847 个异读字读音。字序包括部首法、音序法、号码法、笔画法四种形式。

三、汉字简化

"亲不见，爱无心，产不生，厂空空，面无麦，运无车，导无道，儿无首，伫无脚，飞单翼"，说的就是汉字简化前后的字形变化。

1909 年，陆费逵在《教育杂志》创刊号上发表论文《普通教育应当采用俗体字》，这是历史上第一次公开提倡使用简体字。1920 年 2 月 1 日，钱玄同在《新青年》上发表《减省汉字笔画的提议》一文。1922 年，陆费逵又发表论文《整理汉字的意见》，建议采用已在民间流行的简体字，并把其他笔画多的字也简化。1936 年 2 月 5 日教育部奉行政院命令，训令“简体字应暂缓推行”。《第一批简体字表》被收回废止。1952 年 3 月 25 日，文字改革研究委员会汉字整理组成立，开始着手拟定《常用汉字简化表草案》。1956 年 1 月 28 日通过简化字 515 字（一说是 517 字）及简化偏旁 54 个。1977 年，在“文化大革命”刚结束，随即公布《第二次汉字简化方案》的草案。1981 年，为适应计算机处理汉字信息的需要，中国发布了《信息处理交换用汉字编码字符集 基本集》GB2312-80（详见 6.4 文字信息处理）。

第三节　俗字研究

一、俗字的内涵

俗字又称俗体字，异体字的一种。过去文字学家称流行于民间的文字为俗字，以别于正字。张涌泉《汉语俗字研究》：“所谓俗字，是区别于正字而言的一种通俗字体。”“俗字是一种不合法的，其造字方法未必合于六书标准的浅近字体，它适用于民间的通俗文书，适宜于平民百姓使用。”宋·严羽 《沧浪诗话·诗法》：“学诗先除五俗：一曰俗体，二曰俗意，三曰俗句，四曰俗字，五曰俗韵。”郭绍虞校释引陶明濬《诗说杂记》：“何谓俗字？风云月露，连类而及，毫无新意者是也。”因而，俗字又指习用而无新意之字或不高雅之字。

“俗字”一称最早见于隋初颜之推《颜氏家训·书证》，如“宓”是“虙”的俗字。汉代又叫“别字”，如“阵”是“陈”的别字。又有“俗体、俗书、伪体、别体、或体”等称。与俗字相对的概念是正字。二者相辅相成。每个时代，正字处于主要地位，俗字处于次要地位。正字是骨干，俗字是补充和后备力量。正俗之间会随时间发生变化。

二、俗字的类型

1. 增减意符

在原字的基础上增加或减少意符。例如：家俬的“俬”、家的“俱”增加了“亻”。图的繁体字“圖”减少了“口”成为“啚”，“鹤”减去意符“鸟”成为“隺”。

2. 改变意符或声符

替换原字的意符或声符。例如，敦煌写本《伍子胥变文》“行至郑国，四城门窂闭”中本应是“牢”改变意符成为“窂”；《离骚》：“路曼曼其修远兮”在敦煌写本中，“曼”写作“㬅”，改变了声符。

3. 增加笔画

在原字的基础上增加笔画。例如："沐"上加"丶"写成"沭"，"武"把其中的"弋"字写成"戈"，"土"为与"士"字区别，写成"圡"。

4. 简省笔画

以简笔或简化字代替繁体字中笔画繁杂的部分。例如：繁体字"學、覺、舉、齊、劉"中笔画繁杂的部分或偏旁用"文"字替代，分别写作"斈、斍、𦥯、斉、刘"。再如，用"厶"代替"弗"、"黄"，"佛、拂、廣、擴"写作"仏、払、広、拡"。

5. 音近更代

用读音相近的字替代。例如，把"義"写作"义"、"舊"写作"旧"、"旧"写作"臼"。

6. 变换结构

改变原字的结构产生俗字。例如，"群、松、鹅"由左右结构变成上下结构"羣、枩、鵞"。

7. 合文创造

将两个或两个以上汉字合并成一个字，使新造的汉字代表原来合并字的语义。例如："菩萨"合并"卄"，菩提合并成"𦬇"，"图书馆"合并成"圕"。

三、俗字研究和地位与意义

1935年唐兰《古文字学导论》：旧时的文字学，所研究的对象，只有小篆，隶书以下，是学者们懒得去研究的，所以，范围是很窄的……在我要创立的新文字学里所要研究的，是从文字起源，一直到现代楷书、或俗字、简字的历史。这范围是极广泛的。1959年蒋礼鸿《中国俗文字学研究导言》：汉字创制得非常早，历史很久长，研究汉字的人又很多，也取得了较好的成果。但是前人研究汉字，眼光大抵注射在小篆以上的古文字……至于隶书以下的文字的研究，前人就不曾很好地系统地做过。《隶释》《隶辨》《碑别字》《宋元以来俗字谱》一类的著作，单和《诂林》的数量比一比，就要黯然失色。而且就是这一些著作，也是辑录文字的多，分析考辨的少。

俗字研究的意义主要表现在三个方面。首先，石刻、写卷、刻本，常有俗字，不明俗字则不能通读。特别是敦煌写本的发现，其中俗字连篇累牍，触目皆是。或简或繁，变化多端，点画偏旁，随意增损，令人眼花缭乱。要阅读并研究这些文献，必须精通俗字。因此，研究俗字有利于古籍整理，恢复古籍的本来面目。例如：戴震校清武英殿聚珍版本《水经·湍水注》："(魏征南军司张詹墓)墓有碑。碑背刊云："白楸之棺，易朽之裳。铜铁不入，丹器不藏。咙矣世人，幸勿我伤。"碑文的意思是说墓中只有白揪之棺、易朽之裳，什么宝贝都没有，希望盗墓者不要打我的主意。然而，校者对“丹”注为“近刻讹作凡。”王国维亦作“凡”字。然而“丹器”、“凡器”义都是错的。清赵一清校注为“凡器”，赵氏引何悼云：“凡，古丹字，俗本作凡，误也。”其实“凡”既不是“凡”字，也不是“丹”字，而是“瓦”的俗字。《干禄字书》：“凡，瓦，上俗下正。”《五经文字》卷下瓦部：“瓦，土器也。象形。作凡讹。”。“瓦”字作“月”是汉代以来的通俗写法。“瓦器”即陶瓷之属，是古代墓穴中常见的殉葬品。

其次，有助于建立完整的汉语文字学体系。把俗字研究透了，才能勾勒出汉字从甲骨文到简化字发展演变过程。俗字研究是近代文字学研究的核心，通过俗字研究完善汉语文字学体系构建。

最后，有助于汉字的简化和规范。汉字简化已有很长的历史，研究俗字，可为汉字简化提供理论依据和实践借鉴。俗字的不断出现，表明汉字简化的必然趋势。中华人民共和国成立后通行的简化字，多数早已广泛流行，有深厚的群众基础，并非新创无根。俗字伴随着文字的产生而产生，并存在于汉字史上的各个时期。例如，“乱”字属于六朝时期的俗字，《干禄字书》《广韵》皆云“亂”俗作“乱”，20 世纪 50 年代，国家推行简化汉字，“乱”字则成了“合法”的正字。

第四节　文字的信息化处理

现代汉字的应用有两个界面，即人际界面和人机界面。一个国家语言信息处理的水平和处理量，标志着这个国家现代化、信息化的发展水平。用计算机来处理语言文字所包含的信息，就是“语言信息处理”(language information processing)。用计算机来处理汉语信息，就是汉语信息处理，又称“中文信息处理”。

汉字信息处理主要以汉字为处理对象的相关技术，包括汉字字符集的确定、编码、字形描述与生成、存储、输入、输出、编辑、排版以及字频统计和汉字属性库构造等。一般而言，汉字信息处理关注的是汉字的输入问题和汉字的排版印刷问题，而不关注汉字承载的语义或相互之间的语言学关系。

计算机如何识别文字？计算机中只有 0/1 字符串，用计算机处理语言信息，先要把每个字符变成一个唯一的 0/1 字符串，即数字化的信号，贮存在计算机里的信息是用二进制数表示，二进制数的每一位在计算机里叫作一个比特 (bit)，8 个比特叫作一个字节 (byte)，计算机存储器的容量以字节为单位来表示的。目前比较通用的英文字符代码采用 ASCII (American Standard Code for Information Interchange，即“信息交换用美国标准代码”) 编码，ASCII 用 7 位二进制数表示一个字符，从 0000000 到 1111111，共有 128 个代码。计算机处理信息的代码分为输入码、输出码、交换码和内部码，英文字符的内部码就是交换码，因此比汉字信息处理简单。汉字的内部码用指定的两个字节的二进制数代码表示，每个字节包含 8 位二进制数。

从文字信息化处理的角度观察，汉字具有如下特点：数量多（《中华字海》收约 86 000 字），有简体和繁体，中、日、韩、越使用的汉字集不统一，存在方言字，音少而同音字多，效用递减规律明显。

普通话中汉字的不同发音有 410 余种，共有 1 295 个音节，以 7 000 汉字计算，平均一音对应 5.4 个中文字，以 6 万汉字计算，平均一音对应 46.33 个中文字。例如形式最丰富的 yi 就有 177 个，语音形式为 neng 却只有 3 个。

汉字效用递减律如表 7-1 所示：

表 7-1　汉字效用递减律

汉字数	增加字数	覆盖率	不足率
1 000		90%	10%
2 400	1 400	99%	1%
3 800	1 400	99.9%	0.1%
5 200	1 400	99.99%	0.01%
6 600	1 400	99.999%	0.001%

从汉字效用递减看，根据汉字使用频率，对高频字优先处理。

对于一个文本文件，计算机首先要识别是哪种文字，然后再按那种文字解码。国际标准化委员会（ISO）编制了一套统一码（Unicode），用于世界上所有的文字编码，每一种文字都有独立分块的空间来存储。为了文字编码有足够的存储空间，共可存 42.9 亿个字符。英文占了前 128 个，其他语言依次往后排。汉字编码占据了统一码现在用到的大多数空间。

汉字编码包括汉字输入码、汉字输出码、汉字内部/交换码三个部分。汉字输入方法有编码输入法（形码、音码）、整字输入、印刷体光学输入、联机手写输入、声音输入。例如联机手写输入程序如图 7-1 所示。汉字图像识别输入步骤：把汉字信息转换成离散的数字信息，计算机识别这些离散信号，再把识别结果转变成文字文本，最后 OCR（Optical Character Recognition，光学字符识别）汉字识别系统能识别 GB2312 中的 6763 个汉字。信息交换用汉字编码字符集-基本集（GB2312-80），是我国 1981 年公布并确定的国标交换码，包括通用汉字 6 763 个，字母和字符共 682 个，之后又公布了五个《辅助集》。汉字标准交换码共分两级。第一级为常用字，有 3 755 字，按汉语拼音字母顺序排列，第二级为次常用字，有 3 008 字，按部首排列。字体以中国文字改革委员会 1964 年编印的《简化汉字总表》以及中华人民共和国文化部和中国文字改革委员会联合发布的《第一批异体字整理表》为准。字形以中华人民共和国文化部和中国文字改革委员会 1965 年联合发布的《印刷通用汉字字形表》为准。汉字编码过程，如图 7-1 所示：

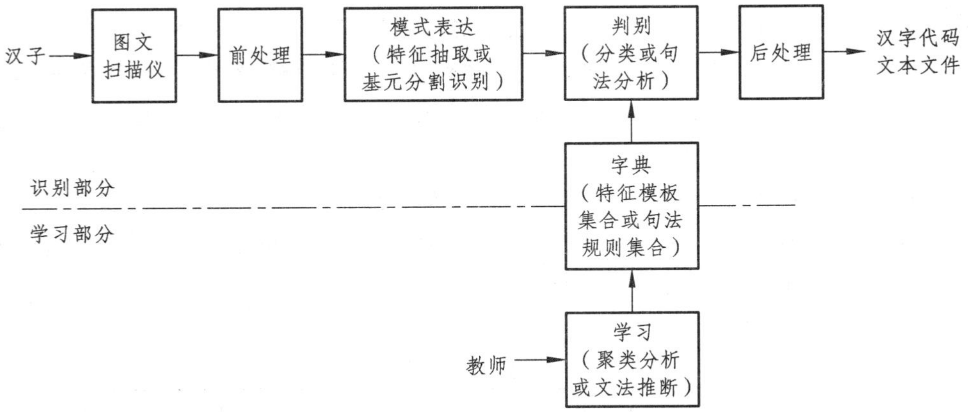

图 7-1　汉字编码过程图

每一个文种的每一个字符（包括繁简体汉字）都有一个区别于其他文种其他字符的唯一代码。全世界所有的文种都用一种统一的方法编码，这种编码称为国际标准《通用多八位编码字符集（UCS）》（UCS 是 uni-versal multiple-octet coded character set 的缩写）。《CJK 统一汉字编码字符集》是 UCS 第一部分，简称 CJK。CJK 国际标准号是 ISO/IEC 10646-1：1993-2000 中的 CJK Unified Ideographs，编码为 0000 4E00-0000 9FA5，共 20 902 个中、日、韩汉字。CJK_A，即 CJK Unified Ideographs Extension A，编码为 0000 3400- 0000 4DB5，共 6 582 个中日韩汉字。CJK_B，即 CJK Unified Ideographs Extension B，在 ISO/IEC 10646-2：2 000 的 FCD （Final Committee Draft）阶段，编码为 0002 0000-0002 A719，共 42，778 个汉字。

GBK 是“汉字扩展内码规范”的简称，内码就是内部码。GB 是国家标准”的汉语拼音简称，K 是“扩展”的汉语拼音第一个字母。GBK 所使用的汉字字符集与 ISO10646.1 中的汉字一致，即包括中国的简化汉字和繁体汉字、日本汉字、韩国汉字在内总共为 20 902 个汉字。GBK 一方面把汉字的数量从 GB2312-80 规定的 6 763 个汉字扩展为 ISO10646.1 规定的 20 902 字，同时又保证中国内陆现有使用 GB2312-80 内码体系的软件能照常运行。因此，GBK 是从 GB2312-80 向 ISO 10646.1 过渡的内码规范。

思考与练习

一、选择题

1. 文字起源于（　　）。

A. 记事的实物　　B. 记事的图画

C. 记号　　D. 结绳

2. 下面有关文字问题的论述中，错误的是（　　）。

A. 文字具有字形、字音、字义三个要素，这三个要素在所有文字体系中都是不可缺少的。

B. 文字是在语言的基础上产生的，文字依附于语言，所以用什么文字类型去记录什么语言，其间有着必然的联系。

C. 作为一种交际工具来说，文字是辅助性的，只有语言才是人类最重要的交际工具。

D. 文字是语言的书写符号系统。

3. 下面关于文字、书面语、口语三者关系的表述正确的是（　　）。

A. 文字就是书面语　　B. 书面语在口语的基础上产生

C. 口语和书面语可以完全脱节　　D. 书面语不会对口语产生影响

4. “鸡”这个字中的“又”是（　　）。

A. 记号　　B. 音符　　C. 意符　　D. 意符兼音符

5. 在文字体系的发展过程中，不包括（　　）阶段。

A. 记事图画　　B. 表意文字体系

C. 意音文字体系　　D. 纯表音文字体系

6. 下列文字中属于音节文字的是（　　）。

A. 日文字母　　B. 英文字母

C. 俄文字母　　D. 法文字母

7. 下列文字中属于音位字母的是（　　）。

A. 日文字母　　B. 英文字母

C. 汉字　　D. 阿拉伯字母

8. 从造字方法考察，文字的发展经历了（　　）三个阶段。

A. 表意—表音—表意兼表音

B. 表音—表意兼表音—表意

C. 表义兼表音—表意—表音

D. 表意—表意兼表音—表音

9. 汉字是现行文字中的一种典型的（　　）文字。

A. 表音　　B. 表意　　C. 意音　　D. 音节

10. 就下列词语来看，只有（　　）组中的汉字全都能独立地表示语素。

A. 山峰 音乐 事理 委员　　B. 沙发 吉他 卡片 罗马

C. 葡萄 玻璃 枇杷 纱门　　D. 蜘蛛 窈窕 逍遥 逃遁

二、填空题

1. 人类文字的发展演变，主要表现在（　　）和（　　）两个方面。

2. 文字的特点是要受（　　）特点的制约。

3. 人类造字的方法主要有（　　）和（　　）两种。

4. 文字突出的作用是打破了有声语言的（　　）和（　　）的局限，扩大了有声语言的使用范围。

5. 四种古老的表意文字包括汉字、古埃及文字、（　　）和美洲的（　　）。

6. 文字的本质类型可以分为（　　）、音节文字和（　　）三种。

7. 音节和音素只有（　　），所以音节文字和音素文字统称（　　）。

8. 文字发展的三个趋势是表音化、（　　）和（　　）。

9. 文字是语言的“意与声之迹”，是在（　　）基础上产生的，是语言的（　　）符号。

10. 世界上独立形成的古老的文字体系都是（　　）文字，即兼有（　　）、（　　）两种方法的文字。

三、名词解释

1. 文字

2. 表意文字

3. 口语

4. 借源文字

5. 部件

四、简答题

1. 汉字有哪些特点？

2. 举例说明汉字这种表意文字和拼音文字有什么异同。

3. 文字的作用有哪些？

4. 简答说明制约汉字形体演变的原因。

5. 简答说明汉语书面语言的特点。

五、论述题

1. 以汉语为例，阐述书面语与口语的关系。

2. 论述语言和文字的关系？现代世界上的文字分为哪几种类型？

3. 试论汉字与汉语之间的关系。

4. 阐述汉字系统长期停留在意音文字阶段的原因，并谈谈你对汉字的简化和拼音化的看法。

5. 论述形声字成为占优势的一种造字法的原因。

参考答案

一、选择题

1 ~ 5. BBBAA　　　　6 ~ 10. ABDCA

二、填空题

1. 文字体系、文字形体

2. 语言

3. 表意、表音

4. 时间、空间

5. 楔形文字、玛雅文字

6. 音素文字、语素文字

7. 声音、表音文字

8. 抽象化、简便化

9. 语言、书写

10. 意音文字、表音、表意

三、名词解释

1. 文字是标记语言的书写符号体系，是在语言的基础上产生的，如汉字。

2. 表意文字是通过图形或符号的组合来表达词或词素的意义的文字体系。

3. 口语指口头语言，与“书面语”相对，是日常口头交际时使用的语言。是凭口、耳进行交际的口头形式。

4. 借源文字指借用或参照其他文字的形体或体系而建立起来的文字。

5. 部件指从笔画到字的结构过程的中间单位，是一种在结构上不成字的笔画块。

四、简答题

1. 汉字的主要特点有四个：

（1）汉字的主要特点是它属于表意体系的文字。

（2）汉字是方块结构。

（3）汉字分化同音词的能力强。

（4）汉字有超时空性。

2. 汉字这种表意文字和拼音文字的异同在于：

（1）相同：表意文字和拼音文字都是记录语言的书写符号系统，是最重要的辅助性交际工具，打破了语言的时空限制，扩大了语言的交际职能。

（2）区别：① 汉字记录的是语素，因此它的数量庞大，表意复杂，难写难记难认。拼音文字记录的是音素或音节，因此易写易认。② 汉字可以跨时间、跨地域，突破时、空限制。拼音文字则不可以。③ 从记录语言的方法看，文字体系中拼音文字属于表音体系，是根据语音构形的文字体系。汉字是表意体系，指仅仅根据意义构形的文字体系，字形与声音没有直接的联系。

3. 文字的作用有：

（1）从交际层次看，文字作为人类最重要的交际工具，它克服了语言在时间和空间上的局限性，扩大和完善了语言的交际功能。

（2）从文化遗产和科学知识层次来看，文字是人们积累文化遗产和传播科学知识的媒介。

（3）从整个人类的发展历史看，文字的产生是人类进入文明社会的标志。

4. 制约汉字形体演变的原因有：

（1）制约汉字形体演变的内因是书写者对汉字书写效率和切合实际的要求。随着汉字应用场合的扩大和识写人数的增加，汉字作为记录汉语的工具，人们越来越追求书写的快捷简便，从而引起汉字的形体朝着简单易写的方向发展。

（2）制约汉字形体演变的外因是书写汉字的工具、方式以及书写材料的变化。甲骨文是用坚硬的工具刻在龟甲兽骨上的，线条必然细瘦，文折居多；金文是浇铸的，因而浑厚整齐，多肥笔；有了毛笔和具有弹性的布帛、纸张，才可能有篆书的圆转，隶书的波磔，楷书的各种笔画；有了印刷术，楷书才能更加方方正正，美观得体。

5. 汉语书面语言的特点有：

（1）汉语词语的读音虽然古今有别，但文字的写法却是一样的，这在客观上便于沟通古今。

（2）汉字不与统一的读音相联系，汉语书面语就不容易把共同语的语音形式推广到方言区。汉语的书面语的词语不是通过“读”的方式，而是直接通过“看”的方式进入不同的方言区，与当地的方音挂钩，它的读音在不同的地区可以各不相同。碰到不认识的字，方言区的人只要知道他读如某字，就用自己的方言里那个字的音去读它。只有在汉语这样的语言中才能看到书面语和口语的这种特殊的关系。

五、论述题

1. 以汉语为例，书面语与口语的关系有：

（1）语言的客观存在形式首先是口语，第二种客观存在形式是书面语。书面语是在口语的基础上产生的，口语是第一性的，书面语是第二性的。书面语是经过加工、提炼和发展了的口语的书面形式。口语和书面语中基本的语言成分也就是基本的语汇和语法结构在大多数情况下是基本一致的。

（2）说话的时候，除了连词成句外，还可以利用整句话的高低快慢的变化、各种特殊的语调、身势等伴随动作以及说话时的情景。口头交际讲求效率，有这么多的条件可以利所以口语的用词范围可以比较窄，句子比较短，结构比较简单，还可以有重复、脱用，顺倒、补说，也有起填空作用的“呃，呃”“这个，那个”等。

（3）写作的情况不同，口语中的各种伴随因素就不起作用了，只有标点符号还起一点作用，但也有限。书面语只能用别的手段来弥补不足：护大用词的范围，使用比较复杂的句子结构，讲究篇章结构、连贯照应等。

（4）口语和书面语的这些差别是由使用条件决定的，它们是同一种语言的不同的风格变异。

2. 语言和文字的关系：

文字从本质上看是一种符号，是记录语言的书写符号，是语言的辅助性交际工具。文字和语言有些密切的关系，但它们之间又有质的区别：

（1）语言是第一性的，文字是第二性的。文字是在语言的基础上产生的，没有语言就没有文字。语言是伴随人类社会同时产生的，而文字则是人类社会发展到一定阶段才产生的，文字是记录语言的符号。

（2）语言和文字虽然都是交际工具，但它们在社会中的作用是不一样的。语言是社会必需的交际工具，没有语言，社会就不会存在。而文字对一个社会来讲，则不是必需的，一个社会可以没有文字依然可以存在。文字只是辅助语言的交际工具，它只是扩大了语言作为交际工具的功能。

（3）文字和语言发展的速度不同。文字和语言都是处于不断地变化与发展之中，但文字的发展变化要比语言慢得多，语言的变化不能马上在文字中表现出来，因此常常发生文字与语言脱节，文字落后于语言发展的现象。

（4）文字可以改革、借用，而语言一般则不能。当文字脱离语言达到一定程度时，即影响到交际功能时，文字就得改革。在一定的历史条件下，人们还可以创造新的文字。

（5）文字对语言具有促进作用。文字把语言记录下来从而形成书面语，人们可以对语言进行加工锤炼，使语言越来越细致，甚至有些词汇就是在文字的基础上创造出来的。

现代世界上的文字类型：

（1）意音文字：用表意和表音两种方法结合起来所创造的文字体系，如汉字就是比较典型的意音文字。意音文字根据其造字方法的不同又可分为纯表意字（象形、会意字）、纯表音字（假借字）、表意兼表音字（形声字）三种。

（2）拼音文字：即用字母记录语言中的音素或与音节挂钩，一个字母记录一个音素（音位）或一个音节。这种造字方法同表意的造字方法用不同形体表示语言中的语素或词的不同，而是改为通过直接记录语言单位的读音来记录语言中的词或语素，一个字的拼写反映语言中的一个符号（词或语素）的读音。这是一种比较简明的文字体系，可分音位文字和音节文字两大类。

3. 文字是记录语言的，但文字和语言的发展又是不同步的，当文字与所记录的语言的发展发生矛盾的时候就要求改进或改革文字，世界上几种古老的意音文字，目前只有汉字还在使用，这是因为汉字较好地适应了汉语的结构特点。汉字与汉语之间的关系主要表现在以下几个方面：

（1）汉语的语素基本上是单音节的，而汉字的语素–音节文字体系基本符合汉语的结构特点。汉字在书面上代表一个音节，记录一个汉语语素，正好适应了汉语语素单音节的特点。

（2）汉语音节结构较简单，语言中同音语素和同音词很多，而书面上用形体各异的汉字来表示，起到了区分同音语素和词的作用。如“事、式、势”等，口语中易混词，书面上一看便知。

（3）汉字具有跨越方言、沟通古今的作用。汉语方言分歧很大，不同方言区的人们在语音上虽然差别很大，但由于汉字在意义上代表语素，而各个方言区语素又大同小异，因此汉字就成了各个方言区交际的最好工具。由于汉字的字形不直接与语音挂钩，因此汉字具有更强的超时间性，可以起到沟通古今的作用，现代的人可以利用文字直接读懂古代的文献。

4. 长期停留在意音文字阶段的原因：

（1）语言特点的制约。汉字是一种语素–音节文字，即每一个汉字基本上记录语言中的一个单音节语素；少数语素不止一个音节，只能用几个字表示，但每个字记录一个音节如“玻”“璃”“彷”等，音节结构比较复杂，使用音节文字也并不简便。

（2）汉族的居住地区广阔，各地方言分歧较大，有的不能通话。

（3）汉族有悠久的文化传统，有大量用汉字记载的文献典籍。

（4）超地域、超时代的汉字既可以贯通古今，也可以联系各地区的人们进行思想交流，对于维护国家的统一、民族的团结，便利各地区人民的往来起着重要作用。

对汉字的简化和拼音化的看法：

汉民族用汉字创造了光辉灿烂的文化，但是随着社会的发展，这种文字也逐渐暴露出不适应社会需要的方面。它在学习、书写、排版、通信、情报检索、文字信息的储存和处理等方面都远远不如拼音文字方便。但是在目前如上段所述，我们还看不到汉字能进行拼音化的条件，而且汉字拼音化后不利于古代文化遗产的继承。

5. 形声字成为占优势的一种造字法的原因如下：

形声造字法之所以成为占优势的一种造字法，是因为它有声旁和形旁。人们通过声旁可以知道它的读音，通过形旁可以知道它的意义类属，这样字的音、义问题大体上都能解决，比起象形字、会意字来，好读好认，减少了人们记忆上的负担，所以受到人们的特殊喜爱，加之有些表示心理活动和抽象概念的词语难以用形声以外的方法来造，以及形旁和声旁的组合方式又多种多样，为造字提供了广阔的天地，因此形声造字法的能产性最高，造的字最多，形声字占了通用汉字的 90%以上，成了一种占绝对优势的造字法。

第八章　语言的演变与发展

语言的演变和发展是社会语言学的主要研究对象。“演变”一词比较宽泛的理解，相当于“差异”“差别”的意思。了解语言的演变和发展，目的是描写某些语言的亲、疏关系，以及某个语言变化的事实。

第一节　语言的演变

语言随着社会的产生而产生，随着社会的发展而发展。只有人类社会产生了，才能产生语言。以中国社会的发展为例，远古时代渔猎业、畜牧业发达，到了上古时期农业开始占优势，中古时期手工业、商业发展起来，近现代则是现代工业蓬勃发展。汉语词汇的发展也与社会的发展历程相应。例如：

远古时期：甲骨文中有“鸡、雏、犬、(狗)、豕、豭、豩、羊、马、牛、牢”等约七八十种表示动物名称的词，“渔、牧、获、畋、狩、逐、禽、罗、御”等与狩猎、畜牧有关的动词。甲骨文中农业词汇也有不少，如“采、穑、舂、艺、获 (获)、乂、圣 (翻地治田)”等动词，“来、麦、禾、粟、秫、黍、桑、栗、杜、杞”等表植物名的词。

上古时期：以《国语》一书为例，与农事劳作相关的词汇增多，农作物词汇如“菜、粢、稂、莠、菽、蔬、黍、谷、稷”，与植物有关的名称有“种、苗、叶、枝、蘖”，农具词汇有“鉏、夷、斤、斸、耒、耜、枷、芟、镈、耨、刈”，关于农业生产活动场所的词有“仓库、仓廪、田、田野、沟、仓、渠、场、廪、畴、陆、阜、陵、墐、井、沟渎”，与农业有关的动作行为的词来有“坺、舂、耕、垦、耦、耰、种”，渔猎业方面的词汇有“搏、罟、网罟、罛、罶、罝、罗、罜、狩、搜、弋、毕、䄍、阱、鄂”，而畜牧业方面的词汇只有“六畜、牧、刍、豢、牢、饩”6个。

这说明了甲骨文中渔猎畜牧类词汇数量要超过农业词汇，《国语》中农业词汇要大大超过畜牧业和渔猎业词汇，语言中的词汇很多都是用来描写远古人类的社会活动的。

一种语言的生命周期会经历着产生—发展—消亡的过程，因此语言随着社会的消亡而消亡。例如著名的哥特人和玛雅人的语言，我国历史上某些少数民族的语言如粟特语、吐火罗语、哥巴语、西夏语、叶尼塞语、鲜卑语、东巴语、契丹语、女真语、察合台语等，随着使用这些语言的民族的消亡也已经消亡。

而现存的语言也反映出时代变化的痕迹，例如《诗经·采薇》："昔我往矣，杨柳依依。今我来思，雨雪霏霏"中"我、往、来"今天仍然在现代汉语中使用。而"矣、思"的古汉语语义现在已经不被使用了。诗中"雨""雪"读作入声，动词，指下雨、下雪。而现代汉语读上声，作名词。可见，经过长时间的发展，汉语很多成分都发生了相当大的变化。这种在历时阶段发生的语言变化是最常提到的一种语言演变形式。

语言演变，实质是语言在时间和空间维度中的变化。在时间维度上，语言演变表现为古今言殊；在空间维度上，语言演变表现为地区变化，即方言的形成。例如，古汉语"洗"——仅指代洗脚；洗头发为"沐"，洗身、洗澡为"浴"，洗手为"盥"，洗脸为"醴"，洗物为"涤"。在语言演变中，"洗"的价值得到了提升，语义范围扩大。

第二节　语言的发展

一、语言发展的原因

（一）社会进步推动语言的发展

社会的发展是语言发展的基本条件。社会的发展，就必然有一些新的事物、现象、认识和行为出现，要代表和反映这些新事物、新观念，就需要创造一些新的词语，语言也就不断地产生各种各样的词语以满足交际的要求。《说文解字》共收 9 353 个汉字，一字一词，而到了《中华字海》已收约 86 000 多个词条。这些数目表明了在社会发展的推动下词汇不断丰富的过程。

随着社会的进步，人类的思维也越来越细致精密，思维的发展也促进了语言的发展，使语言日益精密化。现代汉语词汇双音节化，使表达方式也更加严密和多样化。如古汉语的"产"字有"出生""生产""生育"等义，不论是人还是物都可以用"产"，现代汉语只能说某物产于某地，某人生于某地，"产"的"出生、生育"义只保留在某些语素里，如"产科、产房"等，"产"与"生"有了明确的分工。

（二）社会的分化和统一推动语言的发展

语言的分化和统一是两种相反的过程和结果。人类语言在它的发展史上，既有分化，又有统一，这是由于人类社会在历史上既有分化又有统一的缘故。分化和统一的过程是很复杂的，不可简单地认为，社会的分化和统一必然会导致语言的分化和统一。语言的分化和统一慢于社会的分化和统一，是一个缓慢的、渐变的过程。某种语言的社会的地域分化表现为，地域方言的形成，社会的社群分化表现为形成社会方言。

（三）民族之间的接触推动语言的发展

随着社会的发展，不同的民族之间的接触频繁起来，各方面的交流越来越多，这就必然引起不同的民族语言之间的相互影响，进而引起语言的变化，推动语言的发展。例如“世界”一词，本是梵语佛经用词，现在进入汉语词汇中。

二、语言发展的特点

渐变性和不平衡性是语言发展的两个最重要的特点，是由于语言的本质特点决定的。

（一）语言发展的渐变性

语言发展的渐变性是就变化的速度而言，是由语言的稳定性和发展变化这种对立统一的性质决定的。语言发展变化的渐变性受社会交际的需要和语言的约定俗成的规律的影响。例如现代汉语的动态助词“了”是从古代汉语的动词“了”虚化而来，其演变过程经历了上千年的时间。动词“了”大约出现在汉代，是“终了、了结”的意思。由于它经常用在动词之后充当补语，地位不及一般的动词，于是逐渐虚化。到了唐宋之际，“了”才有了与现代汉语大致相同的用法，成了动态助词。如果语言系统内语言单位变化过快，则会影响交际，但语言又不能是一成不变的，它又不得不随着社会的发展而发展，否则，就不能满足社会的交际需要。所以，除了已经退出社会交际领域的死语言之外，不处在演变之中的语言是没有的。稳固和发展都是由社会的交际工具这一语言的根本性质决定的。

（二）语言发展的不平衡性

语言发展的不平衡性是针对语言内部各要素变化快慢的情形而言。这与它们各自同社会的联系程度紧密与否有关。

1. 语言系统发展变化不平衡

在语言各子系统中，词汇系统的发展变化最快，相比而言，语法的发展变化就要慢得多，语音发展变化的速度也较为缓慢。词汇系统中，发展变化较快的是一般词汇，基本词汇却是相当稳固的。语法和基本词汇被认为是语言的基础，是决定一种语言基本面貌的最为稳定的部分，也正是语法和基本词汇，构成了一种语言区别于另一种语言的决定性因素

2. 不同时期语言发展变化不平衡

当社会变革较为剧烈、社会发展的步伐较快、思维活跃、不同文化的接触较为频

繁的时期，语言发展变化的速度就会快一些；反之就会慢一些。英语从伟大者阿尔弗雷德大帝时代到莎士比亚时代这 5 个世纪中，发展变化的速度非常之快，以致后代人读 9 世纪以前的作品就像是读外语一样。

3. 语言变体发展变化不平衡

地域方言的形成，本身就是语言发展变化不平衡性在空间上的一种表现。各种方言形成之后，在发展变化的速度和方向上也不是完全同步的。例如在汉语诸方言中，南方的一些方言发展变化的速度相对较慢，保存古代汉语一些成分较多。而北方的方言，特别是北方官话区的方言，发展变化的速度相对较快，这跟政治、经济、文化交流中心的位置的关系很大。

语体是语言的一种重要的功能变体。各种语体的发展变化也具有不平衡性。如在汉族的传统中，一直存在着轻商的观念，因此，在汉语史上一直没有形成与商业活动关系十分密切的广告语体。但是，改革开放以来，商业的地位发生了极大的变化，广告语体在当今也得到了快速发展，它几乎成了我们日常生活中不可缺少的一部分。

渐变性规律和不平衡性规律之间并不矛盾。从不平衡规律来看，尽管词汇发展最快，但是这并不违反渐变性规律，因为即使在较短时间内产生出大量的词汇，也需要约定俗成的过程。

渐变性与不平衡性规律属于普遍语言发展规律和所有语言要素都要遵循的发展规律。而具体语言有其独特的发展规律。例如汉语的声调“平分阴阳，入派四声”的变化规律，量词的变化发展规律都是汉语极富特点的发展规律。

第三节　语言的接触

人类文明发展到现代，世界上几乎没有一种语言是完全自给自足的，各民族之间的贸易往来、文化交流、战争冲突、移民杂居等，会使不同的民族和社会发生接触，这种接触必然会引起语言的相互接触。随着社会的发展，民族之间的接触越来越频繁，相应地，语言之间的接触也越来越频繁。语言接触有不同的类型，会产生不同的结果，语言成分的借用、双语现象、语言融合、语言混合等都是语言相互接触的结果。

一、语言成分的借用

语言接触最典型、最常见的现象是语言成分的借用。语言成分间的借用，最常见的是词语的借入与借出。借词是一种语言对另一种语言最简单的影响，一种重要的社会语言现象，是丰富词汇的一条重要途径。

除了词语借用外，民族语言之间语言成分的借用还包括借音。在借外族语的词时，语音、语法也得服从本族语言的结构规则。另外，如果词语的借用数量很大，那么它们的语音特点也可能渗入借入语言的语音系统中。词语借入时，如果遇到了本族语言所没有的音，就要借用借入语言里相近的音去代替。

语法方面的借用主要包括词缀的借用、虚词的借用以及语法规则的借用。例如，英语的后缀-ive、-ish、-ous 等借自于拉丁语，后缀-able、-ment、-tion 等借自于法语。

二、语言的融合

民族杂居区的人民之间的交际需要一种共同的交际工具；究竟哪种语言能够替代其他语言而成为全社会的交际工具是由社会历史条件所决定的。建立在生产资料私有制基础上的阶级社会，各民族在经济、政治、文化等方面的发展是不平衡的。

语言融合的过程，是一个漫长的过程。首先出现双语现象，双语是指一个社会或者言语社团同时使用两种或多种语言作为交际工具的现象。这种现象同民族间的接触，尤其是民族间的杂居，有必然的联系。双语是一种社会现象，它不是指个别人学习或使用双语的现象，而是指一个言语社团的全体成员或部分成员双语并用的现象。

徐通锵先生曾指出，方言溶入全民共同语，跟语言融合是风马牛不相及的。方言溶入全民共同语并不一定经过“双语制（diglossia）”，即不必以同一群人同时使用两种方言为前提的。语言融合也称为“语言替代”或“语言换用”。由于“语言融合”很容易被误解为两种语言混合而产生出一种新语言，例如高名凯先生就因将俄语中“сплавление（融合）”与“вливаются（溶入）”看作一个词，正确的理解是后者指方言溶入全民共同语。因此，目前学术界倾向于将“语言替代”或“语言换用”取代“语言融合”。

三、语言混合

语言接触也会产生“洋泾浜”“混合语”等特殊语言现象，即语言混合。

洋泾浜是 17 世纪以后在殖民地、半殖民地的通商口岸常见的一种语言现象。在一定条件下，洋泾浜也可以成为某一语言社团唯一的交际工具，并作为母语传给下一代，在这种情况下，洋泾浜就升格为混合语，也叫克里奥耳语。洋泾浜语和克里奥耳语都是在特定社会历史条件下自然形成的混合语，而世界语纯粹是一种人工的混合语，于 1887 年由波兰医生柴门霍夫创造。世界语以印欧语为基础。

法国语言学家梅耶（Meillet，Antoine）认为，一种标准语，从它的构成方式和语言系统里渗透出的复杂方式看，多少总是一种混合语。例如，意大利的标准语是以托斯卡纳方言为基础，而标准音却是罗马方言语音，所以大家喜欢说意大利的标准语是一种“罗马人口中的托斯干话（lingua toscana in bocca romana）”。

第四节　语言的统一

一、“语言的统一”的内涵

语言随社会的统一而统一，几种方言统一成共同语就叫作语言的统一。社会的统一只是语言的统一的基础，而不是它的条件。

如在一个以个体小农经济为基础的封建社会里，虽然在政治上可以达到高度的统一，但在经济上却是自给自足的，分散的，没有形成统一的市场，各地区间缺乏紧密的联系。由于生产的落后，交通和通讯也不便。在这种条件下，这个社会的语言即使能像使用方块汉字作为书写形式的汉语那样在书面语上达到统一，口语上的方言分歧也难以缩小，因为单单依靠政治的力量，而没有经济的发展作为必要的条件，各地区间的相对隔绝状态并不会被打破。这样，地域方言产生和存在的客观基础也就依然如故，方言间的分歧和差异当然也就会存在下去。

到了资本主义时代，出现了大机器生产，形成了统一的民族市场，这一市场把城乡之间、各地区之间的生产者、销售商以及消费者联结成一个整体，打破了各地区之间的相对隔绝状态，各地区的人们出于生产、贸易或消费的需要，彼此间的交往日益频繁起来。随着科学技术的进步，交通和通讯也越来越便利，从而为不同地区间的往来提供了必要的物质条件。随着资本主义的产生和发展，地域方言赖以形成和存在的客观基础逐步瓦解，方言间的分歧和差异便不断缩小，语言统一的步伐明显加快。欧洲各民族的“民族共同语”基本上都是在文艺复兴之后形成和发展起来的。中华人民共和国成立之后，党和政府为适应国家各方面统一的要求，采取了一系列措施，大力推广现代汉民族共同语——普通话，并将“国家推广全国通用的普通话”作为一项基本国策写进宪法，从而推动汉语向统一的方向发展。特别是改革开放以来，随着国民经济的快速发展，交通和通信手段的日益现代化，地区之间的联系越来越紧密，来往越来越频繁，再加上广播、电视等大众传媒的作用，使普通话为越来越多的人所使用，普通话的影响正不断扩大，这些都有助于缩小汉语的方言差别。一个明显的事实是，普通话为全民族服务，方言为一个地区的人们服务的现象，还会继续相当长的一段时期。

二、共同语

随着社会在政治、经济、文化等方面统一程度的不断提高，语言迟早也会统一起来。但语言的统一不可能采取消灭现有方言的方式来实现，因为在一个地区的人们仍在把方言作为地区内的主要交际工具时，消灭方言就意味着语言使用的中断，其后果必然造成社会生活的混乱。因而语言的统一只能通过推广民族共同语，逐步用它来实现各民族间言语交际这种方式来实现。在存在方言分歧的社会里，人们为了不同地区之间的交际，往往会选择一种方言作为各方言区之间的交际工具，这种语言形式即通用语。我国古代所谓的“雅言、通语”以及后来的“官话”就是当时的人们给这种通用语起的名称。

共同语和通用语不同，它是社会打破地域封闭状态、走向完全统一时出现的语言形式。对方言来说，共同语是一种高级形式，它能够积极地影响方言，引导方言的发展，吸引方言向自己靠拢。

一种语言的共同语并不是凭空产生的，而是在某一种方言的基础上形成的。这种作为共同语基础的方言叫作基础方言。所谓作为共同语的基础，指的是共同语的语音、词汇和语法系统是来自基础方言的。在一种语言的诸方言中，究竟哪一种方言成为基础方言，并不决定于人们的主观态度，而是由客观的社会政治、经济、文化等方面的条件决定的。

现代汉民族共同语——普通话以北方方言为基础方言，这主要是由政治上的原因决定的。北方方言区的代表点之一的北京是辽、金、元、明、清各代的都城，近千年来一直是一个政治中心；以北京话、南京话为代表的北方方言几百年来被用作中央政府实施国家管理的工具，被称作官话；加之近千年来，许多重要的文学作品，如宋人话本、元曲、明清白话小说等，大多是用北方方言或以北方方言为基础写成的；现代人口中使用北方方言的人也最多。这些因素使北方方言在汉语众多方言中地位最为重要，影响也最大，因而它成为现代汉民族共同语的基础方言，北京语音就成为共同语的标准音。

包括伦敦方言在内的南部方言成为英吉利民族共同语的基础方言，主要是经济上的原因；托斯长纳方言成为意大利共同语的基础方言主要是由于文化的原因。教材上均有说明。俄罗斯民族共同语的基础方言是莫斯科方言。莫斯科是 14 世纪到 15 世纪莫斯科公国的政治经济中心，15 世纪末开始成立统一的俄罗斯国家，也以莫斯科为政治中心。尽管后来俄国迁都圣彼得堡，而莫斯科仍是两个首都之一，并未失去政治和文化中心的地位。这样，俄罗斯民族语言也就在莫斯科方言的基础上形成了。在这个过程中，作为俄罗斯文学之父的普希金（1799—1837）对现代俄语的发展起了很大的作用。所以说，莫斯科方言成为俄罗斯民族共同语的基础方言，主要是政治、文化方面的原因。

以上说的共同语是就一个社会（一个民族）内部的语言形式而言的，在一个多民族的国家里，为了维系整个国家内部各民族之间的联系，还需要有共同的交际工具。有人把这种一个国家内部各民族所共同使用的语言叫作“国语”。国语可以看作各民族之间的共同语，如中国的汉语。在有的国家里，国语不止一种，如加拿大有英语和法语两种，瑞士有德语、法语、意大利语和罗曼什语四种。

三、共同语的规范

语言的发展是一个变异与稳定、不规范与规范这对矛盾对立统一的运动过程。共同语在它形成、发展和使用中，会经常不断地产生一些新的成分和新的用法。为了纯洁语言，让它更好地发挥交际工具的作用，必须对共同语进行规范化的工作。所谓规范化就是根据语言发展规律，为共同语的应用确定语音、词汇、语法方面的标准，把那些符合语言发展规律的新成分、新用法确定下来，加以推广；对那些不符合语言发展规律的没有必要存在的歧义成分和用法按照规范的要求妥善地加以处置，使语言健康地向前发展，更好地发挥交际工具的作用。规范化的对象主要是书面语。在共同语的规范化过程中，“约定俗成”是一个十分重要的原则。有些用法虽然不大合事理，不大符合语言的发展规律，如 20 世纪 50 年代曾引起争论的“打扫卫生、消除疲劳”等说法，由于在生活中已被普遍接受，因而也就承认它们是规范的。语言总是在发展中形成规范，在规范引导下发展，不断发展，不断规范，以满足社会交际的需要。现在的汉语被动句不再只能表达某种不愉快或不希望发生的事情便体现了这一发展过程。

汉语的普通话，根据规范化的要求，确定为以北京语音为标准音，以北方方言为基础方言，以典范的现代白话文著作为语法规范，以此来引导汉语向着健康、完善的方向发展。

第五节　语言的分化

语言在发展过程中，一种语言逐渐分化成几种语言的状态就叫语言分化。社会的分化有两种基本类型，一是一个统一的社会在其发展过程中，在地域上逐渐分化为若干相对独立或完全独立的部分，这可以叫作“社会的地域分化”；二是在一个统一的社会内部，因阶级、阶层、职业、年龄、性别、文化程度、宗教等社会特征的不同而形成不同的社会集团，这可以叫作“社会的社群分化”。语言随着社会的分化而分化。在社会分化和语言的发展变化这两个因素的共同作用下，一种统一的语言会随着社会的分化而分化：社会的地域分化会导致语言的地域分化，在一种语言的内部形成不同的地域方言，在一定的社会政治历史条件下还可能使一种语言的方言成为不同的亲属语言；社会的社群分化会导致语言的社群分化，在一种语言或方言的内部形成不同的社会方言。

一、社会方言

社会方言是适应社会分工的需要而产生的全民语言的分支，是全民语言的社会变体。究竟有哪些社会因素会影响语言，使语言内部产生各种分歧现象，目前人们还难以提供一份详尽的清单，不过众多语言的事实都证明，阶级和阶层、职业、年龄、性别、文化程度、宗教等社会因素都有可能对语言产生影响。

阶级和阶层的差别造成的语言差异叫阶级习惯语。斯大林在《马克思主义和语言学问题》中，把阶级习惯语称为“Салоные языки”（沙龙语言），指贵族、资产阶级上层分子的阶级方言。例如，意大利在罗马帝国之前就存在着高卢语，罗马征服高卢后，高卢贵族则放弃原来高卢语，使用拉丁语，而底层劳动人民仍然使用高卢语。

职业的差别造成的语言差异叫行业语。不同的行业由于工作的需要各有一些特殊的用语，也就是通常人们说的行话。如电影行业的“蒙太奇、推、拉、摇、剪接”等；图书出版行业把书的定价乘以书的册数所得的金额叫“码洋”；财会人员把收不回来的账叫“呆账”，把某种费用逾期交纳时需要额外交纳的钱叫“滞纳金”；饮食业把烹制菜肴的工作叫“红案”，把制作米饭、馒头、油条、烙饼等主食的工作叫“白案”；教学方面有“教案”“板书”等。各行各业有不同的术语，大多数都只在内行的人中使用，外行人一般不懂也不用，因而行话的使用往往可以起到显示说话人内行身份的作用。但是行话中也会不断地有一些用语转入全民语言，如医学术语“体检、理疗、休克、高血压”等，商业行话中的“经销、批发、零售”等都已成为全民语言的一部分。行业语为社会共同语提供丰富的语言材料。

当社会上出现了由于各种原因而形成的秘密团体之后，就有可能产生秘密语言，叫隐语。隐语是一种特殊的社会方言。其他的社会方言没有排他性，不排斥其他社群的成员了解和运用；隐语则有明显的排他性，它总是有意地说得让局外人听不懂，目的是不让他人了解秘密团体成员之间的谈话内容。黑社会使用的隐语叫黑话。如“肉票（被绑架的人质）、撕票（杀害人质）、黑马（轿子）、天窗（上兜）、底仓（裤兜）、线人（暗中为警察通风报信的人）、条子（流氓盗贼称警察）、失风（盗窃失手）、托儿（摊贩的同伙，假装成顾客诱人购物）、尾巴（盯梢的特务）”等。

隐语最初都是为了保密而产生和使用的，但其中有些逐渐为外人所掌握，失去了保密作用，而进入到全民语言中。例如，绑票（“匪徒把人劫走，强迫被绑者的家属出钱去赎”）、撕票（“绑票的匪徒因勒索金钱的要求没有得到满足，把掳去的人杀死，叫作撕票”）、挂彩、休克的隐语，而今已成为全民通用的语言；戴绿帽子、跳槽、回头客、拉皮条、露马脚等娼妓隐语而今也成为共同语等等。

二、禁忌语

人们在进行交际的时候，由于某些原因不能、不敢或者不愿说出某些词语，这些词语就叫作禁忌语。如：

死亡是自然规律，然而人们却极力回避，原因是死亡毕竟是凶祸灾难，对人们来说接触甚或听说死亡之事都是不吉利的。所以从古到今，人们忌讳谈死，于是出现了许多替代死亡的委婉说法。《礼记·曲礼》中记载，天子死曰崩，诸侯曰薨，大夫曰卒，士曰不禄，庶人曰死。其实这也只是其中一部分，古往今来，汉族人似乎不愿意直接谈论死亡，因此才出现了这么多替代死亡的词语。英语中，对于死亡也有不同的表达，如“to go to the other world、to pass away、to be under one’s cross、to pass into one's stillness、to pay the debt of nature、to sleep the final sleep”等。

禁忌语产生主要是由于人们还不了解或不能理解自然现象和自然力的本质，并试图从伦理、宗教、迷信等方面进行解释。禁忌语的类型主要有：

（1）死亡以及与之相关的事物。

（2）疾病、生理缺陷、残疾等描述。例如盲人反对别人称其为“瞎子”；瘫痪病人忌讳称其为“瘫子”等，英国人说“性病”为“西班牙痘”，法国人称这是“尼亚波利特病”（意大利的一个地方），东欧人说这是“法国病”。

（3）生殖器官和分泌器官以及与之相关的行为和事物。例如：方便、解手、去洗手间、洗手等。

（4）表示危险情况、事故、失败、不顺利等情况。例如：手头紧=穷；贪杯=爱喝酒。

三、委婉语

交际中，由于不愿意直说而把意思表达得委婉的语言成分。委婉语必须是被规约的静态语言成分。它要么是被约定俗成的词，如“先父、第三者”，要么就是已有词在原有意义之外，又增加了新的委婉义项，如“方便”，原本是便利的意义，后来增加委婉义项“去厕所”。可分为代替禁忌语的委婉语和非代替禁忌语的委婉语，例如“手术=开刀；结婚=拜天地、成亲”。

四、地域方言

地域方言是全民语言在不同地域上的分支。一般说的方言就是指地域方言。凡使用人口较多、地域分布较广、历史比较悠久的语言，一般都有方言的差异。

地域方言形成的原因主要有两个：

第一是交际的阻隔，如社会割据、人口迁徙、政治分裂、高山大河和湖泊森林等地理屏障。比如 1492 年哥伦布发现新大陆之后，一部分说西班牙语的人来到了拉丁美洲。拉丁美洲与西班牙隔着一个大西洋，两岸人的交往减少。时间久了，拉丁美洲的西班牙语就同欧洲的西班牙语有了差异，最后形成了西班牙语的不同方言。再如在海南岛的最南端，能有一些人说着属于官话的话，被称作“军话”。它是由于明代卫戍军人在戍地成家且因世袭而世代相传而形成的。客家传说祖居中原，世属汉族，原来并没有客家存在。仅仅由于早年自北而南的迁移，才形成了客家人和客家方言。按此说法，客家人和客家方言是一部分中原汉族的南迁流亡的直接产物。南迁流亡贯穿着客家方言问题的全部。客家方言的形成史，也就是汉族先民远离故土向南迁移的流亡史。客家方言就是在南迁流亡途中形成，在定居以后巩固下来的。

第二是受其他民族语言的影响。比如我国方言的一个显著特点是，从南到北调类的数目逐渐减少。南方方言的调类大都在六个以上，多的可达十个左右，而北方方言的调类大都在五个以下，乌鲁木齐、天水、银川等地的方言，调类只有三个。北方方言常同阿尔泰语系的语言接触，阿尔泰语系的语言是无声调语言，汉语北方方言受到阿尔泰语系的语言影响，调类减少；南方方言常同南亚语系的诸语言接触，而且不少南方方言中含有南亚语系诸语言的底层，南亚语系的语言是有声调的语言，受其影响汉语南方方言的调类数目也就较多。

地域方言间的差异主要表现在语音上。方言间在词汇和词义上也会有些差异。这首先表现在同样的事物在不同的方言里可能有不同的称呼。比如，“太阳”和“月亮”与人们的生活密切相关，“太阳”在不同地区有不同叫法，如“老爷儿、爷爷儿、日头（爷）、日头影儿、阳婆儿、佛爷儿、前天爷儿”等；“月亮”有“月奶奶、明奶奶、月里儿、月光爷儿、后天爷儿、老母地儿、老母亮儿、老母儿、月老娘”等；北京话说“家具”，广州话说“家私”；同是一种昆虫，北京话叫“萤火虫儿”，上海话和苏州话叫“游火虫”，南昌话叫“夜火虫”，成都话叫“亮火虫”，广东梅县话叫“火兰虫”，厦门话叫“火金姑”，潮州话叫“火夜姑”，福州话叫“兰尾星”。其次，相同的词语在不同的方言里可能有不同的意思。如“蚊子”这个词在长沙话里兼指苍蝇，“水”这个词在广州话里可以兼指雨，“下雨”叫“落水”。

第六节　亲属语言和语言的谱系分类

由同一种语言分化出来的不同的语言，称为亲属语言。原始印欧语分化出德语、法语、印地语、波斯语、爱尔兰语等。从语言演变及其与社会的关系看，方言和亲属语言都与单一社会在地域上分化相关，都是由单一语言分化而来的后代。这是方言和亲属语言的共同点。单一社会在地域上的分化如果是不完全的，其语言一般也是不完全分化的。同一语言在地域上不完全分化而形成的语言分支，就是该语言的方言。比如中国在长期的封建社会中，各地一直处于经济上相对独立而政治文化上由中央集权统治的既不完全分化也不完全统一的局面。汉语在地域上的各个后代（如长江以北广大地区、云贵川湖北安徽及江苏北部湖南北部等地的官话，江浙等地的吴语，江西等地的赣语，湖南等地的湘语，福建等地的闽语，广东等地的粤语，江西福建广东等地的客家话等）仍属于汉语的分支，彼此是方言关系。

单一社会在地域上的分化如果进一步加剧而形成完全的分化，方言就进一步发展为亲属语言。如欧洲中南部广大地区原来都属于罗马帝国，都说拉丁语（也叫“罗曼语”），因地域分布广而分化为若干方言。罗马帝国灭亡后，各地不仅经济上彼此隔离独立，而且政治上形成了各自独立的国家，文化上各地民间使用自己的文字。这样，各地语言的分化就失去了共同的约束，各地新生的词语、语法格式等急剧增多，并且向不同的方向加速分化发展，形成意大利语、西班牙语、葡萄牙语、法语、罗马尼亚语等不同语言。这些由同一语言分化而来的诸语言是亲属语言关系。

判断同一语言在不同地域的后代，是方言关系还是亲属语言关系，其主要依据是语言使用者的心理。如果各地居民都认为彼此所说的是同一种语言，那么这些地方分支语就是方言关系。如果各地居民认为彼此所说的不是同一种语言，那么这些地方分支语就是亲属语言的关系。

这种语言认同心理的异同一般取决于社会分化程度的异同。属同一国家政权的管辖并使用同一种文字和共同书面语的不同地域居民通常认同彼此所说的话是同一种语言（方言关系），而分属不同国家政权的管辖并使用不同的文字和书面语的不同地域居民通常认为彼此所说的话是不同的语言（亲属语言关系）。首先，方言与亲属语言的区别，并不取决于语言差异的大小。比如汉语的官话方言与闽方言的差异相当大，根本无法通话；而西班牙语和葡萄牙语的差异比较小，可勉强通话；但前者是方言关系，后者是亲属语言关系。其次，社会是否完全分化也不是决定语言认同心理的唯一因素，在特定的社会条件下，语言异同的大小也起作用。比如美国、澳大利亚、加拿大（大部分地区）与英国现在分属不同的国家，社会已经完全分化为彼此独立的社会，但他们仍认为彼此说的都是英语。

这种语言认同心理一方面是因为这些国家脱离英帝国的时间不长或现在仍属于英帝国，或占主导地位的居民是英国移民，另一方面也是因为他们的语言差异不大，仍可以用同一种文字表达。

在确定方言和亲属语言时，要同时考虑两方面因素：统一的社会和语言本身的差异。只有社会的统一而没有语言的差异，谈不上方言，同源而有差异的语言，如果不是从属于一个统一的社会，一般不能算作方言，而要算作不同的语言。这两个要素中，前者往往更为重要，如捷克语和斯洛伐克语就是因为政权的分裂而被人为分为了不同的语言。这是因为语言往往同民族心理、民族尊严有着比较密切的关系。捷克语和斯洛伐克语，其实都是捷克语，斯洛伐克语只是捷克语的方言，但捷克和斯洛伐克分裂为两个国家后，斯洛伐克所讲的捷克方言就提升为斯洛伐克语了，这个时候，从民族感情出发，斯洛伐克人不会认为自己所讲的语言是另一民族语言的方言，他们肯定会认为自己说的语言是属于自己民族的语言。所以，方言和亲属语言之间的界限往往是很难量化处理的。

亲属语言间的关系有亲有疏。依照语言的亲属关系给语言进行的分类，称为谱系分类。目前世界主要有下述语系：汉藏语系、印欧语系、阿尔泰语系、闪-含语系、乌拉尔语系、伊比利亚-高加索语系、南亚语系、南岛语系、达罗毗荼语系。

有亲属关系的语言，划归一个语系。语系下面又分若干语族，语族下面分为若干语支，语支下又有若干个语种。同一语支的语言，关系比同一语族的近；同一语族的语言，关系比同一语系的近；不同语系的语言间，没有亲属关系。例如：汉藏语系下有汉语语族、壮侗语族、苗瑶语族等，语族下又有侗水语支、藏缅语支、景颇语支等。此外，还有非洲和美洲的一些语言和一些系属不明的语言。

汉藏语系和印欧语系是世界上较大的两个语系。汉语属于汉藏语系。我国是一个语言的宝库，境内有 60 多种语言，分属于汉藏语系、阿尔泰语系、南亚语系、马来-玻利尼西亚语系、印欧语系等。其中属于汉藏语系的有 34 种，除汉语外主要分布在我国的南部和西南地区；属于阿尔泰语系的有 19 种，主要分布在西北、内蒙古和东北地区；属于南亚语系的有 3 种，分布在云南；属于马来-玻利尼西亚语系的是台湾的高山语；属于印欧语系的有 2 种，主要分布在新疆。

思考与练习

一、选择题

1. 语言发展变化的基本条件是（　　）。

A. 自然的发展变化　　B. 语言内部的因素

C. 社会的发展变化　　D. 个人生活经历的变化

2. 在一种语言内部划分地域时的依据主要是（　　）。

A. 语法　　B. 词汇　　C. 词义　　D. 语音

3. 在形成共同语的过程中，选择基础方言的主要根据是（　　）。

A. 社会的政治、经济、文化等客观条件

B. 统治阶级的意向

C. 语言学家的意见

D. 方言的人口比例

4. 英语属于印欧语系中的（　　）。

A. 日耳曼语族　　B. 拉丁语族

C. 斯拉夫语族　　D. 波罗的语族

5. 下列哪个名称不属于历史上汉民族共同语的名称（　　）。

A. 雅言　　B. 俗话　　C. 官话　　D. 通话

6. 语音的演变主要是指（　　）。

A. 词的读音变化　　B. 音素的增加

C. 浊音送气变化规律　　D. 浊音清化规律

7. 关于社会方言的形成，下列说法不正确的一项是（　　）。

A. 社会方言大多是在语言的相互接触中形成的

B. 社会方言是随着社会的社群分化而产生的

C. 一种语言的内部有可能形成社会方言

D. 一种方言的内部有可能形成社会方言

8. 从语言的亲属关系来看，下列语言属于同一个语系的是（　　）。

A. 汉语 白语 苗语　　B. 英语 俄语 哈萨克语

C. 蒙古语 藏语 满语　　D. 汉语 日语 朝鲜语

9. 同一语系中的语言可根据它们亲属关系的亲疏远近依次分为（　　）。

A. 语族 语支 语群　　B. 语族 语群 语支

C. 语群 语族 语支　　D. 语支 语族 语群

10. 从谱系分类看，我国台湾的高山语属于（　　）。

A. 乌拉尔语　　B. 南岛语系

C. 南亚语系　　D. 高加索语系

11. 柴门霍夫所创造的世界语是（　　）。

A. 世界共同语　　B. 洋泾浜

C. 世界辅助语　　D. 克里奥耳语

12. 语言接触产生的最为常见和一般的语言现象是（　　）。

A. 借词　　B. 洋泾浜

C. 克里奥耳语　　D. 国际辅助语

13. 语言成分的借用最常见、最突出的一种现象是（　　）。

A. 语言规则的借用　　B. 地名、人名的借用

C. 语音规则的借用　　D. 词语的借用

14. 几种不同语言统一为一种语言主要通过（　　）方式实现。

A. 语言融合　　B. 推广民族共同语

C. 双语制　　D. 单语制

15. 下列说法正确的一种是（　　）。

A. 新词产生的方式是直接创造和从方言和外语中借用

B. 新词产生的方式是直接创造、从方言和外语中借用、从多义词中分化

C. 新词产生的方式是从方言和外语中借用和从多义词中分化

D. 新词产生的方式是直接创造

二、填空题

1. 我们把方言之间和亲属语言之间差别扩大、语言增多的过程叫作语言的______，把各方言、亲属语言之间差别缩小、不同语言相互融合，语言减少的过程叫作语言的______。

2. 方言和亲属语言都是语言______的结果，而______和克里奥尔语则是语言______所致。

3. 人类语言发展的原因主要有 ______、_____、_____。

4. 语言发展的两个基本过程是______和________。

5. 语言的发展有______和______两大特点。

6. 语言系统中，_____变化最快，因为它与社会的联系最紧密，最直接，对社会的发展变化反应也最灵敏。

7. 地域方言的差别主要表现在_____上，划分地域方言的主要依据是____。

8. 一种语言的共同语是在某一种方言的基础上形成的，这种方言称为____。

9. 源自一个共同语分化的语言归属于同一个语系，这个成为不同语言发展源头的共同语称为_____或____。

10. 社会方言包括____、_____等，____是一种特殊的行业用语。

11. 地域方言的词汇差别主要表现为______。

12. 语言学家把若干种有______的语言叫亲属方言。

三、名词解释

1. 语言融合

2. 语言分化

3. 借词

4. 地域方言

5. 共同语

6. 亲属语言

7. 黑话

8. 洋泾浜语

9. 克里奥耳语

10. 双语现象

四、简答题

1. 语音演变规律的特点。

2. 社会方言和地域方言的区别与联系。

3. 语言随着社会的发展可能出现的结果是什么?

4. 为什么说社会的发展是语言发展的基本条件?

5. 语言融合所必须具有的前提是什么?

五、分析题

1. 现在越来越多的青年人喜欢说:“你有去图书室吗? ”“我有吃饭。”“你有买吗? ”有些人认为这种说法不规范，应当纠正，你怎么看?

2. 普通话以北方方言为基础方言，请用语言学理论说明其合理性。

3. 网络的发展产生了它的附带品——网络语言。网络语言中，出现了大量的“美眉”“青蛙”“恐龙”等词语。试分析该现象。

4. 金利来国际有限公司原来叫“金狮”(GOLDLION)，但“金狮”在粤语中与“金输”谐音，很不吉利。老板曾宪梓经过一番苦思冥想，将其名定为“金利来”。用语言学知识分析这一语言现象。

5. 以“啃老族、月光族、蚁族、房奴”等新词的出现为例说明语言和社会的关系。

六、论述题

1. 试论语言发展有什么特性？语言各个要素的发展各有什么特点？

2. 以汉语为例，试论社会对语言的制约和影响。

3. 试论语言分化的原因以及表现形式。

4. 试论语法组合规则的历史发展。

参考答案

一、选择题

1 ~ 5. CDAAD　　6 ~ 10. DAAAB　　11 ~ 15. CADAB

二、填空题

1. 分化、融合

2. 分化、洋泾浜、接触

3. 社会、心理、语言自身

4. 语言的分化、语言的统一

5. 渐变性、不平衡性

6. 词汇

7. 语音、语音

8. 基础方言

9. 母语、原始基础语

10. 阶层方言、行业方言、科学技术用语

11. 名异实同

12. 亲属关系

三、名词解释

1. 语言融合是指由于不同民族在同一地区相互接触，一种语言排挤替代了另一种语言，成为全社会不同民族的共同交际工具。它是不同语言统一为一种语言的基本形式。比如汉语在和其他语言的融合过程中，有些少数民族顺乎历史发展规律，自觉放弃使用自己的语言，选用汉语作为共同的交际工具。

2. 语言在发展过程中，一种语言逐渐分化成几种语言的状态就叫语言分化。

3. 借词也叫外来词，它指的是音与义都借自外语的词。如汉语中的“麦克风”借自英语“microphone”。

4. 地域方言是全民语言在不同地域上的分支。如吴方言、湘方言、闽方言等。

5. 共同语是在一种方言基础上建立起来的一个民族或一个国家通用的共同交际语。

6. 从同一种语言分化出来的几种独立的语言，彼此有同源关系，叫亲属 语言。

7. 当社会上出现了由于各种原因而形成的隐秘团体之后，就有可能产生隐秘语言，即黑话，也叫隐语。隐语是一种特殊的社会方言，有明显的排他性。

8. 洋泾浜是17世纪以后在殖民、半殖民地的通商口岸常见的一种语言现象。这种语言是当地人和外来殖民者在打交道的过程中彼此在语言上妥协而产生的一种能使双方勉强沟通的临时交际工具。

9. 克里奥耳语本指出现在非洲、美洲某地区殖民统治者的种植园的以外来语言为基础，混杂了本地语言形成的自然语言。后亦指类似情况形成的语言。在一定条件下，洋泾浜也可以成为某一语言社团唯一的交际工具，并作为母语传给下一代，在这种情况下，洋泾浜就升格为混合语，也叫克里奥耳语。如海地语。

10. 双语现象指被融合民族的成员一般会讲两种语言：本族语和在融合中占优势的那种语言。双语现象的出现是融合过程中的重要的、富有特征性的现象，是两种或几种语言统一为一种语言的必经的过渡阶段。

四、简答题

1. 语音演变规律的特点：

（1）变化有一定条件的限制。

（2）时间性。语音演变规律只在一段时期中起作用，过了这一时期，即使
处于同样的条件下也不会遵循原来的规律发生语音变化。

（3）地区性。音变只在一定的地域中进行。

2. 社会方言和地域方言的区别与联系表现在：

① 联系：社会方言和地域方言都是同一种语言分化的结果，使用的基本材料都有共同的语言基础，比如基本词汇和语法都是大致相同的；都没有全民性特点，在使用范围上有一定局限，或限于某个地域，或限于某个特定的人群。

② 差别：社会方言和地域方言虽然都是方言，但是有很大的不同：地域方言是以地域上的分布划分范围的；而社会方言是一句社会上的阶级、阶层、集团、职业、文化教养等因素进行划分的。

社会方言的差别主要反映在词汇方面。而地域方言的差别表现在语音、词汇、语法各个方面，往往表现出系统上的一系列差别，尤其以语音差别最为突出。正因为地域方言的差别是系统上的，所以在一定的社会政治条件下，地域方言就有可能分化为不同的语言，而社会由于其差别主要是在词汇系统方面，所以无论如何也不会发展为独立的语言。

3. 语言随着社会的发展可能出现的结果有：

（1）语言随着社会分化而分化，社会分化程度的深浅也直接决定着语言分化的程度。语言的分化首先表现为地域方言，即同一种语言的各种地方变体的产生上。地域方言是与社会的半分化状态相适应的。

（2）语言是社会的产物。语言随着社会的发展，语言之间产生替代、换用，也称

为语言融合。

（3）同一种语言还可因社会的社群分化而呈现出种种特色，这就是社会方言。

4. 社会的发展是语言发展变化的基本条件和强大动力，主要表现在：

（1）语言是一种社会现象，其发展变化必然要受到社会发展变化的影响。语言随着人类社会的产生而产生，人类社会由低级到高级，由简单到复杂，由落后到先进的发展，都会推动语言的发展。社会的分化、统一、相互接触也会相应地引起语言的分化、统一和接触。社会的任何变化都会在语言中反映出来。

（2）语言作为人类最重要的交际工具和思维工具，作为社会成员之间相互联系的桥梁和纽带，必须适应因社会的发展而产生的新的交际需要，与社会的发展保持一致。随着社会生产力的发展，生产关系的改变，人类思维能力的不断提高，以及社会生活各个方面的变化，新事物、新概念层出不穷，这些都要求作为交际工具的语言反映这些变化以适应交际的需要。

由此可见，语言作为社会现象和交际工具是随着社会的发展变化而不断发展变化的，社会的发展是语言发展变化的原动力。

5. 语言融合所必须具有的前提有：

（1）较高的生产力发展水平和较发达的文化是语言融合的决定性条件。当两个民族的关系日益密切而逐步发生融合的时候，生产力发展水平比较低、文化比较落后的民族，学习生产力发展水平比较高、文化比较发达的民族的经济、政治和文化，显然有利于自己的发展。例如汉民族在几千年的历史发展过程中曾数次被一些经济、文化上比较落后的民族所统治，但由于在经济上、文化上处于先进的地位，汉语在融合中总是被其他民族所采用而成为胜利者。

（2）各族人民必须生活在同一地区，形成杂居的局面是语言融合的客观条件。如我国在汉、魏、晋、南北朝时期，居住在北方的匈奴、鲜卑、羯、氐、羌等少数民族人居中原，相继在北方地区建立政权，与汉族人民杂居相处，因而逐步与汉族融合。像少数民族出身的刘渊、苻坚等不仅能说汉语，而且都熟读汉语的经史典籍。

（3）和数量上占优势的民族的人民杂居也是造成语言融合的一个重要条件。如我国蒙古族在建立政权之后继续保持它相对聚居的局面，而且对于在汉族地区居住和做官的蒙古人，统治者因害怕他们被汉族同化，经常“诏迁其久任者”，加上元朝的统治时间不长，蒙古族和蒙古语基本上没有与汉族和汉语融合，只有部分和南方汉族人民杂居而没有北归的蒙古人融于汉族。

五、分析题

1.（1）语言规范化是根据语音的发展规律为语言的运用确定语音、词汇、语法各方面的标准，把那些符合语言发展规律的新成分、新用法固定下来，加以推广。

（2）对于那些不符合语言发展规律的成分和用法，应该根据规范化的要求，妥善地加以处理，有些用法虽然不符合语言的发展规律，但是在人们的交际中已被广泛使用，那就应该根据“约定俗成”的原则加以肯定，至于那些不符合语言发展规律，在群众中又不是广泛使用的新成分、新用法，在它们刚出现的时候就应该根据规范化的要求加以剔除，以保证语言运用的纯洁和健康。

2.（1）一种语言的共同语都是在某一方言的基础上形成的，作为共同语的基础的方言就叫作基础方言。

（2）哪一种语言能够成为共同语的基础方言取决于经济、政治、文化的条件。现代汉语普通话的基础方言是北方方言，这主要是由于政治的原因决定的：其代表——北京，近千年来一直是政治中心，同时又是经济和文化的中心，以北京话为代表的北方方言在全国具有很大的影响，所以就成为现代汉语共同语的基础方言。

3.（1）语言的发展随着社会的发展而发展。网络的发展产生了它的附带品——网络语言。

（2）网络语言带来了新词的产生如“美眉”“东东”；一些原有的词有了新的意义，如有“青蛙”“恐龙”等。“美眉”属于谐音，“青蛙”“恐龙”属于比喻。这些现象的出现，主要是拼音输入法惹的祸。据调查，绝大多数网友特别是广大学生上网聊天普遍都使用拼音输入法，这本身并没有什么错，但由于许多人汉字拼音不过关，常出现输入错误，致使多用谐音字，时间长了，就约定俗成了。

（3）另外，就是为了快速交流，缩略词语、编写字母，或用数字、符号替代，甚至用图形表达意思，网络语言提高了交流速度，并且随着不断的使用，“Q言Q语”也就增加了幽默、诙谐等特点，得到广大网友特别是学生的青睐，但如今，网络语不停地冲击着汉语文教学，冲击着悠久的汉语和汉字，应当按照语言发展的规律及时予以引导和规范。

4.（1）将“GOLDLION”译为“金狮”是属于意译中的仿译，即用本族语言的材料逐一翻译原词的语素，不但把它的意义，而且把它的内部构成形式也移植过来。

（2）译为“金利来”一方面是意译加音译，前半部分“GOLD”意译，后半部分“LI-ON”音译，二者相比较，很明显“金利来”的寓意要比“金狮”好得多。

5.（1）语言和社会的关系是相辅相成，相互依存的。语言是一定社会的产物，是社会特有的一种现象，社会以外，无所谓语言，没有社会也没有语言，语言的发展受社会制约，语言随着社会的产生而产生，随着社会的发展而发展，随着社会的死亡而死亡。语言是社会成员相互联系的桥梁和纽带，是相互沟通和表达思想的工具。社会的发展也离不开语言，没有语言，社会就会崩溃，不复存在。

（2）语言随着社会的发展而发展，社会的进步推动语言的发展，社会生产力的发展，生产关系的改变，科学技术的发展，都要求语言不断地充实和改进，以适应人类交际的需要。“啃老族、月光族、蚁族、房奴”等新词的出现正是由于社会的发展，人们思想认识的提高的结果，从而促进语言丰富多样的变化。随着社会的发展，而适应这产生的新的交际的需要。

（3）语言是人类最重要的交际工具，是人类思维的工具。随着社会生产力的发展，生产关系的改变，人类思维能力的不断提高，以及社会生活各个方面的变化，新事物、新概念层出不穷，这些都要求作为交际工具的语言反映这些变化以适应交际的需要。

（4）同时，语言的日益丰富多彩也促进了社会的发展。

六、论述题

1. 语言发展的主要特点是不平衡性和渐变性。

（1）语言发展变化的不平衡性。第一，语言系统发展变化不平衡。在语言

各子系统中，词汇的发展变化最快，语法的发展变化要慢得多，语音发展变化的速度也较为缓慢。第二，不同时期语言发展变化不平衡。当社会变革较为剧烈、社会发展的步伐较快、社会思维较为活跃、不同文化的接触较为频繁的时期，语言发展变化的速度就会快些，反之，语言发展变化的速度就会慢一些。第三，语言变体发展变化不平衡。地域方言的形成，本身就是语言发展变化的不平衡性在空间上的一种表现。各种方言形成之后，在发展变化的速度和方向上也不是完全同步的。语体是语言的一种重要的功能变体。各种语体的发展变化也具有不平衡性。

（2）语言发展变化的渐变性。语言的发展变化不是像火山爆发、暴力革命那样的突变，而是一种逐渐变化的过程。语言的交际职能决定了它不可能采取突变的方式，而只能采取渐变的方式。事实上语言的发展变化走的也正是渐变之路。

语言各个要素发展的特点：

（1）语音的发展：① 变化有一定条件的限制。② 时间性。③ 地区性。

（2）词汇和词义的发展：① 新词的产生和旧词的消亡。② 词语的替换。③ 词义的演变——扩大、缩小、转移。

（3）语法的发展：语法的发展包括语法的组合规则和聚合规则的演变。① 组合规则的发展主要表现为词序的改变。② 语法聚合规则的发展主要表现为形态的改变，语法范畴的消长和词类的发展。

2. 语言是社会交际的产物，是由社会约定俗成的。语言的发展除受内部机制制约外，同时也受社会的影响。社会的发展、交际、接触、融合、分裂，都会对语言产生深刻的影响。汉语作为人类历史上最古老的语言之一，同样深受社会的影响。这种影响体现在语音、词汇、语法等方面。

（1）社会因素对汉语语音的影响：① 反切的出现。② 韵书的产生。③ 复音词的产生和发展。

（2）社会因素对汉语词汇的影响：① 旧词的消亡。② 新词的产生。③ 词义的变化。④ 汉语的外来词。⑤ 基本词汇与一般词汇。⑥ 文言词汇与白话词汇。⑦ 方言词汇与普通话词汇。

（3）社会因素对汉语语法的影响：① 文言语法与白话语法。② 方言语法与普通话语法。③ 西方语法的影响。④ 现代“副名”结构的产生。

3. 语言分化，是指一种语言分化为不同的变体，或者进而分化为不同的语言。语言分化是语言发展的一个方面的表现。语言分化的表现形式有：

（1）社会方言。社会方言是语言分化所形成的社会变体。同一社会的人，由于生

产条件、生活方式、性别、年龄、职业、信仰、文化水平等的不同，便会形成各种各样的小社团。社会方言中最容易引起人们注意的是行业语。各行各业，包括学术专业，由于交际的需要会使用共同语中少用或不用的词语。

（2）地域方言。地域方言是语言分化所形成的地域变体，在社会方言这个术语出现以前，一般只称为方言。地域方言是最为常见的语言分化现象。

（3）亲属语言。地域方言进一步分化，就会形成不同的语言。由同一种语言分化出来的不同的语言，称为亲属语言。

4. 语法组合规则的历史发展如下：

（1）语法的组合规则表现为套结构格式，这些格式可以互相套合，格式中的成分可以由有关聚合中的成员自由替换，这样无数的句子就在少数语法规则的支配下造出来。适法规则具有高度的抽象性，因此也具有巨大的稳固性。尽管这样，它们还是在表达的要求、语音的演变、语法的类推等各种因素的作用下，处在逐渐的演变之中。

（2）组合规则的发展主要表现为词序的改变。印欧语最早的词序，是宾语在动词的前面。与此相联系，关系从句在主词之前，修饰语在中心语之前。随着语言的发展，印欧系语言大多由“宾一动”型变成“动一宾”型，与此相联系，关系从句从主词之前移到主词之后，修饰语移到中心语后面。这个变化经历了漫长的过程，到现在，英语修饰语的位置还没有完全变过来。

（3）汉语缺少形态，词序特别重要。从文献材料看，汉语的词序从古到今只有一些小的改变。重要的差别有：①“我孰与城北徐公美?”“孰”是疑问代词，可以放在介词词组的前面，这是古代特有的句法格式，而下面一句“吾与徐公孰美?”则跟现代的语序致。②“君美甚”，副词可以直接跟在形容词之后，而现代汉语必须在形容词之后加“得”，说成“漂亮得很。”。“总不自信”，代词“自”作宾语放在动词之前，这也是古代双语等有的句法格式，现代的说法是“邹忌不相信自己（比徐公美）。”

参考文献

[1] 周流溪. 近五十年来语言学的发展（上）[J]. 外语教学与研究，1997（3）.

[2] 周流溪. 近五十年来语言学的发展（中）[J]. 外语教学与研究，1997（4）.

[3] 周流溪. 近五十年来语言学的发展（下）[J]. 外语教学与研究，1997（5）.

[4] 刘润清. 西方语言学流派[M]. 北京：外语教学与研究出版社，2002.

[5] 冯志伟. 现代语言学流派[M]. 西安：陕西人民出版社，1999.

[6] 高名凯，石安石.语言学概论[M]. 北京：中华书局，1963.

[7] 李宇明. 语言学概论[M]. 北京：高等教育出版社，2006.

[8] 戴炜栋. 什么是语言学[M]. 上海：上海外语教育出版社，2012.

[9] 何兆熊，梅德明. 现代语言学[M]. 上海：上海外语教育出版社，1999.

[10] 胡壮麟，姜望琪. 语言学高级教程[M]. 北京：北京大学出版社，2002.

[11] 戴炜华. 新编英汉语言学词典[M]. 上海：上海外语教育出版社，2007.

[12] 陈平. 现代语言学研究——理论· 方法与事实[M]. 重庆：重庆出版社，1990.

[13]（德）温格瑞尔. 认知语言学入门[M]. 北京：外语教育与研究出版社，2001.

[14] 胡壮麟，朱永生.系统功能语言学概论（第三版）[M]. 北京：北京大学出版社，2017.

[15] 陈保亚. 20 世纪中国语言学研究方法论[M]. 北京：商务印书馆，2015.

[16] 陈保亚. 语言文化论[M]. 昆明：云南大学出版社，1993.

[17] 李斐、唐国平.《礼貌语用学》述评[J]. 天津外国语大学学报，2016（4）.

[18] 李斐、唐国平. 对外汉语中“红化* ”与“绿化”产出之认知阐释[J]. 西南科技大学学报，2015（5）.

[19] 徐通锵. 对比和汉语语法研究的方法论[J]. 语言学研究，2001（4）.

[20] 王菊泉. 什么是对比语言学[M]. 上海：上海外语教育出版社，2011.

[21] 王文斌. 什么是形态学[M]. 上海：上海外语教育出版社，2014.

[22] 李宇明. 中国语言规划续论[M]. 北京：商务印书馆，2010.

[23] 吴力菡. 音系学中的规则与制约条件之争[J]. 北方文学，2012（11）.

[24] 许曦明，杨成虎. 语音学与音系学导论[M]. 上海：上海交通大学出版社，2011.

[25] 苏培成.现代汉字学纲要[M]. 北京：商务印书馆，2014.

[26] 王士元. 语言、演化与大脑[M]. 北京：商务印书馆，2011.

[27] Antoine Meillet 1924 La M é thode Comparative en Linguistique Historique. 2008. 历史语言学中的比较方法[M]. 岑麟祥，译.北京：世界图书出版公司，2008.

[28] Ferdinand De Saussure Course of General Linguistics. 普通语言学教程. 高名凯，译. 岑麟祥，叶蜚声，校注. 北京：商务印书馆，1999.

[29] Matthews, P. H. Linguistics: A very Short Introduction[M]. London: Oxford University Press. 缤纷的语言学[M]. 威焱，译. 南京：译林出版社，2013.

[30] Wilhelm Von Humboldt 1836 Ueber die Verschirdenheit des Menschlichen Sprachbaues und ihren Einfluss auf die Geistige Entwicklung des menschengeschlechts. 论人类语言结构的差异及其对人类精神发展的影响[M]. 姚小平，译. 北京：商务印书馆，1997.

[31] Peter Ladefoged & Keith Johnson 2015 A Course in Phonetics (Seventh Edition) CENGAGE Learning 2018. 语音学教程（第七版）[M]. 张维佳，田飞洋，译.北京：北京大学出版社，2018.

[32] Adrian Akmajian, Richard A. Demers, Ann K. 1991 Linguistics: An Introduction to Language and Communication (2nd ed.). Cambridge, Massachusetts: The MIT Press.

[33] J. M. Y. Simpson 1979 A First Course in Linguistics (Reprinted). Edinburgh University Press.

[34] Victoria Fromkin, Robert Rodman & Nina Hyams 1974 An Introduction to Language. Holt, Rinehart and Winston, Inc.